中国社会科学院创新工程学术出版资助项目

经济与管理系列

投入产出经济学理论与矩阵理论之间关系的新进展

曾力生 著

Advances in Relationship between the Input-Output Economics and the Theory of Matrices

中国社会科学出版社

图书在版编目（CIP）数据

投入产出经济学理论与矩阵理论之间关系的新进展/曾力生著．—北京：中国社会科学出版社，2015.10
ISBN 978 -7 -5161 -7157 -8

Ⅰ．①投…　Ⅱ．①曾…　Ⅲ．①投入产出经济学—理论研究　Ⅳ．①F223

中国版本图书馆 CIP 数据核字(2015)第 281971 号

出 版 人　赵剑英
责任编辑　卢小生
责任校对　周晓东
责任印制　王　超

出　　版　中国社会科学出版社
社　　址　北京鼓楼西大街甲 158 号
邮　　编　100720
网　　址　http：//www. csspw. cn
发 行 部　010 -84083685
门 市 部　010 -84029450
经　　销　新华书店及其他书店

印　　刷　北京君升印刷有限公司
装　　订　廊坊市广阳区广增装订厂
版　　次　2015 年 10 月第 1 版
印　　次　2015 年 10 月第 1 次印刷

开　　本　710 × 1000　1/16
印　　张　13. 25
插　　页　2
字　　数　223 千字
定　　价　50. 00 元

前　言

投入产出模型的基本框架就是投入产出表的第一象限①，即中间产品流量矩阵。因此，投入产出模型与数值矩阵具有天然的联系。这就使得许多投入产出经济问题都与矩阵理论密切相关。由于中间产品流量矩阵属于非负矩阵，所以，许多投入产出经济问题主要与非负矩阵理论有紧密的关联。

早在20世纪初，著名德国数学家弗罗宾纽斯就创立了非负矩阵的理论②，以他的姓氏命名的"弗罗宾纽斯定理"成为非负矩阵领域中众所周知的核心理论。自从美国经济学家里昂惕夫于20世纪30年代后期开创了投入产出模型③以来，非负矩阵理论终于在属于非纯粹数学领域的投入产出模型中找到了用武之地，得到了比较充分的发挥和利用。许多投入产出经济学家和数理经济学家都运用非负矩阵理论来分析研究相关的投入产出经济问题，取得了不少投入产出经济学的研究成果。

事实上，经济学和数学是相互依赖、相互促进的。一方面，我们可以利用数学方法来研究解决经济学中的数量关系问题；另一方面，经济学中的一些数量关系问题可以抽象地归纳为某个数学问题。如果该数学问题是数学家们尚未解决的或未涉及的，我们就可以通过这些起源于经济学中的数学问题来研究新的数学理论，如果有所突破，就能既解决了经济学中的数量关系的问题，也发展了数学理论。上述两个方面相比较，后者的工作

---

① Miller, R. E., Blair, P. D., *Input - Output Analysis: Foundations and Extensions* (Second Edition). Cambridge University Press, Cambridge, 2009, pp. 2 - 3.

② Frobenius, G., Über matrizen aus nicht negativen elementen. *Sitzungsberichte der Königlich Preussichen Akademie der Wissenschaften*, 1 (1912), pp. 456 - 477.

③ Leontief, W. W., Quantitative input - output relations in the economic system of the United States. *Review of Economics and Statistics*, 18 (1936), pp. 105 - 125.

Leontief, W. W., *The Structure of American Economy 1919 - 1939*. Oxford University Press, New York, 1941.

对于一般的经济学家来说可能是更困难的，因为这需要具备深厚的数学功底。而对于后者来说，具体到投入产出经济学理论与非负矩阵理论之间的关系，直到20世纪末，笔者未发现非负矩阵中与投入产出模型直接有关的一些理论在对投入产出模型应用过程中得到进一步改进或发展，即在利用经济学来发展数学这方面，似乎没有取得什么重要的进展。

当人类进入到21世纪以后，笔者从2001—2014年在线性代数与矩阵理论领域内的国际顶级学术期刊和投入产出分析与数理经济学领域内的国际权威学术期刊上独立发表了五篇研究论文①，并被多次引用。这些研究成果不仅发展了投入产出经济学理论，而且改进或发展了矩阵与行列式的理论，使得投入产出经济学理论和矩阵理论融合得更加紧密。这些成果的取得，就是起源于对某些投入产出经济问题的深入研究，将这些问题抽象归纳为某些数学问题，而这些数学问题又是数学家们尚未解决的或未涉及的，因而需要做创新性的数学研究。这些成果的推出不仅对于人们更加深刻地认识投入产出模型的内在机理或基本属性具有重要的意义，而且对于人们更加深刻地认识与投入产出模型相关的矩阵与行列式的理论也具有重要的意义。由于上述成果的创新性，笔者因此荣获了第十四届孙冶方经济科学奖和第七届中国社会科学院优秀科研成果奖等奖项。

在上述五篇研究论文的基础之上，笔者又对其进行了全面、系统的梳理，归纳总结，并补充了一些新内容，从而形成了本书。与那五篇研究论文相比，本书更全面、系统地论述了投入产出经济学理论与矩阵理论之间关系及其新进展。

本书共分为四章。第一章和第三章属于数学部分，论述了与投入产出模型相关的矩阵与行列式的新理论。第二章和第四章属于投入产出经济学部分，第一章和第三章中的内容在这里得到了充分的发挥与利用，从而使

---

① Zeng, L., A property of the Leontief inverse and its applications to comparative static analysis. *Economic Systems Research*, 13 (2001), pp. 299 - 315.

Zeng, L., Some applications of spectral theory of nonnegative matrices to input - output models. *Linear Algebra and Its Applications*, 336 (2001), pp. 205 - 218.

Zeng, L., Effects of changes in outputs and in prices on the economic system: an input - output analysis using the spectral theory of nonnegative matrices. *Economic Theory*, 34 (2008), pp. 441 - 471.

Zeng, L., Conditions for some balances of economic system: An input - output analysis using the spectral theory of nonnegative matrices. *Mathematical Social Sciences*, 59 (2010), pp. 330 - 342.

Zeng, L., Two kinds of Pareto improvements of the economic system: An input - output analysis using the nonnegative matrices theory. *Mathematical Social Sciences*, 71 (2014), pp. 12 - 19.

投入产出经济学理论与矩阵理论得到了充分的融合，两者之间的关系更加紧密。

第一章论述了非负矩阵谱理论的新进展。以引理 1.1 为基础，详细地推导出了非负矩阵拥有一个唯一正的特征向量的充分必要条件。该条件虽然是前人已有的结果，但通过引理 1.1 的推导过程，笔者首次发现了当非负矩阵可约时，上述唯一正的特征向量是以一个基本特征子向量为基础的，上述唯一正的特征向量的每个剩余分量都是基本特征子向量的分量的线性函数，并推导出了相应的解析式，这些结果是前人没有发现的。这些新结果的推出不仅对于人们更加深刻地认识非负矩阵的谱性质具有重要意义，而且可以扩大非负矩阵谱理论的应用深度和广度。例如，在接下来的有一个正的特征向量的非负矩阵的谱性质的分析中，以及在迭代矩阵的谱性质的分析中都用到了上述新结果。在论述非负矩阵与对应的非奇异 M 矩阵的逆矩阵的关系时，首次提出了可约的非负矩阵对应于（非）初始类的分块列指标集和对应于（非）最终类的分块行指标集的新概念，从而全面、精确地揭示了任意一个非负矩阵与对应的非奇异 M 矩阵的逆矩阵之间的关系。本章中提出的非负矩阵新的谱理论为后面的章节打下了坚实的数学基础。

第二章给出了非负矩阵新的谱理论在投入产出分析中的应用部分，它充分展示了非负矩阵谱理论与投入产出经济学理论之间的紧密关系。

在第二章第一节中，推导出了里昂惕夫动态投入产出模型的平衡增长解存在且唯一的充分必要条件，并清晰地给出了该条件的经济解释，与前人的有关成果相比较，这些新成果明显地发展了里昂惕夫动态投入产出模型的理论。

与第二章第一节相对偶，在第二章第二节中，推导出了生产价格存在且唯一的充分必要条件及其清晰的经济解释。

综合前两节的结果，在第二章第三节中，推导出了生产价格与平衡增长解同时存在且唯一的充分必要条件及其清晰的经济解释。

在第二章第四节和第五节中，首次建立了实物型产量调整模型，并推出了产量调整模型和价格调整模型的基本性质。这两个相互对偶的模型是分析产量变动和价格变动对经济系统影响的基本工具。

在第二章第六节中，利用中间产出系数矩阵、高士逆矩阵、价值型中间投入系数矩阵、价值型里昂惕夫逆矩阵、最终产出率对角矩阵和增加价值率对角矩阵，把这六种矩阵进行适当的组合，首次系统地提出了十二种谱半径都等于1的特殊的半正矩阵，推导出了它们的基本性质，并对其中四种半正矩阵的经济含义做出了精确的分析和解释。在这十二种特殊的半正矩阵中，只有第五种是前人曾提到过的所谓“增加价值乘数”矩阵，而笔者在这里给出了该矩阵的更全面且更精确的经济解释和称谓。这十二种特殊的半正矩阵被应用于后面的理论分析中。

在第二章第七节中，首次对最终产出率、投入乘数、增加价值率和产出乘数这四项指标给出了明确的经济含义，指出了最终产出率和增加价值率越高，对经济系统越有利；投入乘数和产出乘数越小，对经济系统越有利。

在第二章第八节中，分析了产量变动对中间产出系数矩阵的影响和价格变动对价值型中间投入系数矩阵的影响。

在第二章第九节中，分析了产量变动对最终产出率和投入乘数的影响以及价格变动对增加价值率和产出乘数的影响。

在中间产出（或投入）系数矩阵至少有一个非最终类（或非初始类）的条件下，在第二章第十节中，笔者首次提出了最终产出率和投入乘数的帕累托改进的新概念以及增加价值率和产出乘数的帕累托改进的新概念，并给出了这两种帕累托改进的具体方法，前者是通过调整产出系统来实现的，后者是通过调整价格系统来实现的。

在第二章第十一节中，推导出了最终产出率和投入乘数以及增加价值率和产出乘数这四种经济指标中的每一种在各个部门中的一致性的条件。

在第二章第十二节中，首次提出了经济系统中的两种平衡的新概念，分析了这两种平衡的经济含义。这两种平衡就是最终产值与增加价值之间的平衡，以及投入乘数（或称供给乘数）与产出乘数（或称需求乘数）之间的平衡。还推导出了上述两种平衡状态发生的一个充分条件，推导出了上述两种平衡状态发生的一个必要条件，分别推出了上述两种平衡状态发生的若干个充分必要条件。

最后，在第二章第十三节中，对非负矩阵谱理论在产量调整模型和价格调整模型中的应用进行了全面的概括总结。

第三章推出了关于矩阵与行列式的一些新结果。在第三章第一节中，通过定理3.1可以发现，由一个 n 阶矩阵的任意一个二阶子式按一定规则所构成的 $n-1$ 阶行列式与该 n 阶矩阵的行列式之间的数量关系。引理

3.1 给出了由一个 n 阶矩阵的任意 4 个元素的代数余子式按一定规则构成的二阶行列式与那 4 个元素构成的二阶矩阵的代数余子式和该 n 阶矩阵的行列式之间的数量关系。这些新结果为后面的分析与论证奠定了基础。在第三章第二节中，尽管前人已经建立了类似于定理 3.2 的关于逆矩阵的扰动理论，但笔者在这里建立的有关公式在形式上与前人略有不同，证明方法也不同。在第三章第三节中，首次建立了任意一个矩阵的逆与该矩阵的余子矩阵的逆之间的关系，这个新结果是非常重要的，若没有它，第四章中的许多结果就无法得出。总之，本章中推出的矩阵与行列式的新理论为后面的第四章打下了坚实的数学基础。

第四章运用第三章中得到的矩阵与行列式的新结果，论述了投入产出模型的比较静态分析的有关理论。在第四章第一节和第二节中，分别分析了中间投入系数矩阵变动对里昂惕夫逆矩阵和产出乘数的影响规律。在第四章第三节中，分析了中间产出系数矩阵变动对投入产出乘数的影响规律。在第四章第四节中，给出了里昂惕夫逆矩阵和高士逆矩阵的重要性质，该性质表明了里昂惕夫逆矩阵和高士逆矩阵中的任意二阶子矩阵的行列式所具有的重要特征，这个新结果在投入产出模型的比较静态分析中发挥了非常重要的作用，若没有它，许多关于投入产出模型的比较静态分析的结果就无法正确地得出，它还可用于识别关于投入产出模型的关键部门群组。在第四章第五节中，分析了最终需求和中间投入系数变动对总产出及其结构的影响规律。在第四章第六节中，分析了增加价值系数和中间投入系数变动对价格的影响规律。

数学符号和术语说明

一　一般的数学符号和术语

$\neg$ ——逻辑符号，否定；

$\wedge$——逻辑符号，合取；

$\vee$——逻辑符号，析取；

$\Leftrightarrow$——逻辑符号，等价；

$\Rightarrow$或$\Leftarrow$——逻辑符号，蕴涵，例如，$\Gamma \Rightarrow \Omega$，或 $\Omega \Leftarrow \Gamma$，表示 Γ 蕴涵 Ω；

$\forall$——集合符号，任意；

$\exists$——集合符号，存在；

$\in$——集合符号，属于；

$\cup$——集合的并；

$\cap$——集合的交；

$A \subset B$——集合 A 是集合 B 的真子集；

$A - B$——两个集合的差，即属于集合 A 而不属于集合 B 的集合；

Φ——空集合；

$\sum$ ——求和符号；

$\prod$ ——求积符号；

max——最大；

min——最小；

Δa——a 的增量；

$|C|$——矩阵 C 的行列式，或数 C 的绝对值；

$\frac{\partial y}{\partial x}$ ——y 对 x 的偏导数；

$e(x, y) = \frac{\partial y}{\partial x} \frac{x}{y}$——$y$ 对 x 的偏弹性；

0——数值零，或零向量，或零矩阵；

$E = (1, 1, \cdots, 1)$——每个分量都是 1 的行向量；

I——单位矩阵；

W——置换矩阵；

$\hat{H}$——以（行或列）向量 H 的分量为主对角线元素的对角矩阵；

M^t——向量或矩阵 M 的转置；

$\rho(M)$——矩阵 M 的谱半径；

$rank(M)$——矩阵 M 的秩。

向量或矩阵 $M > 0$，表示 M 是半正的，即 M 的所有元素都非负，并且 M 不是零矩阵；

向量或矩阵 $M \gg 0$，表示 M 是正的，即 M 的所有元素都是正的；

向量或矩阵 M 称为是严格半正的，如果 M 是半正的且至少有一个零元素；

设 A 是非负矩阵集合，B 是半正矩阵集合，C 是严格半正矩阵集合，D 是正矩阵集合，$\{0\}$是零矩阵集合，显然有$(D \cup C) = B \subset (B \cup \{0\}) = A$，$D \cap C = \Phi = B \cap \{0\}$。

一个矩阵的对应于一个特征值的特征向量被称为是该矩阵对应于该特征值的唯一的特征向量，意味着在相差一个数量因子的情况下是唯一的。一个齐次线性方程组的非零解是唯一的，意味着在相差一个数量因子的情况下是唯一的。

二　第二章和第四章中的基本符号和术语

$q = (q_i)_{n \times 1} \gg 0$——实物型总产出列向量；

$p = (p_j)_{1 \times n} \gg 0$——价格行向量；

$X = \hat{p}q = (x_i)_{n \times 1} \gg 0$——价值型总产出（总产值）列向量；

$X^t \gg 0$——总投入值行向量；

$x = EX > 0$——社会总产值，即各个部门总产值之和，或各个部门总投入值之和；

$\widetilde{W} = x^{-1}X = (w_i)_{n \times 1} \gg 0$——总产值结构系数列向量；

$\overline{Z}>0$——实物型中间产品流量矩阵；

$Z=\hat{p}\overline{Z}>0$——价值型中间产品流量矩阵；

$ZE^t>0$——中间产出总值列向量；

$EZ>0$——中间投入总值行向量；

$w=EZE^t>0$——各个部门中间产出总值之和，或各个部门中间投入总值之和；

$\overline{F}=(\overline{f}_i)_{n\times1}>0$——实物型最终产出（实物型最终需求）列向量；

$F=\hat{p}\overline{F}=(f_i)_{n\times1}>0$——价值型最终产出（最终产值）列向量；

$Y=\hat{q}^{-1}\overline{F}=\hat{X}^{-1}F=(y_i)_{n\times1}>0$——最终产出率（最终产出与总产出的比率）列向量；

$V=X^t-EZ=(v_j)_{1\times n}>0$——增加价值行向量；

$\overline{R}=V\hat{q}^{-1}=(\overline{r}_j)_{1\times n}>0$——增加价值系数（单位实物总产出的增加价值）行向量；

$R=V\hat{X}^{-1}=(r_j)_{1\times n}>0$——增加价值率（增加价值与总产值的比率）行向量；

$\overline{A}=\overline{Z}\hat{q}^{-1}=(\overline{a}_{ij})_{n\times n}>0$——实物型中间投入系数矩阵；

$\overline{L}=(I-\overline{A})^{-1}=(\overline{l}_{ij})_{n\times n}>0$——实物型里昂惕夫（Leontief）逆矩阵；

$\vec{A}=\hat{q}^{-1}\overline{Z}=\hat{X}^{-1}Z=(\vec{a}_{ij})_{n\times n}>0$——中间产出系数矩阵；

$\vec{L}=(I-\vec{A})^{-1}=(\vec{l}_{ij})_{n\times n}>0$——高士（Ghosh）逆矩阵；

$G=\vec{L}E^t=(g_i)_{n\times1}\gg0$——投入乘数列向量，可设 $\alpha\geqslant\max(g_1,\ g_2,\cdots,\ g_n)$；

$A=Z\hat{X}^{-1}=(a_{ij})_{n\times n}>0$——价值型中间投入系数矩阵；

$L=(I-A)^{-1}=(l_{ij})_{n\times n}>0$——价值型里昂惕夫逆矩阵；

$D=EL=(d_j)_{1\times n}\gg0$——产出乘数行向量，可设 $\beta\geqslant\max(d_1,\ d_2,\cdots,\ d_n)$；

$\overline{B}=(\overline{b}_{ij})_{n\times n}>0$——实物型资本投入系数矩阵；

$B=\hat{p}\overline{B}\,\hat{p}^{-1}=(b_{ij})_{n\times n}>0$——价值型资本投入系数矩阵；

$Q=\hat{q}^{-1}q^{\#}=(Q_i)_{n\times1}\gg0$——实物产出调整系数列向量，其中 $q^{\#}$ 是调整后的实物型总产出列向量；

$P = p^* \hat{p}^{-1} = (P_j)_{1 \times n} \gg 0$——价格调整系数行向量，其中 p^* 是调整后的价格行向量；

其中，$0 \leqslant \rho(\overline{A}) = \rho(\vec{A}) = \rho(A) < 1$，并且 $\vec{A} = \hat{q}^{-1} \overline{A} \hat{q} = \hat{X}^{-1} A \hat{X}$，$\vec{L} = \hat{q}^{-1} \overline{L} \hat{q} = \hat{X}^{-1} L \hat{X}$，$A = \hat{p} \overline{A} \hat{p}^{-1}$，$L = \hat{p} \overline{L} \hat{p}^{-1}$。

目 录

第一章　非负矩阵谱理论的新进展

非负矩阵（或向量）是指元素都是非负实数的矩阵（或向量），它包括零矩阵和半正矩阵。零矩阵是指元素都是零的矩阵。半正矩阵是指非负矩阵中的非零矩阵，即至少包含一个正元素的非负矩阵，它包括正矩阵和严格半正矩阵。正矩阵是指元素都是正数的矩阵，严格半正矩阵是指半正矩阵中至少有一个零元素的矩阵。非负矩阵谱理论是指非负矩阵的特征值和特征向量的有关理论。

第一节　非负矩阵有唯一正的特征向量的等价条件

著名德国数学家弗罗宾纽斯①首先发现了非负矩阵存在半正的特征向量，尽管他的理论不是按照现代的流行方式陈述的。施奈德②和卡尔森③用 M 矩阵的术语讨论了这个主题。维克托瑞④应用图论的概念推广了弗罗宾纽斯的结果。施奈德⑤又对上述成果做了一个综述。利用这些已知结果，本节证明了非负矩阵有唯一正的特征向量的等价条件，其中特征向量的唯一性和非负矩阵可约的情况被强调了。尤其是发现了当拥有唯一正的

---

① Frobenius, G., Über matrizen aus nicht negativen elementen. *Sitzungsberichte der Königlich Preussichen Akademie der Wissenschaften*, 1 (1912), pp. 456 – 477。

② Schneider, H., The elementary divisors, associated with 0, of a singular M – matrix. *Proc. Edinburgh Math. Soc.*, 10 (1956), pp. 108 – 122.

③ Carlson, D., A note on M – matrix equations. *SIAM J.*, 11 (1963), pp. 1027 – 1033.

④ Victory, H. D. Jr., On nonnegative solutions of matrix equations. *SIAM J. Algebraic Discrete Methods*, 6 (1985), pp. 406 – 412.

⑤ Schneider, H., The influence of the marked reduced graph of a nonnegative matrix on the Jordan form and on related properties: a survey. *Linear Algebra and Its Applications*, 84 (1986), pp. 161 – 189.

特征向量的非负矩阵可约时，该特征向量是以一个基本特征子向量作为基础的，而该特征向量的每个剩余分量都是基本特征子向量的分量的线性函数，并推导出了具体的函数解析式。研究上述问题的主要动机来自某些投入产出经济问题，在这些问题中，必须求解非负矩阵的唯一的正特征向量，而且这些非负矩阵很可能是可约的。

不失一般性，我们假定一个非负的 $n \geqslant 2$ 阶矩阵 T 本身有一个上三角的弗罗宾纽斯标准型，即：

$$T = \begin{bmatrix} T_{11} & T_{12} & \cdots & T_{1r} \\ & T_{22} & \cdots & T_{2r} \\ & & \ddots & \vdots \\ 0 & & & T_{rr} \end{bmatrix} \tag{1.1}$$

其中，$1 \leqslant r \leqslant n$，方阵 T_{ii} 不可约或是一阶矩阵，$i = 1, \cdots, r$。

引理 1.1 令 L 和 R 分别是 T 的对应于 $\rho(T)$ 的半正的左和右特征向量。对下列 $2r+5$ 个条件：

（i_i）$\rho(T) = \rho(T_{ii}) > \rho(T_{jj})$，$j = 1, \cdots, i-1, i+1, \cdots, r$，$i = 1, 2, \cdots, r$；

（ii_i）L 和 R 分别有一个子向量 L_i 和 R_i，它们分别是 T_{ii} 的唯一正的左和右特征向量，L 和 R 的每个剩余正分量（如果存在）分别是 L_i 和 R_i 的分量的线性函数，$i = 1, 2, \cdots, r$；

（iii）L 和 R 都是唯一的；

（iv）T 只有一个初始类；

（v）T 只有一个最终类；

（vi）L 是正的且唯一；

（vii）R 是正的且唯一。

我们有如下结论：

(a)(i_i)$\Rightarrow$[(ii_i)$\wedge$(iii)]，$i = 1, 2, \cdots, r$；

(b)[(i_1)$\wedge$(iv)]$\Leftrightarrow$(vi)；

(c)[(i_r)$\wedge$(v)]$\Leftrightarrow$(vii)。

证明 令 $\lambda = \rho(T)$。根据弗罗宾纽斯定理，$L = (L_1, L_2, \cdots, L_r)$ 和

$$R = \begin{bmatrix} R_1 \\ R_2 \\ \vdots \\ R_r \end{bmatrix}$$

存在，其中，L_i 和 R_i 分别是 L 和 R 的对应于标准型（1.1）的子向量，$i=1, 2, \cdots, r$。

先证结论（a）。显然，对 $\forall i \in \{1, 2, \cdots, r\}$ 条件（i_i）蕴涵 $r \geqslant 2$，且由 $T_{ii}>0$ 不可约可知，λ 是 T 的一个简单特征值。所以，L 和 R 分别是 T 的对应于 λ 的唯一左和右特征向量。由文献［11］中的引理6.2的对偶形式可知：

$$L_m=0 \qquad (m=1, \cdots, i-1) \tag{1.2}$$

并且由 $T_{ii}>0$ 不可约可知，L_i 是 T_{ii} 的对应于 $\lambda=\rho(T_{ii})$ 的唯一正的左特征向量。此外，若 $i<r$，则由公式（1.2）和 $LT=\lambda L$ 可得：

$$L_k=\sum_{j=i}^{k-1} L_j T_{jk}(\lambda I_k-T_{kk})^{-1} \qquad (k=i+1, \cdots, r) \tag{1.3}$$

其中，I_i 是相应的单位矩阵，$i=1, 2, \cdots, r$，且由条件（i_i）和 T_{kk} 是不可约的或是一个一阶非负矩阵以及文献［1］中第六章的（3.11）定理可知，λI_k-T_{kk} 非奇异且 $(\lambda I_k-T_{kk})^{-1} \gg 0$，$k=i+1, \cdots, r$。根据公式（1.3），若 $i<r$，则：

$$L_{i+1}=L_i T_{ii+1}(\lambda I_{i+1}-T_{i+1i+1})^{-1} \tag{1.4$_i$}$$

若 $i<r-1$，令 $b_0=i$，我们需要用数学归纳法证明：

$$L_a=L_i\left\{T_{ia}+\sum_{j=1}^{a-1-i}\left[\sum_{b_1=i+1}^{a-j}\cdots\sum_{b_j=b_{j-1}+1}^{a-1}\prod_{x=1}^{j} T_{b_{x-1}b_x}(\lambda I_{b_x}-T_{b_xb_x})^{-1}T_{b_ja}\right]\right\}(\lambda I_a-T_{aa})^{-1}$$

$$(a=i+2, \cdots, r) \tag{1.5$_i$}$$

令 $F_k=(\lambda I_k-T_{kk})^{-1}$，$k=i+1, \cdots, r$。根据公式(1.3)和公式(1.4$_i$)可得：

$$L_{i+2}=(L_i T_{ii+2}+L_{i+1}T_{i+1i+2})F_{i+2}=L_i(T_{ii+2}+T_{ii+1}F_{i+1}T_{i+1i+2})F_{i+2}$$

即 $r=i+2$ 时，公式（1.5$_i$）成立。假定 $r=m$ 时，公式（1.5$_i$）成立。即：

$$L_a=L_i\left[T_{ia}+\sum_{j=1}^{a-1-i}\left(\sum_{b_1=i+1}^{a-j}\cdots\sum_{b_j=b_{j-1}+1}^{a-1}\prod_{x=1}^{j} T_{b_{x-1}b_x}F_{b_x}T_{b_ja}\right)\right]F_a$$

$$(a=i+2, \cdots, m) \tag{1.6}$$

我们只需证：

$$L_{m+1}=L_i\left[T_{im+1}+\sum_{j=1}^{m-i}\left(\sum_{b_1=i+1}^{m+1-j}\cdots\sum_{b_j=b_{j-1}+1}^{m}\prod_{x=1}^{j} T_{b_{x-1}b_x}F_{b_x}T_{b_jm+1}\right)\right]F_{m+1}$$

由公式（1.3）和公式（1.4$_i$）可得：

$$L_{m+1} = \left(L_i T_{im+1} + L_i T_{ii+1} F_{i+1} T_{i+1m+1} + \sum_{a=i+2}^{m} L_a T_{am+1} \right) F_{m+1}$$

因此由公式（1.6），我们只需证：

$$\sum_{a=i+2}^{m} \sum_{j=1}^{a-1-i} \left(\sum_{b_1=i+1}^{a-j} \cdots \sum_{b_j=b_{j-1}+1}^{a-1} \prod_{x=1}^{j} T_{b_{x-1}b_x} F_{b_x} T_{b_j a} \right) F_a T_{am+1}$$

$$= \sum_{j=2}^{m-i} \left(\sum_{b_1=i+1}^{m+1-j} \cdots \sum_{b_j=b_{j-1}+1}^{m} \prod_{x=1}^{j} T_{b_{x-1}b_x} F_{b_x} T_{b_j m+1} \right) \qquad (1.7)$$

令 $Y(h_1, h_2, \cdots, h_t) = T_{ih_1} F_{h_1} T_{h_1 h_2} F_{h_2} \cdots T_{h_{t-1}h_t} F_{h_t} T_{h_t m+1}$，其中，$i+1 \leqslant h_1$，$h_{s-1}+1 \leqslant h_s$，$s=2, \cdots, t$，$h_t \leqslant m$，$2 \leqslant t \leqslant m-i$，则公式(1.7)等价于：

$$\sum_{a=i+2}^{m} \sum_{j=1}^{a-1-i} \sum_{b_1=i+1}^{a-j} \cdots \sum_{b_j=b_{j-1}+1}^{a-1} Y(b_1, \cdots, b_j, a) = \sum_{j=2}^{m-i} \sum_{b_1=i+1}^{m+1-j} \cdots \sum_{b_j=b_{j-1}+1}^{m} Y(b_1, b_2, \cdots, b_j) \qquad (1.8)$$

下面证公式（1.8）。公式（1.8）左边：

$$= Y(i+1, i+2) + \sum_{j=1}^{2} \sum_{b_1=i+1}^{i+3-j} \cdots \sum_{b_j=b_{j-1}+1}^{i+2} Y(b_1, \cdots, b_j, i+3)$$

$$+ \sum_{j=1}^{3} \sum_{b_1=i+1}^{i+4-j} \cdots \sum_{b_j=b_{j-1}+1}^{i+3} Y(b_1, \cdots, b_j, i+4) + \cdots$$

$$+ \sum_{j=1}^{m-2-i} \sum_{b_1=i+1}^{m-1-j} \cdots \sum_{b_j=b_{j-1}+1}^{m-2} Y(b_1, \cdots, b_j, m-1)$$

$$+ \sum_{j=1}^{m-1-i} \sum_{b_1=i+1}^{m-j} \cdots \sum_{b_j=b_{j-1}+1}^{m-1} Y(b_1, \cdots, b_j, m) =$$

$$\left[Y(i+1, i+2) + \sum_{b_1=i+1}^{i+2} Y(b_1, i+3) + \sum_{b_1=i+1}^{i+3} Y(b_1, i+4) + \cdots \right.$$

$$\left. + \sum_{b_1=i+1}^{m-2} Y(b_1, m-1) + \sum_{b_1=i+1}^{m-1} Y(b_1, m) \right] + \left[Y(i+1, i+2, i+3) \right.$$

$$+ \sum_{b_1=i+1}^{i+2} \sum_{b_2=b_1+1}^{i+3} Y(b_1, b_2, i+4) + \cdots + \sum_{b_1=i+1}^{m-3} \sum_{b_2=b_1+1}^{m-2} Y(b_1, b_2, m-1)$$

$$\left. + \sum_{b_1=i+1}^{m-2} \sum_{b_2=b_1+1}^{m-1} Y(b_1, b_2, m) \right] + \left[Y(i+1, i+2, i+3, i+4) + \cdots \right.$$

$$+ \sum_{b_1=i+1}^{m-4} \sum_{b_2=b_1+1}^{m-3} \sum_{b_3=b_2+1}^{m-2} Y(b_1, b_2, b_3, m-1) + \sum_{b_1=i+1}^{m-3} \sum_{b_2=b_1+1}^{m-2} \sum_{b_3=b_2+1}^{m-1}$$

$$\left. Y(b_1, b_2, b_3, m) \right] + \cdots + \left[Y(i+1, \cdots, m-2, m-1) \right.$$

$$+\sum_{b_1=i+1}^{i+2}\cdots\sum_{b_{m-2-i}=b_{m-3-i}+1}^{m-1}Y(b_1,\cdots,b_{m-2-i},m)\Bigg]+Y(i+1,\cdots,m-1,m)$$

$$=\sum_{b_1=i+1}^{m-1}\sum_{b_2=b_1+1}^{m}Y(b_1,b_2)+\sum_{b_1=i+1}^{m-2}\sum_{b_2=b_1+1}^{m-1}\sum_{b_3=b_2+1}^{m}Y(b_1,b_2,b_3)$$

$$+\sum_{b_1=i+1}^{m-3}\sum_{b_2=b_1+1}^{m-2}\sum_{b_3=b_2+1}^{m-1}\sum_{b_4=b_3+1}^{m}Y(b_1,b_2,b_3,b_4)+\cdots+\sum_{b_1=i+1}^{i+2}\cdots\sum_{b_{m-1-i}=b_{m-2-i}+1}^{m}$$

$$Y(b_1,b_2,\cdots,b_{m-1-i})+\sum_{b_1=i+1}^{i+1}\cdots\sum_{b_{m-i}=b_{m-1-i}+1}^{m}Y(b_1,b_2,\cdots,b_{m-i})$$

公式（1.8）右边。公式（1.8）证完。因此公式（1.5_i）成立。公式（1.4_i）和公式（1.5_i）表明，若 $i<r$，则 L_k 的每个分量都是 L_i 的分量的线性函数，$k=i+1,\cdots,r$。

对标准型（1.1）做转置得：

$$T^t=\begin{bmatrix} T_{11}^t & & & 0 \\ T_{12}^t & T_{22}^t & & \\ \vdots & \vdots & \ddots & \\ T_{1r}^t & T_{2r}^t & \cdots & T_{rr}^t \end{bmatrix}$$

令置换矩阵：

$$V=\begin{bmatrix} 0 & & I_r \\ & \iddots & \\ I_2 & & \\ I_1 & & 0 \end{bmatrix}$$

则：

$$VT^tV^t=\begin{bmatrix} T_{rr}^t & \cdots & T_{2r}^t & T_{1r}^t \\ & \ddots & \vdots & \vdots \\ & & T_{22}^t & T_{12}^t \\ 0 & & & T_{11}^t \end{bmatrix},\quad VR=\begin{bmatrix} R_r \\ \vdots \\ R_2 \\ R_1 \end{bmatrix}$$

令：

$$\widetilde{T}_{im}=T_{r-m+1\,r-i+1}^t,\ \widetilde{L}_i=R_{r-i+1}^t\quad (i=1,\ 2,\cdots,\ r,\ m=i,\cdots,\ r)\qquad(1.9)$$

则：

$$VT^tV^t=\begin{bmatrix}\widetilde{T}_{11} & \widetilde{T}_{12} & \cdots & \widetilde{T}_{1r}\\ & \widetilde{T}_{22} & \cdots & \widetilde{T}_{2r}\\ & & \ddots & \vdots\\ 0 & & & \widetilde{T}_{rr}\end{bmatrix},\quad R^tV^t=(\widetilde{L}_1,\ \widetilde{L}_2,\cdots,\ \widetilde{L}_r)$$

令：

$$d=r-i+1 \tag{1.10}$$

因为（i_i）成立，由公式（1.9）和公式（1.10）可得：

$$\rho(\widetilde{T}_{dd})=\rho(T_{ii}^t)=\rho(T_{ii})>\rho(T_{jj})=\rho(T_{jj}^t)=\rho(\widetilde{T}_{r-j+1r-j+1}),$$

$$j=1,\cdots,\ i-1,\ i+1,\cdots,\ r。$$

令 $e=r-j+1$，则 $\rho(\widetilde{T}_{dd})>\rho(\widetilde{T}_{ee})$，$e=1,\cdots,\ d-1,\ d+1,\cdots,\ r$。所以，类似于前面的推导，我们有：

$$\widetilde{L}_m=0 \qquad (m=1,\cdots,\ d-1) \tag{1.2$^\#$}$$

当 $d<r$ 时，

$$\widetilde{L}_k=\sum_{j=d}^{k-1}\widetilde{L}_j\widetilde{T}_{jk}(\lambda\widetilde{I}_k-\widetilde{T}_{kk})^{-1} \qquad (k=d+1,\cdots,r) \tag{1.3$^\#$}$$

且 $\widetilde{L}_d$ 是 $\widetilde{T}_{dd}$ 的对应于 $\lambda=\rho(\widetilde{T}_{dd})$ 的唯一正的左特征向量，其中，$\widetilde{I}_k=I_{r-k+1}$ 是相应的单位矩阵，$k=d+1,\cdots,\ r$。若 $d<r$，则：

$$\widetilde{L}_{d+1}=\widetilde{L}_d\widetilde{T}_{dd+1}(\lambda\widetilde{I}_{d+1}-\widetilde{T}_{d+1d+1})^{-1} \tag{1.4$_d^\#$}$$

若 $d<r-1$，令 $b_0=d$，则：

$$\widetilde{L}_g=\widetilde{L}_d\left\{\widetilde{T}_{dg}+\sum_{j=1}^{g-1-d}\left[\sum_{b_1=d+1}^{g-j}\cdots\sum_{b_j=b_{j-1}+1}^{g-1}\prod_{x=1}^{j}\widetilde{T}_{b_{x-1}b_x}(\lambda\widetilde{I}_{b_x}-\widetilde{T}_{b_xb_x})^{-1}\widetilde{T}_{b_jg}\right]\right\}(\lambda\widetilde{I}_g-\widetilde{T}_{gg})^{-1}$$

$$(g=d+2,\cdots,r) \tag{1.5$_d^\#$}$$

由公式（1.10）可知，$d>1\Leftrightarrow i<r$。因此，若 $i<r$，对公式（1.2$^\#$）做转置并令 $y=r-m+1$，则由公式（1.9）和公式（1.10）得：

$$R_y=0 \qquad (y=r,\cdots,\ i+1) \tag{1.2*}$$

由公式（1.10）得 $d<r\Leftrightarrow i>1$。因此，若 $i>1$，对公式（1.3$^\#$）做转置并令 $h=r-k+1$ 和 $m=r-j+1$，则由公式（1.9）和公式（1.10）得：

$$R_h=(\lambda I_h-T_{hh})^{-1}\sum_{m=i}^{h+1}T_{hm}R_m \qquad (h=i-1,\cdots,1) \tag{1.3*}$$

其中，$(\lambda I_h-T_{hh})^{-1}\gg0$，$h=i-1,\cdots,\ 1$。既然 $\widetilde{L}_d$ 是 $\widetilde{T}_{dd}$ 的对应于 $\lambda=\rho(\widetilde{T}_{dd})$ 的唯一正的左特征向量，因此由公式（1.9）和公式（1.10）知 $R_i=\widetilde{L}_d^t$

是 $T_{ii}=\widetilde{T}_{dd}^{t}$ 的对应于 $\lambda=\rho(T_{ii})$ 的唯一正的右特征向量。若 $i>1$，对公式（$1.4_d^{\#}$）做转置，则由公式（1.9）和公式（1.10）得：

$$R_{i-1}=(\lambda I_{i-1}-T_{i-1i-1})^{-1}T_{i-1i}R_i \qquad (1.4_i^*)$$

若 $i>2$，对公式（$1.5_d^{\#}$）做转置，并令 $k=r-g+1$ 和 $p_s=r-b_s+1$，$s=0, 1,\cdots, j$，则由公式（1.9）和公式（1.10）得：

$$R_k=(\lambda I_k-T_{kk})^{-1}\left\{T_{ki}+\sum_{j=1}^{i-1-k}\left[\sum_{p_1=i-1}^{k+j}\cdots\sum_{p_j=p_{j-1}-1}^{k+1}T_{kp_j}\prod_{x=j}^{1}(\lambda I_{p_x}-T_{p_xp_x})^{-1}T_{p_xp_{x-1}}\right]\right\}R_i$$

$$(k=i-2,\cdots, 1) \qquad (1.5_i^*)$$

其中，$p_0=i$。公式（1.4_i^*）和（1.5_i^*）表明，若 $i>1$，则 R_h 的每个分量都是 R_i 的分量的线性函数，$h=i-1,\cdots, 1$。结论（a）证毕。

由于结论（b）和结论（c）是对偶的，所以，我们只需证结论（c）。先假定 $(\mathrm{i}_r)\wedge(\mathrm{v})$ 成立。要证（vii）成立。由结论（a），我们只需证 $R_h\gg0$，$h=r-1,\cdots,1$。此结果来自 $(\lambda I_h-T_{hh})^{-1}\gg0$，$h=r-1,\cdots, 1$，以及公式（$1.3^*$）和条件（v）。下面假定条件（vii）成立。我们用图论的方法证 $(\mathrm{i}_r)\wedge(\mathrm{v})$ 成立。我们只需证 M 矩阵 $\lambda I-T$ 的简化图只有一个奇异顶点，它也是唯一的最终顶点。根据文献［18］中的（3.5）推论，既然存在一个满足 $(\lambda I-T)R=0$ 的正向量 R，因此奇异顶点集等于最终顶点集。设该集合的元素为 $\delta_1,\cdots, \delta_m$，则这 m 个奇异顶点都是特异的。我们只需证 $m=1$。根据文献［18］中的（3.1）定理，存在唯一的半正向量 $x^1,\cdots, x^m$，使得 $(\lambda I-T)x^k=0$，而且对任意顶点 $j\in\{1, 2,\cdots, r\}$，子向量 x_j^k 是正的当且仅当 j 进入 δ_k，且 $R=p_1x^1+\cdots+p_mx^m\gg0$，$p_k\geqslant0$，$k=1,\cdots, m$。假设 $m\geqslant2$，由于 $\delta_1,\cdots, \delta_m$ 也是最终顶点，因此 $x^1,\cdots, x^m$ 是严格半正的和线性无关的。若 $p_e>0$，$p_s=0$，$s=1,\cdots, e-1, e+1,\cdots, m$，则 $R=p_ex^e$ 是严格半正的，这与 R 是正向量矛盾。所以，我们可不失一般性地假设 $p_1>0$，$p_2>0$。显然，$(\lambda I-T)(p_1x^1+R)=0$ 也成立，其中，p_1x^1+R 也是正的。由 $x^1,\cdots, x^m$ 是线性无关的可知，R 和 p_1x^1+R 是线性无关的。这与 R 的唯一性矛盾。因此，$m=1$。结论(c)证毕。本引理证毕。

评论 1.1　在上述结论（a）的证明中，公式（1.4_i）、公式（1.5_i）、公式（1.4_i^*）和公式（1.5_i^*）是非常重要的。与公式（1.3）相比，公式（1.4_i）和公式（1.5_i）完全表明了 L_k 的每个分量和 L_i 的分量之间的线性关系，$k=i+1, i+2, \cdots, r$。与公式（1.3*）相比，公式（1.4_i^*）和公式（1.5_i^*）完全表明了 R_h 的每个分量和 R_i 的分量之间的线性关系，$h=i-1, i-2, \cdots, 1$。因此，L_i 和 R_i 分别在半正的特征向量 L 和 R 中起到了基础性的作用。所以，我们给出下面的定义 1.1。

定义 1.1 假设在标准型(1.1)中，$r \geqslant 2$。如果 $\exists i \in \{1, 2, \cdots, r\}$，使得 $\rho(T)=\rho(T_{ii})>\rho(T_{jj})$，$j=1, \cdots, i-1, i+1, \cdots, r$，则 T_{ii} 的唯一正的左特征向量 L_i 和唯一正的右特征向量 R_i 分别称为 T 的对应于该标准型的基本左特征子向量和基本右特征子向量。

定理 1.1 令 T 是一个非负的 n 阶矩阵，则：

（a）下列条件等价：

（a_1）T 只有一个基本类，它也是 T 的唯一的初始类；

（a_2）T 有一个唯一正的左特征向量 L；

其中，若 T 是可约的，则对应于标准型（1.1）的 T 有一个基本左特征子向量 L_1 和一个基本右特征子向量 R_1，L 的每个剩余分量都是正的且是 L_1 的分量的线性函数，其解析表达式是公式（1.4_1）或公式（1.5_1），即：

$$L_2 = L_1 T_{12} (\lambda I_2 - T_{22})^{-1}$$

或当 $b_0=1<r-1$ 时，

$$L_a = L_1 \left\{ T_{1a} + \sum_{j=1}^{a-2} \left[\sum_{b_1=2}^{a-j} \cdots \sum_{b_j=b_{j-1}+1}^{a-1} \prod_{x=1}^{j} T_{b_{x-1}b_x} (\lambda I_{b_x} - T_{b_x b_x})^{-1} T_{b_j a} \right] \right\} (\lambda I_a - T_{aa})^{-1}$$

$$(a=3, \cdots, r)$$

T 的对应于 $\rho(T)$ 的半正的右特征向量 R 的每个剩余分量都是 0，即：

$$R = \begin{bmatrix} R_1 \\ 0 \end{bmatrix}$$

是严格半正的。

（b）下列条件等价：

（b_1）T 只有一个基本类，它也是 T 的唯一的最终类；

（b_2）T 有一个唯一正的右特征向量 R；

其中，若 T 是可约的，则对应于标准型（1.1）的 T 有一个基本右特征子向量 R_r 和一个基本左特征子向量 L_r，R 的每个剩余分量都是正的且是 R_r 的分量的线性函数，其解析表达式是公式（1.4_r^*）或公式（1.5_r^*），即：

$$R_{r-1} = (\lambda I_{r-1} - T_{r-1r-1})^{-1} T_{r-1r} R_r$$

或当 $p_0=r>2$ 时，

$$R_k=(\lambda I_k-T_{kk})^{-1}\left\{T_{kr}+\sum_{j=1}^{r-1-k}\left[\sum_{p_1=r-1}^{k+j}\cdots\sum_{p_j=p_{j-1}-1}^{k+1}T_{kp_j}\prod_{x=j}^{1}(\lambda I_{p_x}-T_{p_xp_x})^{-1}T_{p_xp_{x-1}}\right]\right\}R_r$$

$$(k=r-2,\cdots,1)$$

T 的对应于 $\rho(T)$ 的半正的左特征向量 L 的每个剩余分量都是 0，即 $L=(0, L_r)$ 是严格半正的。

(c) 下列条件等价：

(c_1) T 不可约（即 T 只有一个类，该类既是基本类，又是初始类，也是最终类)；

(c_2) T 有一个唯一正的左特征向量和一个正的右特征向量；

(c_3) T 有一个正的左特征向量和一个唯一正的右特征向量；

(c_4) T 既有一个唯一正的左特征向量又有一个唯一正的右特征向量。

(d) 上述条件满足下列逻辑关系：

$[(a_i)\wedge(b_j)]\Leftrightarrow(c_k)$，$i, j=1, 2, k=1, 2, 3, 4$。

证明 由引理 1.1 和文献［1］中第二章的（1.12）推论可得结论（a）和（b）。由结论（a）和（b）可得结论（c）。结论（d）是显然的。证毕。

评论 1.2 在文献［9］的附录中或文献［10］的练习 6.3 中，该文作者提出了“斯拉法矩阵”，且得出结论：一个非负矩阵 T 有一个唯一正的特征向量当且仅当 T 是一个斯拉法矩阵。显然，此结论被上述定理 1.1 推广或完善了，其中，当 T 可约时，提出了“基本（左和右）特征子向量”的新概念，并且发现了显示唯一特征向量中的每个剩余分量与基本特征子向量的分量之间的线性关系的解析式。此外，定理 1.1 也发展了文献［1］中第二章的（3.10）定理和（3.14）定理，即考虑了特征向量的唯一性以及非负矩阵可约的情况。

第二节 有一个正的特征向量的非负矩阵的谱性质

本节是在上节结果的基础上的自然扩展。拥有一个正的特征向量的非负矩阵是普遍存在的，例如，列随机矩阵有一个正的左特征向量 E，行随机矩阵有一个正的右特征向量 E^t。除此之外，在投入产出经济模型中，也存在这种矩阵。研究这类矩阵的谱性质的动机，在于它与许多投入产出经济问题密切相关。

定义 1.2 设 M 是一个阶数不小于 2 的方阵。如果存在一个置换矩阵 W，使得：

$$WMW^t = \begin{bmatrix} M_{11} & 0 \\ 0 & M_{22} \end{bmatrix}$$

其中，M_{11} 和 M_{22} 是不一定同阶的子方阵，则称 M 是完全可约的。如果不存在这样的置换矩阵 W，则称 M 是不完全可约的。

定理 1.2 设 n 阶非负矩阵 T 有一个正的左特征向量 L，则：

(a) 下列条件等价：

(a_1) T 不可约；

(a_2) T 有一个唯一的正的右特征向量；

(a_3) $\rho(T)$ 是 T 的一个简单特征值且 T 有一个正的右特征向量；

(a_4) T 不完全可约且 T 有一个正的右特征向量；

(a_5) T 可约蕴涵 T 没有既是初始的又是最终的类；此外，T 有一个对应于 $\rho(T)$ 的右特征向量，其分量都是非零的。

(b) 下列条件等价：

(b_1) T 是可约的且 T 的类都是初始的或都是最终的；

(b_2) T 有一个非唯一的正的右特征向量。

(c) 下列条件等价：

(c_1) T 至少有一个非初始类或非最终类；

(c_2) T 没有正的右特征向量。

(d) 下列条件等价：

(d_1) T 只有一个初始类；

(d_2) $\rho(T)$ 是 T 的一个简单特征值；

(d_3) L 是 T 的对应于 $\rho(T)$ 的一个唯一的左特征向量；

(d_4) L 是 T 的一个唯一正的左特征向量；

(d_5) T 有一个对应于 $\rho(T)$ 的唯一半正的右特征向量；

(d_6) $rank[\rho(T)I-T]=n-1$。

(e) 下列条件等价：

(e_1) T 是可约的且 T 只有一个初始类；

(e_2) T 有一个对应于 $\rho(T)$ 的唯一的严格半正的右特征向量 R；
其中，对应于标准型（1.1），T 有一个基本左特征子向量 L_1 和一个基本右特征子向量 R_1，L 的每个剩余分量都是 L_1 的分量的线性函数，其解析表达式是公式（1.4_1）或公式（1.5_1），因此 L 是 T 的一个唯一正的左特征向量，而 R 的每个剩余分量都是零。

(f) 上述条件满足下列逻辑关系：

(f_1) $[(a_i)\vee(b_j)]\Leftrightarrow\neg(c_k)$，$i=1, 2,\cdots, 5$，$j, k=1, 2$；

(f_2) $(a_i)\Rightarrow[(a_i)\vee(e_m)]\Leftrightarrow(d_l)$，$i=1, 2,\cdots, 5$，$m=1, 2$，$l=1, 2,\cdots, 6$；

(f_3) $\neg(a_i)\Leftrightarrow[(b_j)\vee(c_k)]\Leftarrow(c_k)\Leftarrow(e_m)$，$i=1, 2,\cdots, 5$，$j, k, m=1, 2$。

证明　先证结论(a)。由定理1.1中的结论(c)可得$(a_1)\Leftrightarrow(a_2)$。由文献[1]中第二章的(3.15)推论可得$(a_1)\Leftrightarrow(a_3)$。显然有$(a_1)\Rightarrow(a_4)\Rightarrow(a_5)$。下面证$(a_5)\Rightarrow(a_1)$，或$\neg(a_1)\Rightarrow\neg(a_5)$。令 T 是可约的，我们只需证明：如果 T 没有既是初始的又是最终的类，则 T 的对应于 $\rho(T)$ 的任意右特征向量至少有一个零分量。由 T 是可约的可知，在标准型(1.1)中 $r\geqslant 2$。对应于标准型(1.1)，令 $L=(L_1, L_2,\cdots, L_r)$，且 $\lambda=\rho(T)$，则：

$$L_k(\lambda I_k - T_{kk}) = \sum_{i=1}^{k-1} L_i T_{ik} \qquad (k = 2,\cdots,r) \tag{1.11}$$

其中，I_i 是相应的单位矩阵，L_i 是相应的子向量，$i=1, 2,\cdots, r$。既然 $\lambda=\max[\rho(T_{11}),\rho(T_{22}),\cdots,\rho(T_{rr})]$，因此 $\lambda\geqslant\rho(T_{ii}), i=1,2,\cdots,r$。令：

$$A_k = \sum_{i=1}^{k-1} L_i T_{ik} \qquad (k = 2,\cdots,r)$$

我们证 $\lambda=\rho(T_{kk})\Rightarrow A_k=0$（$k=2,\cdots, r$）。设 $\lambda=\rho(T_{kk})$。如果 T_{kk} 是一个一阶矩阵，则 $\lambda=T_{kk}$。因此，由公式（1.11）可知 $A_k=L_k(\lambda-T_{kk})=0$。如果 T_{kk} 不是一阶的，则 T_{kk} 不可约，在 λI_k-T_{kk} 的每行中，至少存在一个负的非主对角元素，并且由文献［15］中的定理5.1可知，λI_k-T_{kk} 的每个主对角元素都是正的。所以，如果 $A_k>0$，那么 λI_k-T_{kk} 的每行都与 A_k 线性无关，即对增广矩阵：

$$\left[\frac{\lambda I_k - T_{kk}}{A_k}\right]$$

来说，有：

$$rank\begin{bmatrix}\lambda I_k - T_{kk} \\ \hline A_k\end{bmatrix} = rank(\lambda I_k - T_{kk}) + 1$$

因此由线性方程组的理论可知，$L_k(\lambda I_k - T_{kk}) = A_k$ 是一个矛盾方程组。这与公式（1.11）矛盾。所以有 $A_k = 0$。假设 T 没有既是初始的又是最终的类。由于 L 是正向量，因此 $\lambda = \rho(T_{rr})$ 蕴涵 $A_r = 0$ 意味着 $T_{ir} = 0$（$i = 1, \cdots, r-1$），这与上述假设矛盾，所以有 $\lambda > \rho(T_{rr})$。于是，$\lambda I_r - T_{rr}$是一个非奇异的 M 矩阵或一阶正矩阵。令：

$$N = \begin{bmatrix} N_1 \\ N_2 \\ \vdots \\ N_r \end{bmatrix}$$

是 T 的对应于 λ 的任意一个右特征向量，其中 N_i 是相应的子向量，$i = 1, 2, \cdots, r$，则 $(\lambda I_r - T_{rr})N_r = 0$。因此 $N_r = 0$。这意味着 N 至少有一个零分量。所以$\neg(a_1) \Rightarrow \neg(a_5)$ 成立。结论（a）证完。

由文献［1］中第二章的（3.10）定理及其对偶形式，以及结论（a），我们可得结论（b）。由结论（a）和结论（b），我们可得结论（c）。

下面证结论（d）。由文献［1］中第二章的（3.10）定理的对偶形式、文献［1］中第二章的（1.12）推论和本书的定理 1.1 中的结论（a），可得（d_1）⇒（d_2）⇒（d_3）⇒（d_4）⇒（d_1）。显然有（d_3）⇔（d_6）⇔（d_5）。

下面证结论（e）。设（e_1）成立，若（e_2）不成立，则由结论（d）可知 T 有一个对应于 $\rho(T)$ 的唯一正的右特征向量 R，因此由定理 1.1 中的结论（c）可知 T 不可约，这与（e_1）矛盾，所以（e_2）成立。反之，设（e_2）成立，则由结论（d）可知 T 只有一个初始类。若（e_1）不成立，则 T 不可约，因此由定理 1.1 中的结论（c）可知 R 是正的，这与（e_2）矛盾，所以（e_1）成立。

结论（f）是显然的。证毕。

作为定理 1.2 的对偶形式，我们有定理 1.3。

定理 1.3 设 n 阶非负矩阵 T 有一个正的右特征向量 R，则：

（a）下列条件等价：

（a_1）T 不可约；

(a_2) T 有一个唯一的正的左特征向量；

(a_3) $\rho(T)$ 是 T 的一个简单特征值且 T 有一个正的左特征向量；

(a_4) T 不完全可约且 T 有一个正的左特征向量；

(a_5) T 可约蕴涵 T 没有既是最终的又是初始的类；此外，T 有一个对应于 $\rho(T)$ 的左特征向量，其分量都是非零的。

(b) 下列条件等价：

(b_1) T 是可约的且 T 的类都是最终的或都是初始的；

(b_2) T 有一个非唯一的正的左特征向量。

(c) 下列条件等价：

(c_1) T 至少有一个非最终类或非初始类；

(c_2) T 没有正的左特征向量。

(d) 下列条件等价：

(d_1) T 只有一个最终类；

(d_2) $\rho(T)$ 是 T 的一个简单特征值；

(d_3) R 是 T 的对应于 $\rho(T)$ 的一个唯一的右特征向量；

(d_4) R 是 T 的一个唯一正的右特征向量；

(d_5) T 有一个对应于 $\rho(T)$ 的唯一半正的左特征向量；

(d_6) $rank[\rho(T)I-T]=n-1$。

(e) 下列条件等价：

(e_1) T 是可约的且 T 只有一个最终类；

(e_2) T 有一个对应于 $\rho(T)$ 的唯一的严格半正的左特征向量 L；

其中，对应于标准型（1.1），T 有一个基本右特征子向量 R_r 和一个基本左特征子向量 L_r，R 的每个剩余分量都是 R_r 的分量的线性函数，其解析表达式是公式（1.4_r^*）或公式（1.5_r^*），因此 R 是 T 的一个唯一正的右特征向量，而 L 的每个剩余分量都是零。

(f) 上述条件满足下列逻辑关系：

(f_1) $[(a_i)\vee(b_j)]\Leftrightarrow\neg(c_k)$，$i=1, 2, \cdots, 5$，$j$，$k=1, 2$；

(f_2) $(a_i)\Rightarrow[(a_i)\vee(e_m)]\Leftrightarrow(d_l)$，$i=1, 2, \cdots, 5$，$m=1, 2$，$l=1, 2, \cdots, 6$；

(f_3) $\neg(a_i)\Leftrightarrow[(b_j)\vee(c_k)]\Leftarrow(c_k)\Leftarrow(e_m)$，$i=1, 2, \cdots, 5$，$j$，$k$，$m=1, 2$。

评论 1.3　文献[1]中第八章的(3.13)定理给出了一个行随机矩阵 T，

是对应于一个遍历的马尔可夫链的转移矩阵的充分必要条件。该充分必要条件由两个并列的子条件组成。即子条件（a）：1 是 T 的一个简单特征值；子条件（b）：存在一个唯一的行向量 $x \gg 0$，满足 $xT = x$。现在，把定理 1.3 中的结论（a）应用于一个行随机矩阵，那么，子条件（b）成立，当且仅当 T 是不可约的。因此，由定理 1.3 中的 $(a_i) \Rightarrow (d_l)$，可知子条件（b）蕴涵子条件（a）。所以，子条件（a）是多余的，应当删除。此外，我们可以看到，文献[1]中第八章的（3.14）推论是直接由（3.13）定理推导出来的。事实上，（3.14）推论中的充分性不可能由（3.13）定理中的充分性推导出来，除非子条件（a）被删除。显然，定理 1.2 和定理 1.3 推广并改进了文献[1]中第二章的（3.15）推论以及第八章的（3.13）定理。

第三节 非负矩阵与对应的非奇异 M 矩阵的逆矩阵的关系

在投入产出模型中，中间投入系数矩阵是一个半正矩阵，里昂惕夫矩阵就是与该半正矩阵对应的非奇异 M 矩阵。与此相对偶，中间产出系数矩阵也是一个半正矩阵，高士矩阵就是与该半正矩阵对应的非奇异 M 矩阵。有些投入产出经济问题涉及中间投入系数矩阵与里昂惕夫逆矩阵之间的关系以及中间产出系数矩阵与高士逆矩阵之间的关系，研究这些关系，是本节的主要动机和经济学背景。

设 T 是一个非负方阵，μ 是一个正数，则 $\mu I - T$ 是对应于 T 的一个 M 矩阵。如果 $\mu > \rho(T)$，则由文献［1］中第六章的（3.11）定理可知，$\mu I - T$ 非奇异，其逆矩阵 $F = (\mu I - T)^{-1} > 0$。本节分析 T 与 F 之间的一般对应关系，尤其是考虑到 T 可约的情况，这在文献［1］中第六章的（3.11）定理中是没有涉及的。

定义 1.3 假定在标准型(1.1)中，$r \geqslant 2$，即 T 是可约的。令集合 $E_+ = \{e \mid T_{de} > 0,\ \exists d < e\}$，$E_0 = \{e \mid T_{de} = 0,\ \forall d < e\}$，$D_+ = \{d \mid T_{de} > 0,\ \exists e > d\}$，$D_0 = \{d \mid T_{de} = 0,\ \forall e > d\}$，则 E_+ 和 $E_0 \cup \{1\}$ 分别称为 T 的对应于非初始类和初始类的分块列指标集；D_+ 和 $D_0 \cup \{r\}$ 分别称为 T 的对应于非最终类和最终类的分块行指标集。

根据定义 1.3，我们显然可得：$E_+ \cup E_0 = \{2,\cdots, r\}$，$D_+ \cup D_0 = \{1,\cdots, r-1\}$，$E_+ \cap E_0 = \Phi = D_+ \cap D_0$。

定理 1.4　设 T 是一个 n 阶非负方阵，$\mu > \rho(T)$ 且 $F = (\mu I - T)^{-1}$，则：

（i）公式（1.1）是 T 的一个上三角的弗罗宾纽斯标准型，当且仅当

$$F = \begin{bmatrix} F_{11} & \cdots & F_{1r} \\ & \ddots & \vdots \\ 0 & & F_{rr} \end{bmatrix} \tag{1.12}$$

是 F 的一个上三角的弗罗宾纽斯标准型，其中，

$$F_{ii} = (\mu I_i - T_{ii})^{-1} \gg 0 \quad (i = 1,\cdots, r) \tag{1.13}$$

$$F_{ii+1} = (\mu I_i - T_{ii})^{-1} T_{ii+1} (\mu I_{i+1} - T_{i+1i+1})^{-1} \quad (i = 1,\cdots, r-1) \tag{1.14}$$

$$F_{ij} = (\mu I_i - T_{ii})^{-1} C_{ij} (\mu I_j - T_{jj})^{-1}$$
$$(i = 1,\cdots, r-2,\ j = i+2,\cdots, r) \tag{1.15}$$

$$C_{ij} = T_{ij} + \sum_{k=1}^{j-1-i} \left(\sum_{b_1 = i+1}^{j-k} \cdots \sum_{b_k = b_{k-1}+1}^{j-1} \prod_{m=1}^{k} T_{b_{m-1} b_m} F_{b_m b_m} T_{b_k j} \right) \quad (b_0 = i < j-1) \tag{1.16}$$

I_i 是相应的单位矩阵，$i = 1,\cdots,r$。

（ii）在公式(1.14)中，$F_{ii+1} = 0 \Leftrightarrow T_{ii+1} = 0$；$F_{ii+1} \gg 0 \Leftrightarrow T_{ii+1} > 0$。

（iii）在公式(1.15)和公式(1.16)中，

$$\left\{ [T_{ii+1} \quad \cdots \quad T_{ij-1} \quad T_{ij}] = 0 \vee \begin{bmatrix} T_{ij} \\ T_{i+1j} \\ \vdots \\ T_{j-1j} \end{bmatrix} = 0 \right\} \Rightarrow C_{ij} = 0 \Leftrightarrow F_{ij} = 0 \Rightarrow T_{ij} = 0;$$

$$T_{ij} > 0 \Rightarrow F_{ij} \gg 0 \Leftrightarrow C_{ij} > 0 \Rightarrow \left\{ [T_{ii+1} \quad \cdots \quad T_{ij-1} \quad T_{ij}] > 0 \wedge \begin{bmatrix} T_{ij} \\ T_{i+1j} \\ \vdots \\ T_{j-1j} \end{bmatrix} > 0 \right\}$$

（iv）T 的对应于非初始类和初始类的分块列指标集分别等于 F 的对应于非初始类和初始类的分块列指标集；T 的对应于非最终类和最终类的分块行指标集分别等于 F 的对应于非最终类和最终类的分块行指标集。

证明　关于结论（i），先证必要性。设公式（1.1）是 T 的一个上三角的弗罗宾纽斯标准型，则 T_{ii} 是一个不可约的子方阵或是一个一阶矩阵，

$i=1,\cdots,r$。对应于标准型（1.1），令：

$$F=\begin{bmatrix}F_{11} & \cdots & F_{1r}\\ \vdots & & \vdots\\ F_{r1} & \cdots & F_{rr}\end{bmatrix}$$

则：

$$\begin{bmatrix}F_{11} & \cdots & F_{1r}\\ \vdots & & \vdots\\ F_{r1} & \cdots & F_{rr}\end{bmatrix}\begin{bmatrix}\mu I_1-T_{11} & \cdots & -T_{1r}\\ & \ddots & \vdots\\ 0 & & \mu I_r-T_{rr}\end{bmatrix}=F(\mu I-T)=I \tag{1.17}$$

由公式（1.17）显然可得：

$$F_{ij}=0 \qquad (i=2,\cdots,r,\ j=1,\cdots,i-1) \tag{1.18}$$

$F_{ii}=(\mu I_i-T_{ii})^{-1}(i=1,\cdots,r)$且公式(1.14)成立。既然$\rho(T_{ii})\leqslant\rho(T)<\mu$且$T_{ii}$是一个不可约的子方阵或是一个一阶矩阵，根据文献[1]中第六章的(3.11)定理，$F_{ii}\gg 0$成立，$i=1,\cdots,r$。因此公式(1.13)成立且公式(1.12)是F的一个上三角的弗罗宾纽斯标准型。

下面考察公式（1.15）和公式（1.16）。令：

$$H(b_1,\cdots,b_t)=T_{b_0b_1}F_{b_1b_1}T_{b_1b_2}F_{b_2b_2}\cdots T_{b_{t-2}b_{t-1}}F_{b_{t-1}b_{t-1}}T_{b_{t-1}b_t},$$

$$b_{s-1}+1\leqslant b_s,\ s=1,2,\cdots,t,\ 2\leqslant t\leqslant j-i,\ b_t\leqslant j,\ b_0=i。$$

由公式(1.17)和公式(1.18)可知，当$j>i+1$时，$F_{ij}(\mu I_j-T_{jj})=F_{ii}T_{ij}+F_{ii+1}T_{i+1j}+\cdots+F_{ij-1}T_{j-1j}$。让此式与公式(1.13)至公式(1.16)联立，则：

$$F_{ii}C_{ij}=F_{ii}T_{ij}+F_{ii+1}T_{i+1j}+\cdots+F_{ij-1}T_{j-1j}$$

即：

$$\begin{aligned}C_{ij}&=T_{ij}+T_{ii+1}F_{i+1i+1}T_{i+1j}+C_{ii+2}F_{i+2i+2}T_{i+2j}+\cdots+C_{ij-1}F_{j-1j-1}T_{j-1j}\\&=T_{ij}+\sum_{k=i+1}^{j-1}T_{ik}F_{kk}T_{kj}+H(i+1,i+2)F_{i+2i+2}T_{i+2j}\\&\quad+\sum_{k=1}^{2}\left[\sum_{b_1=i+1}^{i+3-k}\cdots\sum_{b_k=b_{k-1}+1}^{i+2}H(b_1,\cdots,b_k,i+3)\right]F_{i+3i+3}T_{i+3j}+\\&\quad\cdots+\sum_{k=1}^{j-2-i}\left[\sum_{b_1=i+1}^{j-1-k}\cdots\sum_{b_k=b_{k-1}+1}^{j-2}H(b_1,\cdots,b_k,j-1)\right]F_{j-1j-1}T_{j-1j}\end{aligned}$$

即：

$$\sum_{k=2}^{j-1-i}\left[\sum_{b_1=i+1}^{j-k}\cdots\sum_{b_k=b_{k-1}+1}^{j-1}H(b_1,\cdots,b_k,j)\right]=H(i+1,i+2,j)+$$

$$\sum_{k=1}^{2}\left[\sum_{b_1=i+1}^{i+3-k}\cdots\sum_{b_k=b_{k-1}+1}^{i+2}H(b_1,\cdots,b_k,i+3,j)\right]$$

$$+\cdots+\sum_{k=1}^{j-2-i}\left[\sum_{b_1=i+1}^{j-1-k}\cdots\sum_{b_k=b_{k-1}+1}^{j-2}H(b_1,\cdots,b_k,j-1,j)\right] \tag{1.19}$$

如果我们能证明公式（1.19）是一个恒等式，则必要性证毕。类似于公式（1.8）的证明，要证明公式（1.19）是不难的，在此从略。

下面证充分性。设公式（1.12）是 F 的一个上三角的弗罗宾纽斯标准型。对应于公式（1.12）的分块，令：

$$T=\begin{bmatrix} T_{11} & \cdots & T_{1r} \\ \vdots & & \vdots \\ T_{r1} & \cdots & T_{rr} \end{bmatrix}$$

则：

$$\begin{bmatrix} \mu I_1-T_{11} & \cdots & -T_{1r} \\ \vdots & & \vdots \\ -T_{r1} & \cdots & \mu I_r-T_{rr} \end{bmatrix}\begin{bmatrix} F_{11} & \cdots & F_{1r} \\ & \ddots & \vdots \\ 0 & & F_{rr} \end{bmatrix}=(\mu I-T)F=I \tag{1.20}$$

由公式（1.20）显然可得 $T_{ij}=0$（$i=2,\cdots,r$，$j=1,\cdots,i-1$）和 $F_{ii}=(\mu I_i-T_{ii})^{-1}$（$i=1,\cdots,r$）。类似于上面的推理，我们也可得到公式（1.14）至公式（1.16）。根据结论（i）的必要性，如果 T 是可约的（即 $r\geqslant 2$），则 F 也是可约的。因此，T_{ii} 的可约性蕴涵 F_{ii} 的可约性，$i=1,\cdots,r$。然而，由于公式（1.12）是 F 的一个上三角的弗罗宾纽斯标准型，因此，$\forall i\in\{1,\cdots,r\}$，$F_{ii}$ 是不可约的或是一个一阶正矩阵。所以，$\forall i\in\{1,\cdots,r\}$，$T_{ii}$ 也是不可约的或是一个一阶矩阵，这意味着公式（1.1）是 T 的一个上三角的弗罗宾纽斯标准型。根据 $\rho(T_{ii})\leqslant\rho(T)<\mu$（$i=1,\cdots,r$）和文献［1］中第六章的（3.11）定理，公式（1.13）成立。结论（i）证毕。

根据公式（1.13）和公式（1.14），结论（ii）是显然的。结论（iii）来自公式（1.13）、公式（1.15）和公式（1.16）。下面证结论（iv）。根据结论（ii）和结论（iii），$F_{ij}(i<j)$ 是零矩阵或正矩阵。因此，由结论(i)和定义 1.3，$M_+=\{m\mid F_{hm}\gg 0,\ \exists h<m\}$是 F 的对应于非初始类的分块列指标集，$M_0=\{m\mid F_{hm}=0,\ \forall h<m\}$是 F 的对应于初始类的分块列指标子集，$H_+=\{h\mid F_{hm}\gg 0,\ \exists m>h\}$是 F 的对应于非最终类的分块

行指标集，$H_0=\{h \mid F_{hm}=0,\ \forall m>h\}$是 F 的对应于最终类的分块行指标子集。我们只需证明 $E_+=M_+$，$E_0=M_0$，$D_+=H_+$，$D_0=H_0$。如果 $E_+=\Phi$，则 $E_0=\{2,\cdots,r\}$，即 T 是一个拟对角矩阵，因此，显然有 $M_0=\{2,\cdots,r\}$。所以 $M_+=\Phi$。于是 $E_+=M_+$。下面假设 $E_+\neq\Phi$。对于 $\forall e\in E_+$，$\exists d<e$，使得 $T_{de}>0$。因此由结论(ii)和结论(iii)可知 $F_{de}\gg0$。所以 $e\in M_+$。反之，对于 $\forall m\in M_+$，$\exists h<m$，使得 $F_{hm}\gg0$。因此由结论(ii)和结论(iii)可知：

$$\begin{bmatrix} T_{hm} \\ T_{h+1m} \\ \vdots \\ T_{m-1m} \end{bmatrix}>0$$

所以 $m\in E_+$。于是，我们总有 $E_+=M_+$。因此，$E_0=\{2,\cdots,r\}-E_+=\{2,\cdots,r\}-M_+=M_0$，即 $E_0=M_0$。根据对偶原理，我们也可证$D_+=H_+$和 $D_0=H_0$。证毕。

评论 1.4 定理 1.4 中的公式（1.13）至公式（1.16）是很重要的。定理 1.4 中的结论（iv）表明：(i) 若 T 有非初始类或非最终类，则 F 也有相同的非初始类或非最终类；反之亦然，即 T 和 F 的非初始类是一一对应的，T 和 F 的非最终类也是一一对应的。(ii) T 和 F 的初始类是一一对应的，T 和 F 的最终类也是一一对应的。很显然，定理 1.4 发展并改进了文献［1］中第六章的（3.11）定理和文献［28］中的定理 A2。

第四节　迭代矩阵的谱性质

施奈德在文献［17］中定义了一个实矩阵 $M-N$ 的 M 分裂的概念，并通过 $M-N$、M、N 和 $M^{-1}N$ 的图关系，考察了迭代矩阵 $M^{-1}N$ 的谱性质，其中，M 是一个非奇异的 M 矩阵，N 是一个半正方阵。利用文献［17］中的结果以及本章第一节中的结果，本节推导出了当矩阵 $M-N$ 是一个 M 分裂时，作为两个特殊的非负矩阵，迭代矩阵 NM^{-1} 和 $M^{-1}N$ 分别有一个唯一正的左和右特征向量的等价条件，这些等价条件也拥有独自的具体特点。最后，给出了 NM^{-1} 有唯一正的左特征向量的同时，$M^{-1}N$ 有唯一正的右特征向量的等价条件。研究此问题的动机来自 NM^{-1} 和 $M^{-1}N$ 这两种半正矩阵分别在投入产出价格模型和动态投入产出模型中有重要应用。

在这节中，我们假定 n 阶实矩阵 $M-N$ 是一个非平凡的 M 分裂。即 $M=\mu I-T$ 是一个非奇异的 M 矩阵，N 是一个半正方阵，其中，T 是一个 n 阶非负方阵，满足 $\mu>\rho(T)$。不失一般性，我们假定 $M-N$ 本身有一个上三角的标准型，即：

$$M-N=\begin{bmatrix} M_{11}-N_{11} & M_{12}-N_{12} & \cdots & M_{1r}-N_{1r} \\ & M_{22}-N_{22} & \cdots & M_{2r}-N_{2r} \\ & & \ddots & \vdots \\ 0 & & & M_{rr}-N_{rr} \end{bmatrix} \tag{1.21}$$

其中，$1\leqslant r\leqslant n$，$M_{kk}-N_{kk}$ 是一个不可约的子方阵或是一个一阶矩阵，$k=1,\cdots,r$。对应于标准型（1.21），M 和 N 分别有一个上三角的分块。即：

$$M=\begin{bmatrix} M_{11} & M_{12} & \cdots & M_{1r} \\ & M_{22} & \cdots & M_{2r} \\ & & \ddots & \vdots \\ 0 & & & M_{rr} \end{bmatrix},\qquad N=\begin{bmatrix} N_{11} & N_{12} & \cdots & N_{1r} \\ & N_{22} & \cdots & N_{2r} \\ & & \ddots & \vdots \\ 0 & & & N_{rr} \end{bmatrix}$$

这两个上三角的分块矩阵不一定是 M 和 N 的标准型，因为可能有某些主对角块 M_{ii} 或 N_{jj} 是可约的。

与定理 1.4 中的公式（1.12）至公式（1.16）相类似，同理可得：

$$M^{-1}=\begin{bmatrix} M_{11}^{-1} & M_{11}^{-1}T_{12}M_{22}^{-1} & \cdots & M_{11}^{-1}\overline{C}_{1r-1}M_{r-1r-1}^{-1} & M_{11}^{-1}\overline{C}_{1r}M_{rr}^{-1} \\ & M_{22}^{-1} & \cdots & M_{22}^{-1}\overline{C}_{2r-1}M_{r-1r-1}^{-1} & M_{22}^{-1}\overline{C}_{2r}M_{rr}^{-1} \\ & & \ddots & \vdots & \vdots \\ & & & M_{r-1r-1}^{-1} & M_{r-1r-1}^{-1}T_{r-1r}M_{rr}^{-1} \\ 0 & & & & M_{rr}^{-1} \end{bmatrix}$$

其中，$\overline{C}_{ij}$ 类似于公式（1.16）中的 C_{ij}，$i=1,\cdots,r-2$，$j=i+2,\cdots,r$。这个上三角的分块矩阵也不一定是 M^{-1} 的标准型，因为可能有某个主对角块 M_{kk}^{-1} 是可约的。由上可知：

$$NM^{-1}=\begin{bmatrix} N_{11}M_{11}^{-1} & N_{11}M_{11}^{-1}T_{12}M_{22}^{-1}+N_{12}M_{22}^{-1} & \cdots & * \\ & N_{22}M_{22}^{-1} & \cdots & * \\ & & \ddots & \vdots \\ 0 & & & N_{rr}M_{rr}^{-1} \end{bmatrix} \tag{1.22}$$

$$M^{-1}N=\begin{bmatrix} M_{11}^{-1}N_{11} & \cdots & * & * \\ & \ddots & \vdots & \vdots \\ & & M_{r-1r-1}^{-1}N_{r-1r-1} & M_{r-1r-1}^{-1}N_{r-1r}+M_{r-1r-1}^{-1}T_{r-1r}M_{rr}^{-1}N_{rr} \\ 0 & & & M_{rr}^{-1}N_{rr} \end{bmatrix} \tag{1.23}$$

其中，$*$代表未详细写出的子矩阵。由文献［17］中的引理 3.4 及其对偶形式可知，在公式（1.22）和公式（1.23）中，可能有某些主对角块 $N_{ii}M_{ii}^{-1}$或 $M_{jj}^{-1}N_{jj}$是可约的。因此，公式（1.22）和公式（1.23）也不一定是 NM^{-1}和 $M^{-1}N$ 的标准型。

引理 1.2 （i）如果只有一个初始类的 $M-N$ 可约，且对应于标准型（1.21）的分块，满足$\rho(N_{11}M_{11}^{-1})>\rho(N_{ii}M_{ii}^{-1})$，$i=2,\cdots,r$，则 NM^{-1}可约且只有一个基本类，它也是唯一的初始类；（ii）如果只有一个最终类的 $M-N$ 可约，且对应于标准型（1.21）的分块，满足 $\rho(M_{rr}^{-1}N_{rr})>\rho(M_{jj}^{-1}N_{jj})$，$j=1,\cdots,r-1$，则 $M^{-1}N$ 可约且只有一个基本类，它也是唯一的最终类。

证明 由于(i) 与(ii) 是对偶的，所以我们只需证（ii)。既然 $M-N$ 是可约的，因此在标准型（1.21）中，$r\geqslant 2$。所以由公式（1.23）显然可知 $M^{-1}N$ 也是可约的。由 $\rho(M_{rr}^{-1}N_{rr})>\rho(M_{jj}^{-1}N_{jj})$（$j=1,\cdots,r-1$）可知 $N_{rr}>0$，而且对应于公式（1.23)，可知 $M_{rr}^{-1}N_{rr}$和 $M^{-1}N$ 有相同的基本类。根据文献［15］中的定理4.3，M_{rr}是一个 M 矩阵。因此不可约的 $M_{rr}-N_{rr}$是一个非平凡的 M 分裂。由文献［17］中的引理 3.4 可知，$M_{rr}^{-1}N_{rr}$只有一个基本类，它也是 $M_{rr}^{-1}N_{rr}$唯一的最终类。所以 $M^{-1}N$ 只有一个基本类，它也是 $M^{-1}N$ 的最终类。为了证明它是 $M^{-1}N$ 的唯一的最终类，令 x 是 $M_{rr}^{-1}N_{rr}$的最终类中的任意元素。由于这个类是基本类，因此 x 是 $M^{-1}N$ 的有向图的一个非空循环的顶点。由于 $M-N$ 只有一个最终类，因此对 $\forall y\in\{1, 2,\cdots, n\}$，$y$ 必须在 $M-N$ 的有向图中进入 x。所以由文献［17］中的定理 2.8 即可得到要证的结果。证毕。

引理 1.3 （i）如果只有一个初始类的 $M-N$ 可约，且对应于标准型(1.21)的分块，$\exists i\in\{2,\cdots, r\}$，使得$\rho(N_{11}M_{11}^{-1})\leqslant\rho(N_{ii}M_{ii}^{-1})$，则(a) NM^{-1}至少有两个基本类；或(b) NM^{-1}至少有两个初始类；或(c) NM^{-1}的一个基本类不是初始类。(ii)如果只有一个最终类的 $M-N$ 可约，且对应

于标准型（1.21）的分块，$\exists j \in \{1, \cdots, r-1\}$，使得 $\rho(M_{rr}^{-1}N_{rr}) \leqslant \rho(M_{jj}^{-1}N_{jj})$，则(d)$M^{-1}N$ 至少有两个基本类；或(e)$M^{-1}N$ 至少有两个最终类；或(f)$M^{-1}N$ 的一个基本类不是最终类。

证明　由于(i)与(ii)是对偶的，所以只需证(i)。假设结论(a)和(b)都不成立。则 $N_{11}M_{11}^{-1}$ 必须包含 NM^{-1} 的唯一的初始类。由 $\rho(N_{11}M_{11}^{-1}) \leqslant \rho(N_{ii}M_{ii}^{-1})$ 可知 $N_{11}M_{11}^{-1}$ 不包含 NM^{-1} 的唯一的基本类。因此结论(c)成立。证毕。

引理 1.4　(i) 如果 $M-N$ 至少有两个初始类，则 NM^{-1} 也至少有两个初始类；(ii) 如果 $M-N$ 至少有两个最终类，则 $M^{-1}N$ 也至少有两个最终类。

证明　由于 (i) 与 (ii) 是对偶的，所以我们只需证 (i)。既然 $M-N$ 至少有两个初始类，因此在标准型（1.21）中，我们总可以不失一般性地假定 $M_{12}-N_{12}=0$。因为，若不然，总存在一个置换矩阵，使得在另一个标准型中满足此式。所以，由 $M_{12}-N_{12}=-T_{12}-N_{12}=0$ 以及 T_{12} 和 N_{12} 的非负性可得 $T_{12}=N_{12}=0$，于是有 $N_{11}M_{11}^{-1}T_{12}M_{22}^{-1}+N_{12}M_{22}^{-1}=0$。因此，对应于公式（1.22），无论 $N_{11}M_{11}^{-1}$ 和 $N_{22}M_{22}^{-1}$ 是否可约，NM^{-1} 至少有两个初始类。证毕。

定理 1.5　迭代矩阵 NM^{-1} 有一个唯一正的左特征向量 L 当且仅当：

(i) $M-N$ 不可约，其中，(a) 如果 N 的每行至少有一个正元素，则 NM^{-1} 不可约；(b) 如果 N 至少有一个零行，则可约的 NM^{-1} 有一个基本左特征子向量 L_1 与 NM^{-1} 的唯一基本类相对应，L 的每个剩余分量都是 L_1 的分量的线性函数；

或

(ii) 只有一个初始类的 $M-N$ 可约，且对应于标准型（1.21）的分块，满足 $\rho(N_{11}M_{11}^{-1}) > \rho(N_{ii}M_{ii}^{-1})$，$i=2, \cdots, r$，其中，可约的 NM^{-1} 有一个基本左特征子向量 $\overline{L}_1$ 对应于 $N_{11}M_{11}^{-1}$ 和 NM^{-1} 共同的唯一基本类，L 的每个剩余分量都是 $\overline{L}_1$ 的分量的线性函数。

我们只需证明与定理 1.5 对偶的定理 1.6。

定理 1.6　迭代矩阵 $M^{-1}N$ 有一个唯一正的右特征向量 R 当且仅当：

(i) $M-N$ 不可约，其中，(a) 如果 N 的每列至少有一个正元素，则 $M^{-1}N$ 不可约；(b) 如果 N 至少有一个零列，则可约的 $M^{-1}N$ 有一个基本

右特征子向量 R_a 与 $M^{-1}N$ 的唯一基本类相对应，R 的每个剩余分量都是 R_a 的分量的线性函数。

或

（ii）只有一个最终类的 $M-N$ 可约，且对应于标准型（1.21）的分块，满足 $\rho(M_{rr}^{-1}N_{rr})>\rho(M_{jj}^{-1}N_{jj})$，$j=1,\cdots,r-1$，其中，可约的 $M^{-1}N$ 有一个基本右特征子向量 R_b 对应于 $M_{rr}^{-1}N_{rr}$ 和 $M^{-1}N$ 共同的唯一基本类，R 的每个剩余分量都是 R_b 的分量的线性函数。

证明 由文献［17］中的引理 3.4、本书中的引理 1.2 和定理 1.1 可得充分性。由引理 1.3、引理 1.4 和定理 1.1 可得必要性。证毕。

推论 1.1 迭代矩阵 NM^{-1} 有唯一正的左特征向量 L 并且迭代矩阵 $M^{-1}N$ 有唯一正的右特征向量 R，当且仅当 $M-N$ 不可约。其中，（a）如果 N 的每行至少有一个正元素，则 NM^{-1} 不可约；（b）如果 N 的每列至少有一个正元素，则 $M^{-1}N$ 不可约；（c）如果 N 至少有一个零行，则可约的 NM^{-1} 有一个基本左特征子向量 L_1 与 NM^{-1} 的唯一基本类相对应，L 的每个剩余分量都是 L_1 的分量的线性函数；（d）如果 N 至少有一个零列，则可约的 $M^{-1}N$ 有一个基本右特征子向量 R_a 与 $M^{-1}N$ 的唯一基本类相对应，R 的每个剩余分量都是 R_a 的分量的线性函数。

证明 由定理 1.5 和定理 1.6 可得充分性。下面证必要性。若 $M-N$ 可约，则 $\rho(N_{11}M_{11}^{-1})>\rho(N_{rr}M_{rr}^{-1})$ 与 $\rho(N_{rr}M_{rr}^{-1})=\rho(M_{rr}^{-1}N_{rr})>\rho(M_{11}^{-1}N_{11})=\rho(N_{11}M_{11}^{-1})$ 矛盾。证毕。

第二章　非负矩阵新的谱理论在投入产出分析中的应用

第一节　里昂惕夫动态投入产出模型的平衡增长解存在且唯一的等价条件

假设价值型中间投入系数矩阵 $A>0$ 和价值型资本投入系数矩阵 $B>0$ 在某段时间内不变，则离散且封闭型里昂惕夫动态投入产出模型为：

$$(I-A)X_k=B(X_{k+1}-X_k) \tag{2.1}$$

其中，$\rho(A)<1$，因此 $(I-A)^{-1}>0$。X_k 是 k 时期的总产值列向量。此模型的一个重要解是所谓平衡增长解，即：

$$X_k=(1+\delta)^k X\gg 0 \tag{2.2}$$

其中正数 δ 称为平衡增长率，X 是一个总产值列向量。公式（2.2）表明，每个部门的总产值在单位时期内按相同的比例 δ 增长。

定义 2.1　设集合 $H=\{X_k=(1+\delta)^k X\gg 0 \mid (I-A)X_k=B(X_{k+1}-X_k)\}$。

（i）如果 $H\neq\Phi$，则称模型（2.1）有平衡增长解 $X_k=(1+\delta)^k X$，或称 $X_k=(1+\delta)^k X$ 为模型（2.1）的一个平衡增长解；

（ii）如果 $\exists X_k^*=(1+\delta)^k X^*\in H$，使得 $(\forall X_k\in H\Rightarrow X_k=\lambda X_k^*)$ 成立，其中 λ 是一个正数，则称模型（2.1）有唯一的平衡增长解 $X_k^*=(1+\delta)^k X^*$，或称 $X_k^*=(1+\delta)^k X^*$ 为模型（2.1）的一个唯一的平衡增长解。

例 2.1　设某个经济系统的价值型中间投入系数矩阵和价值型资本投入系数矩阵分别为：

$$A=\begin{bmatrix}0.2 & 0 & 0.3\\ 0 & 0.5 & 0\\ 0 & 0 & 0\end{bmatrix}\quad 和\quad B=\begin{bmatrix}0.8 & 0 & 0.4\\ 0 & 2.5 & 0\\ 0 & 0 & 5\end{bmatrix}$$

则：

$$X_k = 1.2^k \begin{bmatrix} 19 \\ \sigma \\ 32 \end{bmatrix} \tag{2.3}$$

满足模型（2.1）。因此它就是该经济系统的模型（2.1）的一个平衡增长解，其平衡增长率为0.2。由于σ可以是任意正数，所以平衡增长解不是唯一的，即该经济系统的模型（2.1）有无穷多个平衡增长解。

例 2.2　设某个经济系统的价值型中间投入系数矩阵和价值型资本投入系数矩阵分别为：

$$A = \begin{bmatrix} 0.2 & 0 & 0 \\ 0 & 0 & 0.1 \\ 0 & 0 & 0 \end{bmatrix} \quad 和 \quad B = \begin{bmatrix} 0.8 & 0 & 0.4 \\ 0 & 0 & 0 \\ 0 & 0 & 5 \end{bmatrix}$$

则：

$$X_k = 1.2^k \begin{bmatrix} 5 \\ 4 \\ 40 \end{bmatrix} \tag{2.4}$$

满足模型（2.1）。因此它就是该经济系统的模型（2.1）的一个平衡增长解，其平衡增长率为0.2。我们将在后面证明该平衡增长解是唯一的。

显然，公式（2.2）满足模型（2.1）当且仅当$(I-A)^{-1}BX=(1/\delta)X$，其中，由文献[1]中第二章的(1.12)推论可知$\delta = 1/\rho[(I-A)^{-1}B]$。所以，我们有如下的命题2.1。

命题 2.1　一个经济系统的模型（2.1）存在（唯一的）平衡增长解当且仅当$(I-A)^{-1}B$有（唯一的）正的右特征向量。

证明　只需证唯一性的情况。

[模型（2.1）存在唯一的平衡增长解] $\Leftrightarrow$

$[\exists X_k^* = (1+\delta)^k X^* \in H$，使得$(\forall X_k \in H \Rightarrow X_k = \lambda X_k^*)] \Leftrightarrow$

$\{X_k^* = (1+\delta)^k X^*$满足(2.1)，且[(公式(2.2)满足(2.1)) $\Rightarrow (1+\delta)^k X = \lambda(1+\delta)^k X^*$]$\} \Leftrightarrow \{(I-A)^{-1}BX^* = (1/\delta)X^*$，且$[(I-A)^{-1}BX = (1/\delta)X \Rightarrow X = \lambda X^*]\} \Leftrightarrow [(I-A)^{-1}B$有唯--的正的右特征向量]。

证毕。

根据命题 2.1，当 $(I-A)^{-1}B$ 有一个正的右特征向量 X 时，我们可以调整初始总产值列向量 X_0，使得 $X_0=\lambda X$，其中 λ 是一个正数，则 X_0 就成为一个总产值结构向量，它使经济系统以 $1/\rho[(I-A)^{-1}B]$ 为增长率进行平衡增长。我们称调整后的 $X_0=\lambda X$ 为经济系统的平衡增长结构向量。

再考虑例 2.1 和例 2.2。在例 2.1 中，

$$(I-A)^{-1}B=\begin{bmatrix}1 & 0 & 2.375\\ 0 & 5 & 0\\ 0 & 0 & 5\end{bmatrix}\qquad \rho[(I-A)^{-1}B]=5$$

由于

$$\begin{bmatrix}19\\ \sigma\\ 32\end{bmatrix}\tag{2.5}$$

不是 $(I-A)^{-1}B$ 的对应于 5 的唯一的正的右特征向量，因此列向量（2.3）不是模型（2.1）的唯一的平衡增长解，其中列向量（2.5）是该经济系统的一个平衡增长结构向量。

在例 2.2 中，

$$(I-A)^{-1}B=\begin{bmatrix}1 & 0 & 0.5\\ 0 & 0 & 0.5\\ 0 & 0 & 5\end{bmatrix}\qquad \rho[(I-A)^{-1}B]=5$$

由于$(I-A)^{-1}B$ 只有一个基本类，它也是唯一的最终类。因此，根据定理 1.1，$(I-A)^{-1}B$ 有一个唯一的正的右特征向量：

$$\begin{bmatrix}5\\ 4\\ 40\end{bmatrix}\tag{2.6}$$

所以，由命题 2.1 可知，模型（2.1）有一个唯一的平衡增长解（2.4），其中列向量（2.6）是该经济系统的一个平衡增长结构向量。

文献［21］和文献［22］研究了平衡增长解的存在条件，但没有涉及解的唯一性问题。该文献先提出了如下假设："B 的每列至少有一个非零元素"。在此假设下，该文献证明了"$U=(I-A)^{-1}B$ 不可约当且仅当

$C=A+B$ 不可约"。因此，当 $A+B$ 不可约时平衡增长解存在。事实上，由于 $(I-A)^{-1}B$ 不可约，根据定理 1.1 和命题 2.1，平衡增长解不仅存在而且是唯一的。显然，$A+B$ 不可约且 B 的每列至少有一个非零元素，这不是模型（2.1）存在一个唯一的平衡增长解的必要条件，而只是充分条件。例如，在例 2.2 中，

$$A+B=\begin{bmatrix}1 & 0 & 0.4\\0 & 0 & 0.1\\0 & 0 & 5\end{bmatrix}$$

可约且 B 的第 2 列的每个元素都是 0，但该经济系统的模型（2.1）存在一个唯一的平衡增长解。此外，对可约的 $(I-A)^{-1}B$，文献［21］给出了关于一个平衡增长解存在的等价条件的定理 2。实际上，利用图论的概念，该定理相当于文献［1］中第二章的（3.10）定理或文献［18］中的（3.5）推论。显然，在文献［21］中的定理 2 中，若 $g\geqslant 2$，即 $(I-A)^{-1}B$ 至少有两个既是基本的又是最终的类，则由本书的定理 1.1 知，$(I-A)^{-1}B$ 不可能有一个唯一的正的右特征向量。所以，该等价条件不能保证平衡增长解是唯一的。例如，在例 2.1 中，$(I-A)^{-1}B$ 正好有两个既是基本的又是最终的类，因此该经济系统的模型（2.1）有无穷多个平衡增长解。

下面，根据第一章第四节中建立的非负矩阵谱理论的新结果，我们可以完全解决上述问题。即我们可以找到里昂惕夫动态投入产出模型的平衡增长解存在且唯一的等价条件。当然，文献［21］中给出的较严格的限制条件，如"B 的每列至少有一个非零元素"和"$A+B$ 不可约"，将被放宽。

首先，我们给出半正矩阵 $U=(I-A)^{-1}B=(u_{ij})_{n\times n}$ 的一个经济解释，其中 A 是价值型中间投入系数矩阵，$B=(b_{ij})_{n\times n}$ 是价值型资本投入系数矩阵。令 $C=EB=(c_1,\ c_2,\cdots,\ c_n)$ 是资本投入率行向量。则：

$$c_j=\sum_{i=1}^{n}b_{ij}\qquad (j=1,\ 2,\cdots,\ n)$$

是部门 j 的每单位总产值的资本总投入值，可称其为部门 j 的资本投入率。而且，根据本章第四节中的公式（2.15）可得 $RU=E(I-A)(I-A)^{-1}B=EB=C$，即：

$$c_j=\sum_{i=1}^{n}r_iu_{ij}\qquad (j=1,\ 2,\ \cdots,\ n)$$

因此：

$$0 \leqslant u_{ij} = \frac{\partial c_j}{\partial r_i} \qquad (i, j = 1, 2, \cdots, n)$$

即 u_{ij} 度量了部门 j 的资本投入率关于部门 i 的增加价值率的变化率。所以，就像里昂惕夫逆矩阵 $(I-A)^{-1}$ 可称为总产出与最终需求之间的关联矩阵或乘数矩阵那样，$U=(I-A)^{-1}B$ 可被称为资本投入率与增加价值率之间的关联矩阵或乘数矩阵。

很明显，由定理 1.1，我们可直接得到 $(I-A)^{-1}B$ 有一个唯一正的右特征向量的等价条件。即 $(I-A)^{-1}B$ 只有一个基本类，它也是唯一的最终类。然而，此条件的经济含义是不清晰的。因此，为了得到具有既明显清晰又精确的经济解释的等价条件，我们必须使用定理 1.6。

令 $M=I-A$，$N=B$。则 $M-N$ 不可约等价于 $A+B$ 不可约。用经济术语来说，$A+B$ 不可约意味着经济系统中的每个部门都直接或间接消耗其他各个部门的中间产品或资本。对应于一个上三角的弗罗宾纽斯标准型，$A+B$ 可约意味着经济系统可根据各个部门的中间产品和资本之间的依赖关系，分解为 $r \geqslant 2$ 个子经济系统 S_1，S_2，…，S_r，S_k 中的每个部门都直接或间接消耗 S_k 中的其他各个部门的中间产品或资本，或 S_k 只由一个部门组成，$k=1, 2, \cdots, r$。此外，若加上 $A+B$ 只有一个最终类的条件，则意味着 S_j 既不消耗 S_{j+1}，…，S_r 的中间产品又不消耗 S_{j+1}，…，S_r 的资本，但 S_j 向 S_{j+1}，…，S_r 中至少一个子系统提供中间产品或资本，$j=1, \cdots, r-1$。B 的每列（行）至少有一个正元素意味着每个部门都消耗（提供）某些资本。B 至少有一个零列（行）意味着至少存在一个不消耗（提供）资本的部门。所以由定理 1.6 和命题 2.1 可得如下的定理 2.1。

定理 2.1　里昂惕夫动态投入产出模型（2.1）存在一个唯一的平衡增长解当且仅当：

（i）经济系统的价值型中间投入系数矩阵 A 与价值型资本投入系数矩阵 B 之和 $A+B$ 不可约，即经济系统中的每个部门都直接或间接消耗其他各个部门的中间产品或资本，其中，（a）如果每个部门都消耗某些资本，则资本投入率与增加价值率之间的关联矩阵 $(I-A)^{-1}B$ 不可约，它的唯一正的右特征向量就是平衡增长结构向量；（b）如果至少存在一个不消耗资本的部门，则可约的 $(I-A)^{-1}B$ 有一个基本右特征子向量，它是经济系统的唯一的平衡增长结构向量的子向量，平衡增长结构向量的每个剩余分量都是该子向量的分量的线性函数。

或

(ii) 经济系统的价值型中间投入系数矩阵 A 与价值型资本投入系数矩阵 B 之和 $A+B$ 可约且只有一个最终类，其弗罗宾纽斯标准型可设为：

$$A+B=\begin{bmatrix} A_{11}+B_{11} & A_{12}+B_{12} & \cdots & A_{1r}+B_{1r} \\ & A_{22}+B_{22} & \cdots & A_{2r}+B_{2r} \\ & & \ddots & \vdots \\ 0 & & & A_{rr}+B_{rr} \end{bmatrix}$$

即经济系统可根据各个部门的中间产品和资本之间的依赖关系，分解为 $r\geqslant 2$ 个子经济系统 S_1，S_2，…，S_r，S_k 中的每个部门都直接或间接消耗 S_k 中的其他各个部门的中间产品或资本，或 S_k 只由一个部门组成，$k=1$，2，…，r，S_j 既不消耗 S_{j+1}，…，S_r 的中间产品又不消耗 S_{j+1}，…，S_r 的资本，但 S_j 向 S_{j+1}，…，S_r 中至少一个子经济系统提供中间产品或资本，$j=1$，…，$r-1$，作为一个子经济系统的 S_r 有一个唯一的平衡增长解，其平衡增长率小于 S_j 的平衡增长率，如果作为一个子经济系统的 S_j 也有一个唯一的平衡增长解，即 $\left\{1/\rho[(I_r-A_{rr})^{-1}B_{rr}]\right\}<\left\{1/\rho[(I_j-A_{jj})^{-1}B_{jj}]\right\}$，如果 $\rho[(I_j-A_{jj})^{-1}B_{jj}]>0$，$j=1$，…，$r-1$；其中，可约的 $(I-A)^{-1}B$ 有一个基本右特征子向量对应于同时是 $(I_r-A_{rr})^{-1}B_{rr}$ 和 $(I-A)^{-1}B$ 的唯一基本类，该特征子向量也是经济系统的唯一的平衡增长结构向量的子向量，平衡增长结构向量的每个剩余分量都是该子向量的分量的线性函数。

证明 我们只需证明，作为一个子系统的 S_k 有一个唯一的平衡增长解当且仅当 $\rho[(I_k-A_{kk})^{-1}B_{kk}]>0$，$k=1$，2，…，$r$。对 $\forall k\in\{1, 2, \cdots, r\}$，由命题2.1可知，子系统 S_k 有一个唯一的平衡增长解当且仅当 $(I_k-A_{kk})^{-1}B_{kk}$ 有一个唯一正的右特征向量。由定理1.1可知，如果 $(I_k-A_{kk})^{-1}B_{kk}$ 有一个唯一正的右特征向量，则显然有 $\rho[(I_k-A_{kk})^{-1}B_{kk}]>0$。反之，如果 $\rho[(I_k-A_{kk})^{-1}B_{kk}]>0$，则有 $B_{kk}>0$，因此由 $A_{kk}+B_{kk}$ 不可约或是一阶正矩阵和定理1.6可知 $(I_k-A_{kk})^{-1}B_{kk}$ 有一个唯一正的右特征向量。证毕。

第二节　生产价格存在且唯一的等价条件

根据本章第四节中的公式（2.14），里昂惕夫投入产出价格模型可表示为 $p = p\bar{A} + \bar{R}$，其中，$p \gg 0$ 是 n 维价格行向量，$\bar{A} > 0$ 是 n 阶实物型中间投入系数矩阵，$\bar{R} > 0$ 是 n 维增加价值系数行向量。所谓生产价格，是指能使经济系统中的每个部门都有一个相同的资本收益率的价格系统，即：

$$p = p\bar{A} + \varepsilon p\bar{B} \tag{2.7}$$

公式（2.7）显然等价于 $p\bar{B}(I-\bar{A})^{-1} = (1/\varepsilon)p$，其中 $\bar{B} = (\bar{b}_{ij})_{n\times n} > 0$ 是实物型资本投入系数矩阵，正数 $\varepsilon = 1/\rho[\bar{B}(I-\bar{A})^{-1}]$ 被称为该经济系统的一致的资本收益率。与命题 2.1 相对偶，我们显然有如下的命题。

命题 2.2　经济系统中存在（唯一的）生产价格系统（2.7）当且仅当 $\bar{B}(I-\bar{A})^{-1}$ 有（唯一的）正的左特征向量。

由上可知，如果半正方阵 $\bar{B}(I-\bar{A})^{-1}$ 有一个正的左特征向量 p_0，则 p_0 就成为一个价格结构向量，它能使经济系统中的每个部门都有一个相同的资本收益率 $\varepsilon = 1/\rho[\bar{B}(I-\bar{A})^{-1}]$，我们称 p_0 为经济系统的生产价格结构向量。

下面给出半正矩阵 $T = \bar{B}(I-\bar{A})^{-1} = (t_{ij})_{n\times n}$ 的一个经济解释。设：

$$\bar{F} = \begin{bmatrix} \bar{f}_1 \\ \bar{f}_2 \\ \vdots \\ \bar{f}_n \end{bmatrix}, \qquad q = \begin{bmatrix} q_1 \\ q_2 \\ \vdots \\ q_n \end{bmatrix}, \qquad K = \bar{B}q = \begin{bmatrix} k_1 \\ k_2 \\ \vdots \\ k_n \end{bmatrix}$$

分别是实物型最终需求列向量，实物型总产出列向量，实物型资本供给列向量，其中，

$$k_i = \sum_{j=1}^{n} \bar{b}_{ij} q_j \qquad (i = 1,2,\cdots,n)$$

是部门 i 的实物型资本总供给，则 $T\bar{F} = \bar{B}(I-\bar{A})^{-1}\bar{F} = \bar{B}q = K$，即：

$$k_i = \sum_{j=1}^{n} t_{ij} \bar{f}_j \qquad (i = 1,2,\cdots,n)$$

因此：

$$0 \leqslant t_{ij} = \frac{\partial k_i}{\partial \bar{f}_j} \qquad (i, j = 1, 2, \cdots, n)$$

即 t_{ij} 度量了部门 i 的实物型资本总供给关于部门 j 的实物型最终需求的变化率。所以 $T = \bar{B}(I - \bar{A})^{-1}$ 可被称为资本供给与最终需求之间的关联矩阵或乘数矩阵。

作为定理 2.1 的对偶形式，我们有定理 2.2。

定理 2.2 在一个经济系统中，存在一个唯一的生产价格系统当且仅当：

（i）经济系统的实物型中间投入系数矩阵 $\bar{A}$ 与实物型资本投入系数矩阵 $\bar{B}$ 之和 $\bar{A} + \bar{B}$ 不可约，即经济系统中的每个部门都直接或间接消耗其他各个部门的中间产品或资本，其中，（a）如果每个部门都提供某些资本，则资本供给与最终需求之间的关联矩阵 $\bar{B}(I - \bar{A})^{-1}$ 不可约，它的唯一正的左特征向量就是生产价格结构向量；（b）如果至少存在一个不提供资本的部门，则可约的 $\bar{B}(I - \bar{A})^{-1}$ 有一个基本左特征子向量，它是经济系统的唯一的生产价格结构向量的子向量，生产价格结构向量的每个剩余分量都是该特征子向量的分量的线性函数。

或

（ii）经济系统的实物型中间投入系数矩阵 $\bar{A}$ 与实物型资本投入系数矩阵 $\bar{B}$ 之和 $\bar{A} + \bar{B}$ 可约且只有一个初始类，其弗罗宾纽斯标准型可设为：

$$\bar{A} + \bar{B} = \begin{bmatrix} \bar{A}_{11} + \bar{B}_{11} & \bar{A}_{12} + \bar{B}_{12} & \cdots & \bar{A}_{1r} + \bar{B}_{1r} \\ & \bar{A}_{22} + \bar{B}_{22} & \cdots & \bar{A}_{2r} + \bar{B}_{2r} \\ & & \ddots & \vdots \\ 0 & & & \bar{A}_{rr} + \bar{B}_{rr} \end{bmatrix}$$

即经济系统可根据各个部门的中间产品和资本之间的依赖关系，分解为 $r \geqslant 2$ 个子经济系统 $S_1, S_2, \cdots, S_r$，S_k 中的每个部门都直接或间接消耗 S_k 中的其他各个部门的中间产品或资本，或 S_k 只由一个部门组成，$k = 1, 2, \cdots, r$，S_i 既不向 $S_1, \cdots, S_{i-1}$ 供给中间产品又不向 $S_1, \cdots, S_{i-1}$ 供给资本，但 S_i 至少消耗 $S_1, \cdots, S_{i-1}$ 中一个子系统的中间产品或资本，$i =$

2，…，r，作为一个子经济系统的 S_1 有一个唯一的生产价格系统，其一致的资本收益率小于 S_i 的一致的资本收益率，如果作为一个子经济系统的 S_i 也有一个唯一的生产价格系统，即 $\left\{1/\rho[\bar{B}_{11}(I_1-\bar{A}_{11})^{-1}]\right\}<\left\{1/\rho[\bar{B}_{ii}(I_i-\bar{A}_{ii})^{-1}]\right\}$，如果 $\rho[\bar{B}_{ii}(I_i-\bar{A}_{ii})^{-1}]>0$，$i=2$，…，$r$；其中，可约的 $\bar{B}(I-\bar{A})^{-1}$ 有一个基本左特征子向量对应于同时是 $\bar{B}_{11}(I_1-\bar{A}_{11})^{-1}$ 和 $\bar{B}(I-\bar{A})^{-1}$ 的唯一基本类，该特征子向量也是经济系统的唯一的生产价格结构向量的子向量，生产价格结构向量的每个剩余分量都是该子向量的分量的线性函数。

例 2.3　设某个经济系统的实物型中间投入系数矩阵和实物型资本投入系数矩阵分别为：

$$\bar{A}=\begin{bmatrix}\bar{A}_{11} & \bar{A}_{12} & \bar{A}_{13}\\ 0 & \bar{A}_{22} & \bar{A}_{23}\\ 0 & 0 & \bar{A}_{33}\end{bmatrix}=\left[\begin{array}{cc|cc|c}0.5 & 1 & 0 & 0 & 0\\ 0 & 0.2 & 3 & 0 & 0\\ \hline 0 & 0 & 0 & 2 & 0\\ 0 & 0 & 0 & 0.6 & 0\\ \hline 0 & 0 & 0 & 0 & 0.5\end{array}\right]$$

和

$$\bar{B}=\begin{bmatrix}\bar{B}_{11} & \bar{B}_{12} & \bar{B}_{13}\\ 0 & \bar{B}_{22} & \bar{B}_{23}\\ 0 & 0 & \bar{B}_{33}\end{bmatrix}=\left[\begin{array}{cc|cc|c}0 & 7.2 & 0 & 0 & 2\\ 3 & 0 & 0 & 0 & 0\\ \hline 0 & 0 & 4 & 4 & 0\\ 0 & 0 & 1 & 0 & 0\\ \hline 0 & 0 & 0 & 0 & 5\end{array}\right]$$

则：

$$\bar{A}+\bar{B}=\begin{bmatrix}\bar{A}_{11}+\bar{B}_{11} & \bar{A}_{12}+\bar{B}_{12} & \bar{A}_{13}+\bar{B}_{13}\\ 0 & \bar{A}_{22}+\bar{B}_{22} & \bar{A}_{23}+\bar{B}_{23}\\ 0 & 0 & \bar{A}_{33}+\bar{B}_{33}\end{bmatrix}=\left[\begin{array}{cc|cc|c}0.5 & 8.2 & 0 & 0 & 2\\ 3 & 0.2 & 3 & 0 & 0\\ \hline 0 & 0 & 4 & 6 & 0\\ 0 & 0 & 1 & 0.6 & 0\\ \hline 0 & 0 & 0 & 0 & 5.5\end{array}\right]$$

是可约的，其本身是一个上三角的弗罗宾纽斯标准型，而且它只有一个初始类。此外，

$$(I_1-\bar{A}_{11})^{-1}=\begin{bmatrix}2 & 2.5\\ 0 & 1.25\end{bmatrix}，(I_2-\bar{A}_{22})^{-1}=\begin{bmatrix}1 & 5\\ 0 & 2.5\end{bmatrix}，(I_3-\bar{A}_{33})^{-1}=2$$

$\overline{B}_{11}(I_1-\overline{A}_{11})^{-1}=\begin{bmatrix}0 & 9\\ 6 & 7.5\end{bmatrix}$，$\overline{B}_{22}(I_2-\overline{A}_{22})^{-1}=\begin{bmatrix}4 & 30\\ 1 & 5\end{bmatrix}$，$\overline{B}_{33}(I_3-\overline{A}_{33})^{-1}=10$

$$\rho[\overline{B}_{11}(I_1-\overline{A}_{11})^{-1}]=12>10=\rho[\overline{B}_{22}(I_2-\overline{A}_{22})^{-1}]=\rho[\overline{B}_{33}(I_3-\overline{A}_{33})^{-1}]$$

由于

$$\overline{A}_{13}=\overline{A}_{23}=\overline{B}_{23}=\begin{bmatrix}0\\0\end{bmatrix},\quad \overline{B}_{12}=\begin{bmatrix}0 & 0\\ 0 & 0\end{bmatrix}$$

因此，根据第一章中的公式（1.22）可得：

$$\overline{B}(I-\overline{A})^{-1}=\begin{bmatrix}\overline{B}_{11}(I_1-\overline{A}_{11})^{-1} & \overline{B}_{11}(I_1-\overline{A}_{11})^{-1}\overline{A}_{12}(I_2-\overline{A}_{22})^{-1} & \overline{B}_{13}(I_3-\overline{A}_{33})^{-1}\\ 0 & \overline{B}_{22}(I_2-\overline{A}_{22})^{-1} & 0\\ 0 & 0 & \overline{B}_{33}(I_3-\overline{A}_{33})^{-1}\end{bmatrix}$$

$$=\left[\begin{array}{cc|cc|c}0 & 9 & 27 & 135 & 4\\ 6 & 7.5 & 22.5 & 112.5 & 0\\ \hline 0 & 0 & 4 & 30 & 0\\ 0 & 0 & 1 & 5 & 0\\ \hline 0 & 0 & 0 & 0 & 10\end{array}\right]$$

由 $\overline{A}+\overline{B}$ 的上述弗罗宾纽斯标准型可知，该经济系统可分解为三个子经济系统：S_1、S_2 和 S_3。S_1 由部门1和部门2组成，S_2 由部门3和部门4组成，S_3 只有部门5。S_k 的每个部门都直接消耗 S_k 中的其他部门的中间产品或资本，$k=1$，2，S_2 既不向 S_1 供给中间产品又不向 S_1 供给资本，但 S_2 消耗 S_1 的中间产品（即部门3消耗部门2的中间产品），S_3 既不向 S_1 和 S_2 供给中间产品又不向 S_1 和 S_2 供给资本，但 S_3 消耗 S_1 的资本（即部门5消耗部门1的资本）。作为一个子经济系统的 S_1 的一致的资本收益率（1/12）小于作为一个子经济系统的 S_2 的一致的资本收益率（0.1）和作为一个子经济系统的 S_3 的一致的资本收益率（0.1）。所以，由定理2.2可知，该经济系统存在一个唯一的生产价格系统。其中，可约的 $\overline{B}(I-\overline{A})^{-1}$ 有一个基本左特征子向量 $\overline{p_1}=(13,26)$ 对应于同时是 $\overline{B}_{11}(I_1-\overline{A}_{11})^{-1}$ 和 $\overline{B}(I-\overline{A})^{-1}$ 的唯一基本类，它满足 $\overline{p_1}\overline{B}_{11}(I_1-\overline{A}_{11})^{-1}=12\,\overline{p_1}$，该特征子向量也是经济系统的唯一的生产价格结构向量的子向量。令：

$$T=\begin{bmatrix} T_{11} & T_{12} & T_{13} \\ 0 & T_{22} & T_{23} \\ 0 & 0 & T_{33} \end{bmatrix}=\overline{B}(I-\overline{A})^{-1}$$

则根据第一章中的公式（1.4_1），生产价格结构向量的第二个子向量是：

$$\overline{p_2}=\overline{p_1}T_{12}(\lambda I_2-T_{22})^{-1}=(432,\ 2520)$$

其中，$\lambda=\rho[\overline{B}_{11}(I_1-\overline{A}_{11})^{-1}]=\rho[\overline{B}(I-\overline{A})^{-1}]=12$。根据第一章中的公式（$1.5_1$），生产价格结构向量的第三个子向量是：

$$\overline{p_3}=\overline{p_1}[T_{13}+T_{12}(\lambda I_2-T_{22})^{-1}T_{23}](\lambda I_3-T_{33})^{-1}=26$$

其中，$T_{23}=0$。所以，生产价格结构向量 $\overline{p}=(\overline{p_1},\overline{p_2},\overline{p_3})=(13,26,432,2520,26)$，它能使经济系统的每个部门都有一个相同的资本收益率（1/12）。

第三节　生产价格与平衡增长解同时存在且唯一的等价条件

由于 $A=\hat{p}\overline{A}\hat{p}^{-1}$ 且 $B=\hat{p}\overline{B}\hat{p}^{-1}$，因此，$B(I-A)^{-1}$有一个左特征向量 J，即 $JB(I-A)^{-1}=\lambda J$，当且仅当$J\hat{p}\overline{B}(I-\overline{A})^{-1}\hat{p}^{-1}=J\hat{p}\overline{B}\hat{p}^{-1}(I-\hat{p}\overline{A}\hat{p}^{-1})^{-1}=\lambda J$，即$J\hat{p}\overline{B}(I-\overline{A})^{-1}=\lambda J\hat{p}$，即 $\overline{B}(I-\overline{A})^{-1}$有一个左特征向量$J\hat{p}$。所以，$B(I-A)^{-1}$有一个左特征向量等价于 $\overline{B}(I-\overline{A})^{-1}$有一个左特征向量。于是，由推论 1.1、命题 2.1 和命题 2.2 可得下面的定理 2.3。

定理 2.3　在一个经济系统中，生产价格系统和里昂惕夫动态投入产出模型的平衡增长解同时存在且唯一，当且仅当经济系统中的每个部门都直接或间接消耗其他各个部门的中间产品或资本。其中，（a）如果每个部门都提供某些资本，则资本供给与最终需求之间的关联矩阵 $\overline{B}(I-\overline{A})^{-1}$不可约，它的唯一正的左特征向量就是生产价格结构向量；（b）如果每个部门都消耗某些资本，则资本投入率与增加价值率之间的关联矩阵$(I-A)^{-1}B$不可约，它的唯一正的右特征向量就是平衡增长结构向量；（c）如果至少存在一个不提供资本的部门，则可约的 $\overline{B}(I-\overline{A})^{-1}$有一个基本左特征子向量，它是经济系统的唯一的生产价格结构向量的子向量，生产价格结构向量的每个剩余分量都是该子向量的分量的线性函数；

(d) 如果至少存在一个不消耗资本的部门，则可约的 $(I-A)^{-1}B$ 有一个基本右特征子向量，它是经济系统的唯一的平衡增长结构向量的子向量，平衡增长结构向量的每个剩余分量都是该子向量的分量的线性函数。

第四节　产量调整模型和价格调整模型

在20世纪70年代，为了研究苏联和东欧社会主义国家的价格机制，美国学者布朗等在文献［3］和文献［4］中引入了“价格调整模型”。在20世纪90年代，荷兰学者戴森巴赫在文献［6］中分析了高士的以成本推动为导向的投入产出模型和里昂惕夫的以需求拉动为导向的投入产出模型之间的关系，其中涉及价格调整模型和价值型产量调整模型，虽然他没有使用这两个术语。作为价格调整模型的对偶形式，本节将提出实物型产量调整模型［见公式（2.18）］。这两个相互对偶的模型是分析产量变动和价格变动对经济系统影响的基本工具。

实物型投入产出表的形式如表2－1所示。

表2－1　　实物型投入产出表

	中间产出	最终产出	总产出
中间投入	$\bar{Z}$	$\bar{F}$	q

其中，从水平方向上满足：

$$\bar{Z}E^t+\bar{F}=q \tag{2.8}$$

即中间产出加最终产出等于总产出。由于实物型中间投入系数矩阵是 $\bar{A}=\bar{Z}\hat{q}^{-1}$，因此由公式（2.8）可得 $\bar{A}q+\bar{F}=\bar{A}\hat{q}E^t+\bar{F}=\bar{Z}E^t+\bar{F}=q$，所以有：

$$\bar{F}=(I-\bar{A})q \quad 或 \quad q=\bar{L}\,\bar{F} \tag{2.9}$$

公式（2.9）就是实物型里昂惕夫投入产出模型的基本方程。

根据通常的假设，实物型中间投入系数矩阵 $\bar{A}$ 是在一定时间内不变的，也即实物型里昂惕夫逆矩阵 $\bar{L}$ 是在一定时间内不变的。所以，实物型最终产出列向量 $\bar{F}$ 变动肯定是由实物型总产出列向量 q 变动引起的；反之，实物型总产出列向量 q 变动肯定是由实物型最终产出列向量 $\overline{F}$ 变动引起的。

因为中间产出系数矩阵和最终产出率列向量分别是 $\vec{A}=\hat{q}^{-1}\overline{Z}$ 和 $Y=\hat{q}^{-1}\overline{F}$，所以由公式（2.8）可得 $\hat{q}\vec{A}E^t+\hat{q}Y=\hat{q}E^t$，即 $\vec{A}E^t+Y=E^t$，这意味着中间产出率加最终产出率等于1。因此有：

$$Y=(I-\vec{A})E^t \quad 或 \quad \vec{L}Y=E^t \tag{2.10}$$

价值型投入产出表的形式如表2－2所示。

表2－2　　价值型投入产出表

	中间产值	最终产值	总产值
中间投入值	$Z=\hat{p}\overline{Z}$	$F=\hat{p}\overline{F}$	$X=\hat{p}q$
增加价值（初始投入值）	$V=X^t-EZ$		
总投入值	$X^t=p\hat{q}$		

表2－2显示了表2－1的变化，该变化是由价格向量 p 的作用而引起的。在表2－2中，对应于公式（2.8），从水平方向上满足：

$$ZE^t+F=X \tag{2.11}$$

即中间产值加最终产值等于总产值。由于价值型中间投入系数矩阵是 $A=Z\hat{X}^{-1}$，因此由公式（2.11）可得 $AX+F=A\hat{X}E^t+F=ZE^t+F=X$，所以有：

$$F=(I-A)X \quad 或 \quad X=LF \tag{2.12}$$

公式（2.12）就是价值型里昂惕夫投入产出模型的基本方程。

表2－2从纵向上满足：

$$EZ+V=X^t \tag{2.13}$$

即中间投入值加增加价值（初始投入值）等于总投入值，而总投入值等于总产值。由于 $\overline{A}=\overline{Z}\hat{q}^{-1}$，因此由公式（2.13）可得：

$$p\overline{A}\hat{q}+V=E\hat{p}\overline{Z}+V=EZ+V=p\hat{q}$$

所以有：

$$V=p(I-\overline{A})\hat{q} \quad 或 \quad p=V\hat{q}^{-1}\overline{L}=\overline{R}\overline{L} \tag{2.14}$$

公式（2.14）就是里昂惕夫投入产出价格模型的基本方程。其中，实物型中间投入系数矩阵 $\overline{A}$ 仍然是在一定时间内不变的。此外，我们假定在公式（2.14）中，产出系统也是不变的，即公式（2.14）中实物型总产出列向量 q 也是不变的，所以，增加价值行向量 V 变动肯定是由价格行向量 p 变动引起的；反之，价格行向量 p 变动肯定是由增加价值行向量 V 变动引起的。

因为价值型中间投入系数矩阵和增加价值率行向量分别为 $A = Z\hat{X}^{-1}$ 和 $R = V\hat{X}^{-1}$，所以由公式（2.13）可得 $EA\hat{X} + R\hat{X} = E\hat{X}$，即 $EA + R = E$，这意味着中间投入率加增加价值（初始投入）率等于 1。因此有：

$$R = E(I - A) \quad \text{或} \quad RL = E \tag{2.15}$$

此外，根据中间产出系数矩阵 $\vec{A} = \hat{X}^{-1}Z$ 和公式（2.13）可得：

$$X^t\vec{A} + V = E\hat{X}\vec{A} + V = EZ + V = X^t$$

所以有：

$$V = X^t(I - \vec{A}) \quad \text{或} \quad X^t = V\vec{L} \tag{2.16}$$

公式（2.14）至公式（2.16）都来源于公式（2.13），只是表现形式不同，其中，公式（2.16）表达了总投入值与增加价值（初始投入值）和中间产出系数矩阵或高士逆矩阵之间的关系。

为了考察产出系统的变动，我们定义实物产出调整系数列向量如下：

$$Q = \hat{q}^{-1}q^{\#} = \begin{bmatrix} Q_1 \\ Q_2 \\ \vdots \\ Q_n \end{bmatrix} \tag{2.17}$$

其中，$q^{\#} \gg 0$ 是重新确定的实物型总产出列向量。显然，有 $Q \gg 0$。令上标 # 对应于新的产出系统。由公式（2.9）、公式（2.17）和中间产出系数矩阵满足 $\vec{A} = \hat{q}^{-1}\overline{A}\hat{q}$ 可得：

$$\overline{F}^{\#} = (I - \overline{A})q^{\#} = (I - \hat{q}\vec{A}\hat{q}^{-1})\hat{q}Q = \hat{q}(I - \vec{A})Q$$

即公式（2.9）变成：

$$\overline{F}^{\#} = \hat{q}(I - \vec{A})Q \quad \text{或} \quad Q = \vec{L}\hat{q}^{-1}\overline{F}^{\#} \tag{2.18}$$

公式（2.18）是实物型产量调整模型的基本公式。

由 $\overline{A}$ 是在一定时间内不变的以及公式（2.17），可得 $\overline{Z}^{\#} = \overline{A}\hat{q}^{\#} = \overline{A}\hat{q}\,\hat{Q} = \overline{Z}\hat{Q}$，即：

$$\overline{Z}^{\#}=\overline{Z}\hat{Q} \tag{2.19}$$

当价格系统不变时，即 p 是常向量时，由公式（2.18）可得：

$$F^{\#}=\hat{p}\overline{F}^{\#}=\hat{p}\hat{q}(I-\vec{A})Q=\hat{X}(I-\vec{A})Q$$

即：

$$F^{\#}=\hat{X}(I-\vec{A})Q \quad 或 \quad Q=\vec{L}\hat{X}^{-1}F^{\#} \tag{2.20}$$

公式（2.20）是价值型产量调整模型的基本公式｛参见文献［6］中的公式（12)｝。此外，由公式（2.17）知 $X^{\#}=\hat{p}q^{\#}=\hat{p}\hat{q}Q=\hat{X}Q$，由公式（2.19）知 $Z^{\#}=\hat{p}\overline{Z}^{\#}=\hat{p}\overline{Z}\hat{Q}=Z\hat{Q}$，即有：

$$X^{\#}=\hat{X}Q \tag{2.21}$$

$$Z^{\#}=Z\hat{Q} \tag{2.22}$$

根据公式（2.13）、公式（2.21）和公式（2.22）知 $V^{\#}=(X^{\#})^{t}-EZ^{\#}=(X^{t}-EZ)\hat{Q}=V\hat{Q}$，即：

$$V^{\#}=V\hat{Q} \tag{2.23}$$

此外，由中间产出系数矩阵满足 $\vec{A}=\hat{q}^{-1}\overline{A}\hat{q}$ 和公式（2.17）可得：

$$\vec{A}^{\#}=(\hat{q}^{\#})^{-1}\overline{A}\hat{q}^{\#}=(\hat{q}\hat{Q})^{-1}\overline{A}\hat{q}\hat{Q}=\hat{Q}^{-1}\vec{A}\hat{Q}$$

即：

$$\vec{A}^{\#}=\hat{Q}^{-1}\vec{A}\hat{Q} \tag{2.24}$$

［参见文献［6］中的公式（16)］，因此有：

$$\vec{L}^{\#}=\hat{Q}^{-1}\vec{L}\hat{Q} \tag{2.25}$$

根据公式（2.20）至公式（2.23），由新的产出系统 $q^{\#}$ 重新确定的价值型投入产出表如表 2－3 所示。

表 2－3　　价值型投入产出表

	中间产值	最终产值	总产值
中间投入值	$Z^{\#}=Z\hat{Q}$	$F^{\#}=\hat{X}(I-\vec{A})Q$	$X^{\#}=\hat{X}Q$
增加价值（初始投入值）	$V^{\#}=V\hat{Q}$		
总投入值	$(X^{\#})^{t}=X^{t}\hat{Q}$		

表2－3显示了表2－2的变化，该变化是由产出调整系数向量 Q 的作用而引起的。

与上相对偶，为了考察价格系统的变动，我们定义价格调整系数行向量如下：

$$P = p^* \hat{p}^{-1} = (P_1,\ P_2,\ \cdots,\ P_n) \tag{2.26}$$

其中，$p^* \gg 0$ 是重新确定的价格行向量。显然有 $P \gg 0$。令上标 $*$ 对应于新的价格系统。由公式（2.14）、公式（2.26）、价值型中间投入系数矩阵和总产值列向量分别满足 $A = \hat{p}\bar{A}\hat{p}^{-1}$ 和 $X = \hat{p}q$ 可得 $V^* = p^*(I - \bar{A})\hat{q} = P\hat{p}(I - \hat{p}^{-1}A\hat{p})\hat{p}^{-1}\hat{X} = P(I - A)\hat{X}$，即公式（2.14）变成：

$$V^* = P(I - A)\hat{X} \quad 或 \quad P = V^* \hat{X}^{-1} L \tag{2.27}$$

公式（2.27）是价格调整模型的基本公式｛参见文献［6］中的公式（9）｝。

既然在公式（2.14）中的 q 是假定不变的，所以，由公式（2.26），我们有 $X^* = \hat{p}^* q = \hat{P}\hat{p}q = \hat{P}X$ 和 $Z^* = \hat{p}^* \bar{Z} = \hat{P}\hat{p}\bar{Z} = \hat{P}Z$，即有：

$$X^* = \hat{P}X \tag{2.28}$$

$$Z^* = \hat{P}Z \tag{2.29}$$

因此，根据公式（2.11）、公式（2.28）和公式（2.29），可得：

$$F^* = X^* - Z^* E^t = \hat{P}(X - ZE^t) = \hat{P}F$$

即：

$$F^* = \hat{P}F \tag{2.30}$$

此外，由价值型中间投入系数矩阵满足 $A = \hat{p}\bar{A}\hat{p}^{-1}$ 和公式（2.26）可得：

$$A^* = \hat{p}^* \bar{A} (\hat{p}^*)^{-1} = \hat{P}\hat{p}\bar{A}(\hat{P}\hat{p})^{-1} = \hat{P}A\hat{P}^{-1}$$

即：

$$A^* = \hat{P}A\hat{P}^{-1} \tag{2.31}$$

｛参见文献［6］中的公式（15）｝，所以有：

$$L^* = \hat{P}L\hat{P}^{-1} \tag{2.32}$$

根据公式（2.27）至公式（2.30），由新的价格系统 p^* 重新确定的价值型投入产出表如表2－4所示。

表 2-4　　价值型投入产出表

	中间产值	最终产值	总产值
中间投入值	$Z^{*}=\hat{P}Z$	$F^{*}=\hat{P}F$	$X^{*}=\hat{P}X$
增加价值（初始投入值）	$V^{*}=P(I-A)\hat{X}$		
总投入值	$(X^{*})^{t}=P\hat{X}$		

表 2-4 显示了表 2-2 的变化，该变化是由价格调整系数向量 P 的作用而引起的。

第五节　产量调整模型和价格调整模型的基本性质

根据公式（2.9）及其假定，实物型总产出列向量 q 变动的实质是实物型最终产出列向量 $\bar{F}$ 变动，所以产出系统调整的实质是实物型最终产出列向量的调整，它产生于需求拉动，并根据各个部门之间直接或间接的中间产品的相互交易，导致了一系列的连锁反应。然后，这引起实物型中间产出的变动，且最终完成了产出系统的调整。简单地说，实物型最终产出由于需求拉动而主动调整，实物型中间产出通过连锁反应而被动调整，进而使总产出系统被动调整。

假定部门 i 的实物型最终产出被调整，而其余部门的实物型最终产出都不变。即$\bar{f}_i^{\#}=\bar{f}_i+\Delta\bar{f}_i\neq\bar{f}_i$，且$\bar{f}_j^{\#}=\bar{f}_j$，$j=1,\cdots,i-1,i+1,\cdots,n$。因为$\Delta\bar{f}_i\neq0$，且由$\vec{L}=\hat{X}^{-1}L\hat{X}$和文献[1]中第六章的(2.1)引理可知$\vec{l}_{ii}=l_{ii}\geq1>0$，所以由公式（2.18）和公式（2.10）可得：

$$Q_i=\frac{\vec{l}_{ii}\Delta\bar{f}_i}{q_i}+\sum_{k=1}^{n}\frac{\vec{l}_{ik}\bar{f}_k}{q_k}=\frac{\vec{l}_{ii}\Delta\bar{f}_i}{q_i}+1\neq1 \tag{2.33}$$

即部门 i 的实物型总产出由于该部门的实物型最终产出的调整而改变。类似的，我们有：

$$Q_j=\frac{\vec{l}_{ji}\Delta\bar{f}_i}{q_i}+1 \tag{2.34}$$

如果 $\vec{l}_{ji}>0$，即部门 j 直接或间接向部门 i 提供中间产品，则由公式（2.34）可知 $Q_j\neq1$。这意味着：虽然部门 j 的实物型最终产出并没有改变，但是，由于部门 i 的实物型最终产出的改变（因此部门 i 的实物型总产出被改变）以及这两个部门之间的相互关联，导致了部门 j 的实物型总产出也被改变。对部门 j 来说，实物型总产出的调整是由于实物型中间产出的改变，这是对部门 i 的实物型最终产出的调整的连锁反应。一个问题自然地产生了。

问题 2.1 与部门 i 的实物型总产出的调整相比较，上述连锁反应的程度如何?

此问题将在后面解答。作为以上陈述的对偶，我们还有如下论述：

根据公式（2.14）及其假定，价格行向量 p 变动的实质是增加价值（初始投入）行向量 V 变动，所以价格系统调整的实质是增加价值（初始投入）行向量的调整，它主要产生于劳动力成本推动或利润变动，并根据各个部门之间直接或间接的中间产品的相互交易，导致了一系列的连锁反应。然后，这引起中间投入值的变动，且最终完成了价格系统的调整。简单地说，增加价值由于劳动力成本推动或利润变动而主动调整，中间投入值通过连锁反应而被动调整，进而使价格系统被动调整。

假定部门 j 的增加价值被调整，而其余部门的增加价值都不变。即 $v_j^*=v_j+\Delta v_j\neq v_j$，且 $v_i^*=v_i$，$i=1,\ \cdots,\ j-1,\ j+1,\ \cdots,\ n$。因为 $\Delta v_j\neq 0<l_{jj}$，所以由公式（2.27）和公式（2.15）可得：

$$P_j=\frac{l_{jj}\Delta v_j}{x_j}+\sum_{k=1}^{n}\frac{v_k l_{kj}}{x_k}=\frac{l_{jj}\Delta v_j}{x_j}+1\neq 1 \tag{2.35}$$

即部门 j 的价格由于该部门的增加价值的调整而改变。类似的，我们有：

$$P_i=\frac{l_{ji}\Delta v_j}{x_j}+1 \tag{2.36}$$

如果 $l_{ji}>0$，即部门 i 直接或间接消耗部门 j 的中间产品，则由公式（2.36）可知 $P_i\neq1$。这意味着：虽然部门 i 的增加价值并没有改变，但是，由于部门 j 的增加价值的改变（因此部门 j 的价格被改变）以及这两个部门之间的相互关联，导致了部门 i 的价格也被改变。对部门 i 来说，价格的调整是由于中间投入值的改变，这是对部门 j 的增加价值的调整的连锁反应。

又有一个问题自然地产生了。

问题 2.2　与部门 j 的价格的调整相比较，上述连锁反应的程度如何？

为解答上述两个问题，我们通过借用交叉弹性的概念进行定量分析。

定义 q_j 对 q_i 的产出交叉弹性为：

$$c_{ji} = \frac{\Delta q_j}{q_j} \div \frac{\Delta q_i}{q_i} \tag{2.37}$$

则 c_{ji} 反映了部门 i 的实物型总产出的变动对部门 j 的实物型总产出的影响。

我们还定义 p_i 对 p_j 的价格交叉弹性为：

$$e_{ij} = \frac{\Delta p_i}{p_i} \div \frac{\Delta p_j}{p_j} \tag{2.38}$$

则 e_{ij} 反映了部门 j 的价格的变动对部门 i 的价格的影响。

命题 2.3　（i）如果 $\bar{f}_i^{\#} = \bar{f}_i + \Delta \bar{f}_i \neq \bar{f}_i$，$\bar{f}_j^{\#} = \bar{f}_j$，$j = 1, \cdots, i-1$，$i+1, \cdots, n$，则：

$$0 \leqslant c_{ji} = \frac{\vec{l}_{ji}}{\vec{l}_{ii}} \leqslant \min(1,\ \vec{l}_{ji}) \tag{2.39}$$

（ii）如果 $v_j^* = v_j + \Delta v_j \neq v_j$，$v_i^* = v_i$，$i = 1, \cdots, j-1$，$j+1, \cdots, n$，则：

$$0 \leqslant e_{ij} = \frac{l_{ji}}{l_{jj}} \leqslant \min(1,\ l_{ji}) \tag{2.40}$$

i，$j = 1$，$2, \cdots$，n，$i \neq j$。

证明　因为对 $\forall k \in \{1, 2, \cdots, n\}$，我们有：

$$Q_k = \frac{q_k^{\#}}{q_k} = 1 + \frac{\Delta q_k}{q_k}$$

$$P_k = \frac{p_k^*}{p_k} = 1 + \frac{\Delta p_k}{p_k}$$

所以由公式（2.33）至公式（2.36），可得：

$$\frac{\Delta q_i}{q_i} = Q_i - 1 = \frac{\vec{l}_{ii} \Delta \bar{f}_i}{q_i} \neq 0,\quad \frac{\Delta q_j}{q_j} = Q_j - 1 = \frac{\vec{l}_{ji} \Delta \bar{f}_i}{q_i} \tag{2.41}$$

$$\frac{\Delta p_j}{p_j} = P_j - 1 = \frac{l_{jj} \Delta v_j}{x_j} \neq 0,\quad \frac{\Delta p_i}{p_i} = P_i - 1 = \frac{l_{ji} \Delta v_j}{x_j} \tag{2.42}$$

因此，再由公式（2.37）和公式（2.38）可得：

$$c_{ji} = \frac{\vec{l}_{ji}}{\vec{l}_{ii}} \quad 和 \quad e_{ij} = \frac{l_{ji}}{l_{jj}}$$

由 $\vec{l}_{ji} \geqslant 0$，$\vec{l}_{ii} \geqslant 1$，$l_{ji} \geqslant 0$ 和 $l_{jj} \geqslant 1$，可得 $0 \leqslant c_{ji} \leqslant \vec{l}_{ji}$ 和 $0 \leqslant e_{ij} \leqslant l_{ji}$。此外，由

本书第四章中的引理 4.1 和定理 4.9 可得：

$$\frac{|\Delta q_j|}{q_j}\leqslant\frac{|\Delta q_i|}{q_i}\qquad (j=1,\cdots,\ i-1,\ i+1,\cdots,\ n)$$

由第四章中的引理 4.2 和定理 4.12 可得：

$$\frac{|\Delta p_i|}{p_i}\leqslant\frac{|\Delta p_j|}{p_j}\qquad (i=1,\cdots,\ j-1,\ j+1,\cdots,\ n)$$

其中，根据公式（2.41）和公式（2.42）可知，当 $\Delta q_j\neq 0$ 时 Δq_j 与 Δq_i 的正负号相同，当 $\Delta p_i\neq 0$ 时 Δp_i 与 Δp_j 的正负号相同。所以再由公式（2.37）和公式（2.38）可知 $c_{ji}\leqslant 1$ 和 $e_{ij}\leqslant 1$。于是，公式（2.39）和公式（2.40）成立。证毕。

评论 2.1 命题 2.3 给出了 c_{ji} 和 e_{ij} 的计算方法和取值范围。由命题 2.3 和 $\vec{L}=\hat{X}^{-1}L\hat{X}$ 可得 $c_{ji}=0\Leftrightarrow\vec{l}_{ji}=0\Leftrightarrow l_{ji}=x_j\vec{l}_{ji}x_i^{-1}=0\Leftrightarrow e_{ij}=0$。即部门 i 的实物型总产出的主动调整不影响部门 j 的实物型总产出，当且仅当部门 j 既不直接又不间接向部门 i 提供中间产品，这意味着部门 i 既不直接又不间接消耗部门 j 的中间产品，这也等价于部门 j 的价格的主动调整不影响部门 i 的价格。

下面的推论 2.1 分别揭示了高士逆矩阵和价值型里昂惕夫逆矩阵各自的一个基本性质。

推论 2.1 （i）高士逆矩阵的每列元素小于或等于该列的主对角元素；（ii）价值型里昂惕夫逆矩阵的每行元素小于或等于该行的主对角元素。

证明 根据命题 2.3，$\vec{l}_{ji}\leqslant\vec{l}_{ii}$ 且 $l_{ji}\leqslant l_{jj}$，$i,\ j=1,\ 2,\cdots,\ n,\ i\neq j$。证毕。

第六节 十二种谱半径都等于 1 的特殊的半正矩阵

本节定义了十二种谱半径都等于 1 的特殊的半正矩阵，并揭示了它们的基本性质。这些矩阵将被用于后面的几节中。

类型 1 我们定义矩阵 M_1 为：

$$M_1=\vec{A}+\hat{Y}$$

即 M_1 是中间产出系数矩阵加最终产出率对角矩阵。显然有：

$$M_1E^t=(\vec{A}+\hat{Y})E^t=\vec{A}E^t+Y=E^t$$

即 M_1 是行随机的，因此 $\rho(M_1)=1$。

类型 2　我们定义矩阵 M_2 为：

$$M_2=\vec{L}\hat{Y}=(m_{ij}^{(2)})_{n\times n}$$

即 M_2 是高士逆矩阵右乘最终产出率对角矩阵。

由公式（2.16）可得 $VM_2=V\vec{L}\hat{Y}=X^t\hat{Y}=F^t$，即：

$$\sum_{i=1}^{n}v_im_{ij}^{(2)}=f_j\qquad(j=1,\ 2,\cdots,\ n)$$

因此，

$$0\leqslant m_{ij}^{(2)}=\frac{\partial f_j}{\partial v_i}\qquad(i,\ j=1,\ 2,\cdots,\ n)\tag{2.43}$$

即 $m_{ij}^{(2)}$ 度量了部门 j 的最终产值对部门 i 的增加价值的变化率。所以，就像高士逆矩阵被称为总投入值关于初始投入值（增加价值）的关联矩阵或乘数矩阵那样，M_2 可被称为最终产值关于增加价值的关联矩阵或乘数矩阵。我们还将在后面给出 M_2 的其他称谓。

由公式（2.10）可得 $M_2E^t=\vec{L}\hat{Y}E^t=\vec{L}Y=E^t$，即 M_2 也是行随机的，因此 $\rho(M_2)=1$，并且再由公式（2.43）可得：

$$\frac{\partial\sum_{j=1}^{n}f_j}{\partial v_i}=\sum_{j=1}^{n}m_{ij}^{(2)}=1\qquad(i=1,2,\cdots,n)$$

因此，各个部门最终产值之和对每个部门的增加价值的变化率都等于 1。所以，任意一个部门单独增加一个单位的增加价值，将使整个经济系统增加一个单位的最终产值。

由上可知，M_2 和 M_1 都有一个正的右特征向量 E^t。一般来说，我们有命题 2.4。

命题 2.4　（i）M_2 有一个正的右特征向量 H 当且仅当 M_1 有一个正的右特征向量 H。（ii）令 $Y\gg0$，则 M_2 有一个正的左特征向量 N 当且仅当 M_1 有一个正的左特征向量 $N\hat{Y}^{-1}$。（iii）如果 Y 是严格半正的，则 M_2 没有正的左特征向量。

证明　由文献［1］中第二章的（1.12）推论可得：

$$\vec{L}\hat{Y}H=M_2H=H\Leftrightarrow\hat{Y}H=(I-\vec{A})H\Leftrightarrow M_1H=(\vec{A}+\hat{Y})H=H$$

如果 $Y \gg 0$，则：

$$N\vec{L}\hat{Y} = NM_2 = N \Leftrightarrow N = N\hat{Y}^{-1}(I - \vec{A}) \Leftrightarrow N\hat{Y}^{-1}M_1 = N\hat{Y}^{-1}(\vec{A} + \hat{Y}) = N\hat{Y}^{-1}$$

结论（i）和结论（ii）证完。下面证结论（iii）。令 Y 是严格半正的，则：

$$W\hat{Y}W^t = \begin{bmatrix} \hat{Y}_1 & 0 \\ 0 & 0 \end{bmatrix} \tag{2.44}$$

$$W\vec{L}W^t = \begin{bmatrix} \vec{L}_{11} & \vec{L}_{12} \\ \vec{L}_{21} & \vec{L}_{22} \end{bmatrix} \tag{2.45}$$

其中，W 是置换矩阵，$Y_1 \gg 0$ 是 Y 的一个子向量，$\vec{L}_{11}$ 和 $\vec{L}_{22}$ 是 $\vec{L}$ 的两个子方阵。如果 N 是 M_2 的对应于 1 的一个左特征向量，则由公式（2.44）和公式（2.45）得：

$$(N_1,\ N_2) = NW^t = NM_2W^t = NW^tW\vec{L}W^tW\hat{Y}W^t$$

$$= (N_1,\ N_2)\begin{bmatrix} \vec{L}_{11}\hat{Y}_1 & 0 \\ \vec{L}_{21}\hat{Y}_1 & 0 \end{bmatrix} = (N_1\vec{L}_{11}\hat{Y}_1,\ 0)$$

因此 $N_2 = 0$。所以由文献［1］中第二章的（1.12）推论可知结论（iii）成立。证毕。

类型 3　我们定义矩阵 M_3 为：

$$M_3 = \hat{Y}\vec{L}$$

即 M_3 是高士逆矩阵左乘最终产出率对角矩阵。由公式（2.10）得 $M_3Y = \hat{Y}\vec{L}Y = \hat{Y}E^t = Y$，即最终产出率列向量 Y 是 M_3 的对应于 1 的一个半正的右特征向量。下面我们证明 $\rho(M_3) = 1$。如果 $Y \gg 0$，则由文献［1］中第二章的（1.12）推论可知 $\rho(M_3) = 1$。如果 Y 是严格半正的，则：

$$W\hat{Y}W^t = \begin{bmatrix} 0 & 0 \\ 0 & \hat{Y}_2 \end{bmatrix}$$

$$W\vec{L}W^t = \begin{bmatrix} \vec{L}_{11} & \vec{L}_{12} \\ \vec{L}_{21} & \vec{L}_{22} \end{bmatrix}$$

其中，$Y_2 \gg 0$ 是 Y 的一个子向量，$\vec{L}_{11}$ 和 $\vec{L}_{22}$ 是 $\vec{L}$ 的两个子方阵。相应的，令 $E = (E_1,\ E_2)$，则：

$$WY = W\hat{Y}E^t = W\hat{Y}W^tE^t = \begin{bmatrix} 0 & 0 \\ 0 & \hat{Y}_2 \end{bmatrix} \begin{bmatrix} E_1^t \\ E_2^t \end{bmatrix} = \begin{bmatrix} 0 \\ Y_2 \end{bmatrix}$$

$$WM_3W^t = W\hat{Y}W^t\ W\vec{L}W^t = \begin{bmatrix} 0 & 0 \\ \hat{Y}_2\vec{L}_{21} & \hat{Y}_2\vec{L}_{22} \end{bmatrix}$$

因此，$\rho(M_3) = \rho(\hat{Y}_2\vec{L}_{22})$，且：

$$\begin{bmatrix} 0 \\ \hat{Y}_2\vec{L}_{22}Y_2 \end{bmatrix} = \begin{bmatrix} 0 & 0 \\ \hat{Y}_2\vec{L}_{21} & \hat{Y}_2\vec{L}_{22} \end{bmatrix} \begin{bmatrix} 0 \\ Y_2 \end{bmatrix} = WM_3W^tWY = WM_3Y = WY = \begin{bmatrix} 0 \\ Y_2 \end{bmatrix}$$

所以 $\hat{Y}_2\vec{L}_{22}Y_2 = Y_2$。由 $\vec{L}_{22} > 0$ 和 $Y_2 \gg 0$ 以及文献[1]中第二章的(1.12)推论可知 $\rho(\hat{Y}_2\vec{L}_{22}) = 1$，即 $\rho(M_3) = 1$。于是 $\rho(M_3) = 1$ 总成立。

命题 2.5　(i) M_3 有一个正的左特征向量 N 当且仅当 M_1 有一个正的左特征向量 N。(ii) 如果 $Y \gg 0$，则 (a) M_3 相似于 M_2，即 $M_3 = \hat{Y}M_2\hat{Y}^{-1}$；(b) M_3 有一个正的右特征向量 H 当且仅当 M_2 有一个正的右特征向量 $\hat{Y}^{-1}H$；(c) M_3 有一个正的左特征向量 N 当且仅当 M_2 有一个正的左特征向量$N\hat{Y}$。(iii) 如果 Y 是严格半正的，则 M_3 没有正的右特征向量。

证明　由文献［1］中第二章的（1.12）推论可知：

$$N\hat{Y}\vec{L} = NM_3 = N \Leftrightarrow N\hat{Y} = N(I - \vec{A}) \Leftrightarrow NM_1 = N(\vec{A} + \hat{Y}) = N$$

此外，若 $Y \gg 0$，则：

$$M_3 = \hat{Y}\vec{L}\hat{Y}\hat{Y}^{-1} = \hat{Y}M_2\hat{Y}^{-1}$$

$$M_3H = H \Leftrightarrow \hat{Y}M_2\hat{Y}^{-1}H = H \Leftrightarrow M_2\hat{Y}^{-1}H = \hat{Y}^{-1}H$$

并且 $NM_3 = N \Leftrightarrow N\hat{Y}M_2\hat{Y}^{-1} = N \Leftrightarrow N\hat{Y}M_2 = N\hat{Y}$。结论（i）和结论（ii）证完。与命题 2.4 中结论（iii）的证明相类似，我们可以证明本命题的结论（iii）。证毕。

类型 4　我们定义矩阵 M_4 为：

$$M_4 = A + \hat{R}$$

即 M_4 是价值型中间投入系数矩阵加增加价值率对角矩阵。显然有 $EM_4 = E(A + \hat{R}) = EA + R = E$，即 M_4 是列随机的，因此 $\rho(M_4) = 1$。

类型 5　我们定义矩阵 M_5 为：

$$M_5 = \hat{R}L = (m_{ij}^{(5)})_{n \times n}$$

即 M_5 是价值型里昂惕夫逆矩阵左乘增加价值率对角矩阵。布莱尔和维克夫在文献［2］中称 M_5 为“增加价值乘数”。在这里以及后面，我们将给出 M_5 更精确的称谓。

由公式（2.12）可得 $M_5F=\hat{R}LF=\hat{R}X=V^t$，即：

$$\sum_{j=1}^{n} m_{ij}^{(5)} f_j = v_i \qquad (i=1,2,\cdots,n)$$

因此有：

$$0 \leqslant m_{ij}^{(5)} = \frac{\partial v_i}{\partial f_j} \qquad (i,\ j=1,\ 2,\cdots,\ n) \tag{2.46}$$

即 $m_{ij}^{(5)}$ 度量了部门 i 的增加价值对部门 j 的最终产值的变化率。所以，就像里昂惕夫逆矩阵被称为总产出关于最终产出的关联矩阵或乘数矩阵那样，M_5 可被称为增加价值关于最终产值的关联矩阵或乘数矩阵。

由公式（2.15）可得 $EM_5=E\hat{R}L=RL=E$，即 M_5 是列随机的，因此 $\rho(M_5)=1$，并且再由公式（2.46）可得：

$$\frac{\partial \sum_{i=1}^{n} v_i}{\partial f_j} = \sum_{i=1}^{n} m_{ij}^{(5)} = 1 \qquad (j=1,2,\cdots,n)$$

因此，各个部门增加价值之和对每个部门的最终产值的变化率都等于1。所以，任意一个部门单独增加一个单位的最终产值，将使整个经济系统增加一个单位的增加价值。

由上可知，M_5 和 M_4 都是列随机矩阵，即都有一个正的左特征向量 E。一般来说，我们有如下的命题2.6。

命题2.6 （i）M_5 有一个正的左特征向量 N 当且仅当 M_4 有一个正的左特征向量 N。（ii）令 $R \gg 0$，则 M_5 有一个正的右特征向量 H 当且仅当 M_4 有一个正的右特征向量 $\hat{R}^{-1}H$。（iii）如果 R 是严格半正的，则 M_5 没有正的右特征向量。

证明 由文献［1］中第二章的（1.12）推论可得：

$$N\hat{R}L=NM_5=N \Leftrightarrow N\hat{R}=N(I-A) \Leftrightarrow NM_4=N(A+\hat{R})=N$$

如果 $R \gg 0$，则：

$$\hat{R}LH=M_5H=H \Leftrightarrow H=(I-A)\hat{R}^{-1}H \Leftrightarrow M_4\hat{R}^{-1}H=(A+\hat{R})\hat{R}^{-1}H=\hat{R}^{-1}H$$

结论（i）和结论（ii）证完。下面证结论（iii）。令 R 是严格半正的，则：

$$W\hat{R}W^t = \begin{bmatrix} \hat{R}_1 & 0 \\ 0 & 0 \end{bmatrix} \tag{2.47}$$

$$WLW^t = \begin{bmatrix} L_{11} & L_{12} \\ L_{21} & L_{22} \end{bmatrix} \tag{2.48}$$

其中，$R_1 \gg 0$ 是 R 的一个子向量，L_{11} 和 L_{22} 是 L 的两个子方阵。如果 H 是 M_5 的对应于 1 的一个右特征向量，则由公式（2.47）和公式（2.48）得：

$$\begin{bmatrix} H_1 \\ H_2 \end{bmatrix} = WH = WM_5H = W\hat{R}\,W^tWLW^tWH = \begin{bmatrix} \hat{R}_1L_{11} & \hat{R}_1L_{12} \\ 0 & 0 \end{bmatrix}\begin{bmatrix} H_1 \\ H_2 \end{bmatrix} = \begin{bmatrix} \hat{R}_1L_{11}H_1 \\ 0 \end{bmatrix}$$

因此 $H_2=0$。所以由文献［1］中第二章的（1.12）推论可知结论（iii）成立。证毕。

令 $e(\overline{f}_j,\ q_i)$ 代表部门 i 的实物型总产出 q_i 关于部门 j 的实物型最终总产出 $\overline{f}_j$ 的偏弹性，$e(f_j,\ q_i)$ 代表部门 i 的实物型总产出 q_i 关于部门 j 的最终产值 f_j 的偏弹性，$e(f_j,\ x_i)$ 代表部门 i 的总产值 x_i 关于部门 j 的最终产值 f_j 的偏弹性，$e(f_j,\ v_i)$ 代表部门 i 的增加价值 v_i 关于部门 j 的最终产值 f_j 的偏弹性；$e(\overline{r}_i,\ p_j)$ 代表部门 j 的价格 p_j 关于部门 i 的增加价值系数 $\overline{r}_i$ 的偏弹性，$e(v_i,\ p_j)$ 代表部门 j 的价格 p_j 关于部门 i 的增加价值 v_i 的偏弹性，$e(v_i,\ x_j)$ 代表部门 j 的总产值 x_j 关于部门 i 的增加价值 v_i 的偏弹性，$e(v_i,\ f_j)$ 代表部门 j 的最终产值 f_j 关于部门 i 的增加价值 v_i 的偏弹性。

命题 2.7　对于矩阵 $M_2=\vec{L}\hat{Y}$ 和 $M_5=\hat{R}L$，有如下结论：

（i）$e(\overline{f}_j,\ q_i)=e(f_j,\ q_i)=e(f_j,\ x_i)=e(f_j,\ v_i)=m_{ij}^{(2)}$，$i,\ j=1,\ 2,\cdots,\ n$；

（ii）$e(\overline{r}_i,\ p_j)=e(v_i,\ p_j)=e(v_i,\ x_j)=e(v_i,\ f_j)=m_{ij}^{(5)}$，$i,\ j=1,\ 2,\cdots,\ n$。

证明　对 $\forall i,\ j\in\{1,\ 2,\cdots,\ n\}$，根据公式（2.9）和 $\vec{L}=\hat{q}^{-1}\overline{L}\hat{q}$，我们有：

$$e(\overline{f}_j,\ q_i) = \frac{\partial q_i}{\partial \overline{f}_j}\frac{\overline{f}_j}{q_i} = \frac{\overline{l}_{ij}\overline{f}_j}{q_i} = \frac{q_i\vec{l}_{ij}\overline{f}_j}{q_jq_i} = \vec{l}_{ij}y_j = m_{ij}^{(2)}$$

$$e(f_j,\ q_i) = \frac{\partial q_i}{\partial f_j}\frac{f_j}{q_i} = \frac{\overline{l}_{ij}f_j}{p_jq_i} = \frac{\overline{l}_{ij}\overline{f}_j}{q_i} = m_{ij}^{(2)}$$

类似的，根据公式（2.12）和 $\vec{L}=\hat{X}^{-1}L\hat{X}$，我们有：

$$e(f_j, x_i)=\frac{\partial x_i}{\partial f_j}\frac{f_j}{x_i}=\frac{l_{ij}f_j}{x_i}=\frac{x_i\vec{l}_{ij}f_j}{x_jx_i}=\vec{l}_{ij}y_j=m_{ij}^{(2)}$$

所以有：

$$e(\bar{f}_j, q_i)=e(f_j, q_i)=e(f_j, x_i)=m_{ij}^{(2)} \tag{2.49}$$

根据公式(2.14)和 $L=\hat{p}\bar{L}\hat{p}^{-1}$，我们有：

$$e(\bar{r}_i, p_j)=\frac{\partial p_j}{\partial \bar{r}_i}\frac{\bar{r}_i}{p_j}=\frac{\bar{l}_{ij}\bar{r}_i}{p_j}=\frac{p_i\bar{l}_{ij}v_i}{p_jp_iq_i}=r_il_{ij}=m_{ij}^{(5)}$$

$$e(v_i, p_j)=\frac{\partial p_j}{\partial v_i}\frac{v_i}{p_j}=\frac{\bar{l}_{ij}}{q_i}\frac{v_i}{p_j}=\frac{\bar{l}_{ij}\bar{r}_i}{p_j}=m_{ij}^{(5)}$$

类似的，根据公式(2.16)和 $\vec{L}=\hat{X}^{-1}L\hat{X}$，我们有：

$$e(v_i, x_j)=\frac{\partial x_j}{\partial v_i}\frac{v_i}{x_j}=\frac{\vec{l}_{ij}v_i}{x_j}=\frac{l_{ij}x_jv_i}{x_ix_j}=r_il_{ij}=m_{ij}^{(5)} \tag{2.50}$$

所以有：

$$e(\bar{r}_i, p_j)=e(v_i, p_j)=e(v_i, x_j)=m_{ij}^{(5)} \tag{2.51}$$

此外，由公式(2.46)、公式(2.50)和公式(2.16)可得：

$$e(f_j, v_i)=\frac{\partial v_i}{\partial f_j}\frac{f_j}{v_i}=\frac{\partial x_j}{\partial v_i}\frac{v_i}{x_j}\frac{f_j}{v_i}=\vec{l}_{ij}y_j=m_{ij}^{(2)} \tag{2.52}$$

由公式(2.43)、公式(2.52)和公式(2.46)可得：

$$e(v_i, f_j)=\frac{\partial f_j}{\partial v_i}\frac{v_i}{f_j}=\frac{\partial v_i}{\partial f_j}\frac{f_j}{v_i}\frac{v_i}{f_j}=\frac{\partial v_i}{\partial f_j}=m_{ij}^{(5)} \tag{2.53}$$

所以由公式（2.49）和公式（2.52）可得结论（i），由公式（2.51）和公式（2.53）可得结论（ii）。证毕。

评论 2.2 命题2.7中的结论（i）表明：$m_{ij}^{(2)}$ 既等于部门 i 的实物型总产出 q_i 关于部门 j 的实物型最终总产出 $\bar{f}_j$ 的偏弹性，也等于部门 i 的实物型总产出 q_i 关于部门 j 的最终产值 f_j 的偏弹性，又等于部门 i 的总产值 x_i 关于部门 j 的最终产值 f_j 的偏弹性，还等于部门 i 的增加价值 v_i 关于部门 j 的最终产值 f_j 的偏弹性。因此，M_2 除了可被称为最终产值关于增加价值的关联矩阵或乘数矩阵之外，M_2 既可称为实物型总产出关于实物型最终总产出的偏弹性矩阵，也可称为实物型总产出关于最终产值的偏弹性矩阵，又可称为总产值关于最终产值的偏弹性矩阵，还可称为增加价值关于最终产值的偏弹性矩阵。命题2.7中的结论（ii）表明：$m_{ij}^{(5)}$ 既等

于部门 j 的价格 p_j 关于部门 i 的增加价值系数 $\bar{r}_i$ 的偏弹性，也等于部门 j 的价格 p_j 关于部门 i 的增加价值 r_i 的偏弹性，又等于部门 j 的总产值 x_j 关于部门 i 的增加价值 v_i 的偏弹性，还等于部门 j 的最终产值 f_j 关于部门 i 的增加价值 v_i 的偏弹性。因此，M_5 除了可被称为增加价值关于最终产值的关联矩阵或乘数矩阵之外，M_5 既可称为价格关于增加价值系数的偏弹性矩阵，也可称为价格关于增加价值的偏弹性矩阵，又可称为总产值关于增加价值的偏弹性矩阵，还可称为最终产值关于增加价值的偏弹性矩阵。

类型 6　我们定义矩阵 M_6 为：

$$M_6 = L\hat{R}$$

即 M_6 是价值型里昂惕夫逆矩阵右乘增加价值率对角矩阵。由公式（2.15）可得 $RM_6 = RL\hat{R} = E\hat{R} = R$，即增加价值率行向量 R 是 M_6 的对应于 1 的一个半正的左特征向量。下面我们证明 $\rho(M_6) = 1$。如果 $R \gg 0$，则由文献［1］中第二章的（1.12）推论可知 $\rho(M_6) = 1$。如果 R 是严格半正的，则：

$$W\hat{R}W^t = \begin{bmatrix} 0 & 0 \\ 0 & \hat{R}_2 \end{bmatrix}$$

$$WLW^t = \begin{bmatrix} L_{11} & L_{12} \\ L_{21} & L_{22} \end{bmatrix}$$

其中，$R_2 \gg 0$ 是 R 的一个子向量，L_{11} 和 L_{22} 是 L 的两个子方阵。相应的，令 $E = (E_1,\ E_2)$，则：

$$RW^t = E\hat{R}W^t = EW\hat{R}W^t = (E_1,\ E_2)\begin{bmatrix} 0 & 0 \\ 0 & \hat{R}_2 \end{bmatrix} = (0,\ R_2)$$

$$WM_6W^t = WLW^tW\hat{R}W^t = \begin{bmatrix} 0 & L_{12}\hat{R}_2 \\ 0 & L_{22}\hat{R}_2 \end{bmatrix}$$

因此，$\rho(M_6) = \rho(L_{22}\hat{R}_2)$，且：

$$(0,\ R_2L_{22}\hat{R}_2) = (0,\ R_2)\begin{bmatrix} 0 & L_{12}\hat{R}_1 \\ 0 & L_{22}\hat{R}_2 \end{bmatrix} = RW^tWM_6W^t = RM_6W^t = RW^t = (0,\ R_2)$$

所以 $R_2L_{22}\hat{R}_2 = R_2$。由 $L_{22} > 0$ 和 $R_2 \gg 0$ 以及文献［1］中第二章的（1.12）推论可知 $\rho(L_{22}\hat{R}_2) = 1$，即 $\rho(M_6) = 1$。于是 $\rho(M_6) = 1$ 总成立。

命题 2.8 (i) M_6 有一个正的右特征向量 H 当且仅当 M_4 有一个正的右特征向量 H。(ii) 如果 $R \gg 0$，则 (a) M_6 相似于 M_5，即 $M_6 = \hat{R}^{-1}M_5\hat{R}$；(b) M_6 有一个正的左特征向量 N 当且仅当 M_5 有一个正的左特征向量 $N\hat{R}^{-1}$；(c) M_6 有一个正的右特征向量 H 当且仅当 M_5 有一个正的右特征向量 $\hat{R}H$。(iii) 如果 R 是严格半正的，则 M_6 没有正的左特征向量。

证明 由文献 [1] 中第二章的 (1.12) 推论可知，

$$L\hat{R}H = M_6H = H \Leftrightarrow \hat{R}H = (I - A)H \Leftrightarrow M_4H = (A + \hat{R})H = H$$

此外，若 $R \gg 0$，则：

$$M_6 = \hat{R}^{-1}\hat{R}L\hat{R} = \hat{R}^{-1}M_5\hat{R}$$

$$NM_6 = N \Leftrightarrow N\hat{R}^{-1}M_5\hat{R} = N \Leftrightarrow N\hat{R}^{-1}M_5 = N\hat{R}^{-1}$$

并且 $M_6H = H \Leftrightarrow \hat{R}^{-1}M_5\hat{R}H = H \Leftrightarrow M_5\hat{R}H = \hat{R}H$。结论 (i) 和结论 (ii) 证完。与命题 2.6 中结论 (iii) 的证明相类似，我们可以证明本命题的结论 (iii)。证毕。

类型 7 我们定义矩阵 M_7 为：

$$M_7 = A + \hat{Y}$$

即 M_7 是价值型中间投入系数矩阵加最终产出率对角矩阵。由中间产出系数矩阵满足 $\vec{A} = \hat{X}^{-1}A\hat{X}$ 可得 $M_7 = \hat{X}(\vec{A} + \hat{Y})\hat{X}^{-1} = \hat{X}M_1\hat{X}^{-1}$，即 M_7 相似于 M_1。因此，$\rho(M_7) = \rho(M_1) = 1$。此外，$M_7X = (A + \hat{Y})X = AX + F = X$。所以，总产值列向量 X 是 M_7 的一个正的右特征向量。

类型 8 我们定义矩阵 M_8 为：

$$M_8 = L\hat{Y} = (m_{ij}^{(8)})_{n \times n}$$

即 M_8 是价值型里昂惕夫逆矩阵右乘最终产出率对角矩阵。由公式 (2.15) 可得 $RM_8 = RL\hat{Y} = E\hat{Y} = Y^t$，即：

$$\sum_{i=1}^{n} r_i m_{ij}^{(8)} = y_j \qquad (j = 1, 2, \cdots, n)$$

因此，

$$0 \leqslant m_{ij}^{(8)} = \frac{\partial y_j}{\partial r_i} \qquad (i,\ j = 1,\ 2, \cdots,\ n)$$

即 $m_{ij}^{(8)}$ 度量了部门 j 的最终产出率对部门 i 的增加价值率的变化率。所以，M_8 可被称为最终产出率关于增加价值率的关联矩阵或乘数矩阵。由高士

逆矩阵满足 $\vec{L}=\hat{X}^{-1}L\hat{X}$可得 $M_8=\hat{X}\vec{L}\hat{X}^{-1}\hat{Y}=\hat{X}\vec{L}\hat{Y}\hat{X}^{-1}=\hat{X}M_2\hat{X}^{-1}$，即 M_8 相似于 M_2。所以 $\rho(M_8)=\rho(M_2)=1$。此外，再由公式（2.12）可得 $M_8X=L\hat{Y}X=LF=X$。因此，总产值列向量 X 是 M_8 的一个正的右特征向量。类似于命题2.4，我们可以证明下面的命题2.9。

命题2.9　（i）M_8 有一个正的右特征向量 H 当且仅当 M_7 有一个正的右特征向量 H。（ii）令 $Y\gg0$，则 M_8 有一个正的左特征向量 N 当且仅当 M_7 有一个正的左特征向量 $N\hat{Y}^{-1}$。（iii）如果 Y 是严格半正的，则 M_8 没有正的左特征向量。

类型9　我们定义矩阵 M_9 为：

$$M_9=\hat{Y}L$$

即 M_9 是价值型里昂惕夫逆矩阵左乘最终产出率对角矩阵。再由高士逆矩阵满足 $\vec{L}=\hat{X}^{-1}L\hat{X}$可得 $M_9=\hat{Y}\hat{X}\vec{L}\hat{X}^{-1}=\hat{X}\hat{Y}\vec{L}\hat{X}^{-1}=\hat{X}M_3\hat{X}^{-1}$，即 M_9 相似于M_3。所以，$\rho(M_9)=\rho(M_3)=1$。此外，再由公式(2.12)可得 $M_9F=\hat{Y}LF=\hat{Y}X=F$。因此，最终产值列向量 F 是 M_9 的对应于1的一个半正的右特征向量。类似于命题2.5，我们可以证明下面的命题2.10。

命题2.10　(i)M_9 有一个正的左特征向量 N 当且仅当 M_7 有一个正的左特征向量 N。(ii)如果 $Y\gg0$，则(a)M_9 相似于 M_8，即 $M_9=\hat{Y}M_8\hat{Y}^{-1}$；(b)$M_9$ 有一个正的右特征向量H 当且仅当M_8 有一个正的右特征向量 $\hat{Y}^{-1}H$；(c)M_9 有一个正的左特征向量 N 当且仅当 M_8 有一个正的左特征向量$N\hat{Y}$。(iii)如果 Y 是严格半正的，则 M_9 没有正的右特征向量。

类型10　我们定义矩阵 M_{10}为：

$$M_{10}=\vec{A}+\hat{R}$$

即 M_{10}是中间产出系数矩阵加增加价值率对角矩阵。由中间产出系数矩阵满足 $\vec{A}=\hat{X}^{-1}A\hat{X}$可得 $M_{10}=\hat{X}^{-1}(A+\hat{R})\hat{X}=\hat{X}^{-1}M_4\hat{X}$，即 M_{10}相似于 M_4。所以，$\rho(M_{10})=\rho(M_4)=1$。此外，$X^tM_{10}=X^t\hat{X}^{-1}M_4\hat{X}=EM_4\hat{X}=E\hat{X}=X^t$。因此，总产值行向量 X^t 是 M_{10}的一个正的左特征向量。

类型11　我们定义矩阵 M_{11}为：

$$M_{11}=\hat{R}\vec{L}=(m_{ij}^{(11)})_{n\times n}$$

即 M_{11}是高士逆矩阵左乘增加价值率对角阵。由公式（2.10）可得 $M_{11}Y=\hat{R}\vec{L}Y=\hat{R}E^t=R^t$，即：

$$\sum_{j=1}^{n} m_{ij}^{(11)} y_j = r_i \qquad (i = 1,2,\cdots,n)$$

于是，

$$0 \leqslant m_{ij}^{(11)} = \frac{\partial r_i}{\partial y_j} \qquad (i,\ j=1,\ 2,\cdots,\ n)$$

即 $m_{ij}^{(11)}$ 度量了部门 i 的增加价值率对部门 j 的最终产出率的变化率。所以，M_{11} 可被称为增加价值率关于最终产出率的关联矩阵或乘数矩阵。再由高士逆矩阵满足 $\vec{L} = \hat{X}^{-1} L \hat{X}$ 可得 $M_{11} = \hat{R}\hat{X}^{-1} L\hat{X} = \hat{X}^{-1}\hat{R}\, L\hat{X} = \hat{X}^{-1} M_5 \hat{X}$，即 M_{11} 相似于 M_5。因此，$\rho(M_{11}) = \rho(M_5) = 1$。此外，$X^t M_{11} = X^t \hat{X}^{-1} M_5 \hat{X} = EM_5\hat{X} = E\hat{X} = X^t$。所以总产值行向量 X^t 是 M_{11} 的一个正的左特征向量。类似于命题 2.6，我们可以证明下面的命题 2.11。

命题 2.11 （i）M_{11} 有一个正的左特征向量 N 当且仅当 M_{10} 有一个正的左特征向量 N。（ii）令 $R \gg 0$，则 M_{11} 有一个正的右特征向量 H 当且仅当 M_{10} 有一个正的右特征向量 $\hat{R}^{-1} H$。（iii）如果 R 是严格半正的，则 M_{11} 没有正的右特征向量。

类型 12 我们定义矩阵 M_{12} 为：

$$M_{12} = \vec{L}\hat{R}$$

即 M_{12} 是高士逆矩阵右乘增加价值率对角矩阵。再由高士逆矩阵满足 $\vec{L} = \hat{X}^{-1} L \hat{X}$ 可知 $M_{12} = \hat{X}^{-1} L\hat{X}\hat{R} = \hat{X}^{-1} L\hat{R}\hat{X} = \hat{X}^{-1} M_6 \hat{X}$，即 M_{12} 相似于 M_6。所以 $\rho(M_{12}) = \rho(M_6) = 1$，并且 $VM_{12} = V\hat{X}^{-1} M_6\hat{X} = RM_6\hat{X} = R\hat{X} = V$。因此，增加价值行向量 V 是 M_{12} 的对应于 1 的一个半正的左特征向量。

类似于命题 2.8，我们可以证明命题 2.12。

命题 2.12 （i）M_{12} 有一个正的右特征向量 H 当且仅当 M_{10} 有一个正的右特征向量 H。（ii）如果 $R \gg 0$，则（a）M_{12} 相似于 M_{11}，即 $M_{12} = \hat{R}^{-1} M_{11} \hat{R}$；（b）$M_{12}$ 有一个正的左特征向量 N 当且仅当 M_{11} 有一个正的左特征向量 $N\hat{R}^{-1}$；（c）M_{12} 有一个正的右特征向量 H 当且仅当 M_{11} 有一个正的右特征向量 $\hat{R}H$。（iii）如果 R 是严格半正的，则 M_{12} 没有正的左特征向量。

表 2－5 是上述十二类谱半径都等于 1 的特殊的半正矩阵及其基本性质的一个概括总结。

表 2－5　　十二类谱半径都等于 1 的特殊的半正矩阵及其基本性质

类型	定义	基本性质
1	$M_1=\vec{A}+\hat{Y}$	$M_1E^t=E^t$
2	$M_2=\vec{L}\hat{Y}$	$M_2E^t=E^t$，$VM_2=F^t$ $m_{ij}^{(2)}=e(\overline{f}_j, q_i)=e(f_j, q_i)=e(f_j, x_i)=e(f_j, v_i)=\partial f_j/\partial v_i$
3	$M_3=\hat{Y}\vec{L}$	$M_3Y=Y$
4	$M_4=A+\hat{R}$	$EM_4=E$
5	$M_5=\hat{R}L$	$EM_5=E$，$M_5F=V^t$ $m_{ij}^{(5)}=e(\overline{r}_i, p_j)=e(v_i, p_j)=e(v_i, x_j)=e(v_i, f_j)=\partial v_i/\partial f_j$
6	$M_6=L\hat{R}$	$RM_6=R$
7	$M_7=A+\hat{Y}$	$M_7=\hat{X}M_1\hat{X}^{-1}$，$M_7X=X$
8	$M_8=L\hat{Y}$	$M_8=\hat{X}M_2\hat{X}^{-1}$，$M_8X=X$，$RM_8=Y^t$，$m_{ij}^{(8)}=\partial y_j/\partial r_i$
9	$M_9=\hat{Y}L$	$M_9=\hat{X}M_3\hat{X}^{-1}$，$M_9F=F$
10	$M_{10}=\vec{A}+\hat{R}$	$M_{10}=\hat{X}^{-1}M_4\hat{X}$，$X^tM_{10}=X^t$
11	$M_{11}=\hat{R}\vec{L}$	$M_{11}=\hat{X}^{-1}M_5\hat{X}$，$X^tM_{11}=X^t$，$M_{11}Y=R^t$，$m_{ij}^{(11)}=\partial r_i/\partial y_j$
12	$M_{12}=\vec{L}\hat{R}$	$M_{12}=\hat{X}^{-1}M_6\hat{X}$，$VM_{12}=V$

第七节　四种经济指标的含义

在本节以及后面的章节中，四种经济指标是指最终产出率、投入乘数、增加价值率和产出乘数。

一　最终产出率与投入乘数的经济意义

在投入产出表中，从横向看，总产品是中间产品与最终产品之和。因此，中间产出率（即中间产品占总产品的比例）与最终产出率（即最终产品占总产品的比例）之和等于 1，即$\vec{A}E^t+Y=E^t$。中间产品是在生产最终产品的过程中必须要消耗掉的产品，与中间产品相比，最终产品才是我们能真正得到实惠的产品。而生产的最终目的就是满足人们的最终的物质需求，即要获得最终产品。所以，最终产出率越高，即中间产出率越低，对达到生产的最终目的越有利。于是，从这个角度出发，一个部门的最终产出率反映了该部门关于最终产品的经济效率，而最终产出率列向量反映了整个经济系统各个部门关于最终产品的经济效率。

由公式（2.16）和总投入值行向量满足 $X^t = V\vec{L}$可知，

$$\vec{l}_{ij} = \frac{\partial x_j}{\partial v_i} \qquad (i,\ j=1,\ 2,\cdots,\ n)$$

因此，由投入乘数列向量 $G=\vec{L}E^t$ 可知，

$$g_i = \sum_{j=1}^{n} \vec{l}_{ij} = \frac{\partial \sum_{j=1}^{n} x_j}{\partial v_i} = \frac{\partial x}{\partial v_i} \qquad (i = 1,2,\cdots,n)$$

即：

$$g_i = \frac{\partial x}{\partial v_i} \qquad (i=1,\ 2,\cdots,\ n) \tag{2.54}$$

即一个部门的投入乘数度量了经济系统中各个部门总投入值之和对该部门初始投入值（或增加价值）的变化率。

命题 2.13 部门 i 的投入乘数满足：

$$g_i = \frac{\partial w}{\partial v_i} + 1 \qquad (i=1,\ 2,\cdots,\ n)$$

即一个部门的投入乘数等于经济系统中各个部门中间投入总值之和对该部门初始投入值的变化率加1。

证明 因为：

$$x = X^tE^t = (EZ+V)E^t = EZE^t + VE^t = w + \sum_{k=1}^{n} v_k$$

所以由公式（2.54）即得本命题。证毕。

因为1是常数，所以由命题2.13可知，一个部门的投入乘数主要反映了经济系统中所有部门中间投入总值之和对该部门初始投入值的变化率。因为每个部门中间投入总值都是该部门在生产过程中消耗掉的原材料成本，所有部门中间投入总值之和等于经济系统消耗掉的原材料总成本，所以，一个部门的投入乘数主要反映了对应于该部门初始投入的原材料总成本，而投入乘数列向量反映了整个经济系统中每个部门对应于自己部门初始投入的原材料总成本。此外，高士逆矩阵 $\vec{L}=(I-\vec{A})^{-1}$中的每个元素显然都是中间产出系数矩阵 $\vec{A}$ 中 n^2 个元素的函数。类似于第四章中的公式（4.3），我们有：

$$\frac{\partial \vec{l}_{kr}}{\partial \vec{a}_{ij}} \geqslant 0 \qquad (i,\ j,\ k,\ r=1,\ 2,\cdots,\ n)$$

因此，$\vec{L}$ 中的元素与 $\vec{A}$ 中元素的变化方向相同。所以，下列五个陈述显然是等价的：

（i）最终产出率越高；

（ii）中间产出率越低；

（iii）$\vec{A}$中的元素越小；

（iv）$\vec{L}$中的元素越小；

（v）$G=\vec{L}E^t$ 中的元素越小。

由上可知，投入乘数越小，意味着与初始投入相对应的原材料总成本就越低，也意味着最终产出率越高，即关于最终产品的经济效率就越高，对达到生产的最终目的越有利。

二　增加价值率与产出乘数的经济意义

在价值型投入产出表中，从纵向看，总投入值是中间投入值与增加价值（或初始投入值）之和。此外，总投入值在数量上等于从横向看的总产出值。因此，中间投入率（即中间投入值占总投入值的比例）与增加价值率（即增加价值占总产出值的比例）之和等于 1，即 $EA+R=E$。中间投入值是在生产过程中必须要消耗掉的原材料成本。增加价值主要包括工资和利润。与中间投入值相比较，增加价值才是我们新创造的价值。对每个部门来说，只有创造出增加价值，才能获得经济收益，并使生产正常地发展和延续，所以，增加价值率越高，即中间投入率越低，获得的相对经济收益就越高，对生产正常发展和延续就越有利。于是，从这个角度出发，一个部门的增加价值率近似地反映了该部门的经济收益率，而增加价值率行向量近似地反映了整个经济系统中各个部门的经济收益率。

由公式（2.12）和总产值列向量满足 $X=LF$ 可知，

$$l_{ij}=\frac{\partial x_i}{\partial f_j} \qquad (i,\ j=1,\ 2,\cdots,\ n)$$

因此，由产出乘数行向量 $D=EL$ 可知，

$$d_j = \sum_{i=1}^{n} l_{ij} = \frac{\partial \sum_{i=1}^{n} x_i}{\partial f_j} = \frac{\partial x}{\partial f_j} \qquad (j=1,\ 2,\cdots,\ \mathrm{n})$$

所以，当价格系统不变时，

$$d_j = \frac{\partial x}{\partial f_j} = \frac{1}{p_j}\frac{\partial x}{\partial \bar{f}_j} \qquad (j = 1, 2, \cdots, n) \tag{2.55}$$

即一个部门的产出乘数反映了经济系统中各个部门总产值之和对该部门实物型最终产出的变化率。

命题 2.14 部门 j 的产出乘数满足：

$$d_j = \frac{\partial w}{\partial f_j} + 1 = \frac{1}{p_j}\frac{\partial w}{\partial \bar{f}_j} + 1 \qquad (j = 1, 2, \cdots, n)$$

即一个部门的产出乘数等于经济系统中各个部门中间产出总值之和对该部门最终产值的变化率加 1。

证明 因为：

$$x = EX = E(ZE^t + F) = EZE^t + EF = w + \sum_{k=1}^{n} f_k$$

所以再由公式（2.55）即得本命题。证毕。

因为 1 是常数，p_j 可看作常数，所以由命题 2.14 可知，一个部门的产出乘数主要反映了经济系统中所有部门中间产出总值之和对该部门实物型最终产品的变化率。因为所有部门的中间产出总值之和就等于所有部门的中间投入总值之和，即整个经济系统消耗掉的原材料总成本，所以，一个部门的产出乘数主要反映了对应于该部门最终产品的原材料总成本，而产出乘数行向量主要反映了整个经济系统中每个部门对应于自己部门最终产品的原材料总成本。此外，价值型里昂惕夫逆矩阵 $L = (I - A)^{-1}$ 中的每个元素显然都是价值型中间投入系数矩阵 A 中 n^2 个元素的函数。与第四章的定理 4.1 中的偏导数公式相类似，我们有：

$$\frac{\partial l_{kr}}{\partial a_{ij}} \geqslant 0 \qquad (i, j, k, r = 1, 2, \cdots, n)$$

因此，L 中的元素与 A 中元素的变化方向一致。所以，下列五个陈述显然是等价的：

（i）增加价值率越高；

（ii）中间投入率越低；

（iii）A 中的元素越小；

（iv）L 中的元素越小；

（v）$D = EL$ 中的元素越小。

由上可知，产出乘数越小，意味着与最终产品相对应的原材料总成本就越低，也意味着增加价值率越高，即经济收益率就越高，对生产正常的发展和延续越有利。

第八节 产量变动和价格变动对两种系数矩阵的影响

由于中间产出系数矩阵满足$\vec{A}=\hat{q}^{-1}\bar{A}\hat{q}$，因此，中间产出系数矩阵$\vec{A}$由实物型中间投入系数矩阵$\bar{A}$和实物型总产出列向量$q$来决定，其中$\bar{A}$主要依赖技术水平。在$\bar{A}$不变（即技术水平不变）的假设条件下，如果$\vec{A}$变动，则肯定是由$q$变动引起的。下面将表明，这个蕴含命题的逆命题不真，即如果q变动，则未必有$\vec{A}$变动。事实上，产出系统的调整可能会改变中间产出系数矩阵$\vec{A}$，进而可能会改变高士逆矩阵$\vec{L}=(I-\vec{A})^{-1}$；但下面的命题2.15将表明，在某些情况下，产出系统的调整不会改变中间产出系数矩阵$\vec{A}$，因而不会改变高士逆矩阵$\vec{L}=(I-\vec{A})^{-1}$。另外，当产出系统不变时，价格系统的调整显然不会改变中间产出系数矩阵和高士逆矩阵。

与上相对偶，由于价值型中间投入系数矩阵$A=\hat{p}\bar{A}\hat{p}^{-1}$，因此，价值型中间投入系数矩阵$A$由实物型中间投入系数矩阵$\bar{A}$和价格行向量$p$来决定。在$\bar{A}$不变的假设条件下，如果$A$变动，则肯定是由$p$变动引起的。下面将表明，这个蕴含命题的逆命题也不真，即如果p变动，则未必有A变动。事实上，价格系统的调整可能会改变价值型中间投入系数矩阵A，进而可能会改变价值型里昂惕夫逆矩阵$L=(I-A)^{-1}$；但下面的命题2.15将表明，在某些情况下，价格系统的调整不会改变价值型中间投入系数矩阵A，因而不会改变价值型里昂惕夫逆矩阵$L=(I-A)^{-1}$。另外，当价格系统不变时，产出系统的调整显然不会改变价值型中间投入系数矩阵和价值型里昂惕夫逆矩阵。

$\vec{A}^{\#}=\vec{A}$即表示产出系统的调整不会改变中间产出系数矩阵；$A^{*}=A$即表示价格系统的调整不会改变价值型中间投入系数矩阵。在文献[6]

中，$\vec{A}^{\#}=\vec{A}$ 或 $A^{*}=A$ 称为是“绝对联合稳定的”。

定义 2.2 （i）一个产出调整系数列向量 Q 被称作是平凡的，如果存在一个正数 λ，使得 $Q=\lambda E^{t}$。否则，Q 被称作是非平凡的。（ii）一个价格调整系数行向量 P 被称作是平凡的，如果存在一个正数 λ，使得 $P=\lambda E$。否则，P 被称作是非平凡的。

根据定义 2.2，所谓产出调整系数列向量是平凡的，意味着每个部门的实物总产出都按相同的比例变化；所谓价格调整系数行向量是平凡的，意味着每个部门的价格都按相同的比例变化。

命题 2.15 在一个经济系统中：

（a）产出调整系数列向量是平凡的，当且仅当每个部门的最终产出按相同的比例变化。如果产出调整系数列向量是平凡的，则产出系统的调整不会改变中间产出系数矩阵。即 $Q=\lambda E^{t}\Leftrightarrow \bar{F}^{\#}=\lambda\bar{F}\Leftrightarrow F^{\#}=\lambda F\Rightarrow \vec{A}^{\#}=\vec{A}$。

（b）价格调整系数行向量是平凡的，当且仅当每个部门的增加价值按相同的比例变化。如果价格调整系数行向量是平凡的，则价格系统的调整不会改变价值型中间投入系数矩阵。即 $P=\lambda E\Leftrightarrow V^{*}=\lambda V\Rightarrow A^{*}=A$。

（c）下列条件是等价的：

（c_1）如果产出系统的调整不改变中间产出系数矩阵，则产出调整系数列向量是平凡的，即 $\vec{A}^{\#}=\vec{A}\Rightarrow Q=\lambda E^{t}$；

（c_2）如果价格系统的调整不改变价值型中间投入系数矩阵，则价格调整系数行向量是平凡的，即 $A^{*}=A\Rightarrow P=\lambda E$；

（c_3）这个经济系统不可能划分为 $r\geqslant 2$ 个相互独立的子经济系统，即 $\vec{A}$ 或 A 是不完全可约的。

证明 先证（a）。由公式（2.18）、公式（2.10）和公式（2.24）可知：

$$Q=\lambda E^{t}\Rightarrow \bar{F}^{\#}=\lambda\hat{q}(I-\vec{A})E^{t}=\lambda\hat{q}Y=\lambda\bar{F}$$

$$\bar{F}^{\#}=\lambda\bar{F}\Rightarrow Q=\lambda\vec{L}\hat{q}^{-1}\bar{F}=\lambda\vec{L}Y=\lambda E^{t}\Rightarrow \vec{A}^{\#}=(\lambda I)^{-1}\vec{A}\lambda I=\vec{A}$$

$$\bar{F}^{\#}=\lambda\bar{F}\Leftrightarrow F^{\#}=\hat{p}\bar{F}^{\#}=\lambda\hat{p}\bar{F}=\lambda F$$

再证（b）。由公式（2.27）、公式（2.15）和公式（2.31）可知：

$$P=\lambda E\Rightarrow V^{*}=\lambda E(I-A)\hat{X}=\lambda R\hat{X}=\lambda V$$

$$V^{*}=\lambda V\Rightarrow P=\lambda V\hat{X}^{-1}L=\lambda RL=\lambda E\Rightarrow A^{*}=\lambda IA(\lambda I)^{-1}=A$$

下面证$\neg(c_3)\Leftrightarrow\neg(c_2)$。因为$\vec{A}=\hat{X}^{-1}A\hat{X}$是完全可约的当且仅当$A$是完全可约的，所以只需证$A$是完全可约的当且仅当$\neg(c_2)$成立。

令A是完全可约的，即：

$$WAW^t=\begin{bmatrix}A_{11} & 0\\ 0 & A_{22}\end{bmatrix}\tag{2.56}$$

其中，W是置换矩阵，A_{11}和A_{22}分别是m阶和$n-m$子方阵，$1\leqslant m\leqslant n-1$。令价格调整系数行向量$P$满足：

$$W\hat{P}W^t=\begin{bmatrix}\varepsilon I_1 & 0\\ 0 & I_2\end{bmatrix}\quad(0<\varepsilon\neq 1)\tag{2.57}$$

其中，I_1是m阶单位矩阵，I_2是$n-m$阶单位矩阵，则由公式（2.31）、公式（2.56）和公式（2.57）可得：

$$\begin{aligned}WA^*W^t&=W\hat{P}W^t\begin{bmatrix}A_{11} & 0\\ 0 & A_{22}\end{bmatrix}W\hat{P}^{-1}W^t\\&=\begin{bmatrix}\varepsilon I_1 & 0\\ 0 & I_2\end{bmatrix}\begin{bmatrix}A_{11} & 0\\ 0 & A_{22}\end{bmatrix}\begin{bmatrix}\varepsilon^{-1}I_1 & 0\\ 0 & I_2\end{bmatrix}=\begin{bmatrix}A_{11} & 0\\ 0 & A_{22}\end{bmatrix}\end{aligned}$$

因此，由公式（2.56）可得$A^*=A$。即$\neg(c_2)$成立。反之，设：

$$WAW^t=\begin{bmatrix}A_{11} & A_{12} & \cdots & A_{1r}\\ A_{21} & A_{22} & \cdots & A_{2r}\\ \vdots & \vdots & & \vdots\\ A_{r1} & A_{r2} & \cdots & A_{rr}\end{bmatrix}\tag{2.58}$$

$$W\hat{P}W^t=\begin{bmatrix}\lambda_1 I_1 & & & 0\\ & \lambda_2 I_2 & & \\ & & \ddots & \\ 0 & & & \lambda_r I_r\end{bmatrix}\quad(0<\lambda_1<\lambda_2<\cdots<\lambda_r)\tag{2.59}$$

其中，A_{ii}是子方阵，I_i是对应的单位矩阵，$i=1,2,\cdots,r$，$2\leqslant r\leqslant n$。令$A^*=A$，则由公式（2.31）和公式（2.59）可得：

$$W^t\begin{bmatrix}\lambda_1 I_1 & & & 0\\ & \lambda_2 I_2 & & \\ & & \ddots & \\ 0 & & & \lambda_r I_r\end{bmatrix}WAW^t\begin{bmatrix}\lambda_1^{-1} I_1 & & & 0\\ & \lambda_2^{-1} I_2 & & \\ & & \ddots & \\ 0 & & & \lambda_r^{-1} I_r\end{bmatrix}W=A$$

因此，

$$\begin{bmatrix} \lambda_1 I_1 & & & 0 \\ & \lambda_2 I_2 & & \\ & & \ddots & \\ 0 & & & \lambda_r I_r \end{bmatrix} WAW^t \begin{bmatrix} \lambda_1^{-1} I_1 & & & 0 \\ & \lambda_2^{-1} I_2 & & \\ & & \ddots & \\ 0 & & & \lambda_r^{-1} I_r \end{bmatrix} = WAW^t$$

于是再由公式（2.58）可得 $\lambda_i A_{ij} \lambda_j^{-1} = A_{ij}$，$i$，$j = 1$，2，…，$r$。所以，由公式（2.59）可得 $A_{ij} = 0$，i，$j = 1$，2，…，r，$i \neq j$。即 A 是完全可约的。$[\neg(c_3) \Leftrightarrow \neg(c_2)]$证完。

根据对偶性原理，可类似地证明$\neg(c_3) \Leftrightarrow \neg(c_1)$。证毕。

评论 2.3 根据命题 2.15，对于蕴含命题（$\vec{A}^{\#} = \vec{A} \Rightarrow Q = \lambda E^t$）或（$A^* = A \Rightarrow P = \lambda E$）来说，文献［6］中的限制性假定，即 $\vec{A}$ 或 A 的不可约性，是太充分而不必要的。换句话说，即使 $\vec{A}$ 或 A 是可约的但不完全可约，蕴含命题（$\vec{A}^{\#} = \vec{A} \Rightarrow Q = \lambda E^t$）以及（$A^* = A \Rightarrow P = \lambda E$）仍然成立。这两个蕴含命题也意味着：如果产出调整系数列向量是非平凡的，则中间产出系数矩阵一定变化；如果价格调整系数行向量是非平凡的，则价值型中间投入系数矩阵一定变化。也就是说，如果各个部门的实物型总产出不按相同的比例变化，则至少有一个中间产出系数变化；如果各个部门的价格不按相同的比例变化，则至少有一个价值型中间投入系数变化。

第九节 产量变动和价格变动对四种经济指标的影响

在第八节中，我们已知道，如果假设技术变动在短期内不发生，即实物型中间投入系数矩阵 $\bar{A}$ 在短期内不变，则产出系统的调整可能会改变中间产出系数矩阵 $\vec{A}$，进而可能会改变高士逆矩阵$\vec{L} = (I - \vec{A})^{-1}$。同理，根据公式（2.10），由于最终产出率列向量满足 $Y = (I - \vec{A})E^t$，因此产出系统的调整也可能会改变最终产出率列向量；由于投入乘数列向量 $G = \vec{L}E^t = (I - \vec{A})^{-1}E^t$，因此产出系统的调整也可能会改变投入乘数列向量。与上相对偶，价格系统的调整可能会改变价值型中间投入系数矩阵

A，进而可能会改变价值型里昂惕夫逆矩阵 $L=(I-A)^{-1}$。同理，根据公式(2.15)，由于增加价值率行向量满足 $R=E(I-A)$，因此价格系统的调整也可能会改变增加价值率行向量；由于产出乘数行向量 $D=EL=E(I-A)^{-1}$，因此价格系统的调整也可能会改变产出乘数行向量。

由上可知，在技术不变的条件下，我们可以通过调整产出系统的方法来改变各个部门的最终产出率，即改变各个部门关于最终产品的经济效率；我们还可以通过调整产出系统的方法来改变各个部门的投入乘数，即改变整个经济系统中每个部门对应于自己部门初始投入的原材料总成本。与此相对偶，我们可以通过调整价格系统的方法来改变各个部门的增加价值率，即改变各个部门的经济收益率；我们还可以通过调整价格系统的方法来改变各个部门的产出乘数，即改变整个经济系统中每个部门对应于自己部门最终产品的原材料总成本。

下面，我们先讨论产出系统的调整不改变任何部门的最终产出率和投入乘数的有关条件，以及价格系统的调整不改变任何部门的增加价值率和产出乘数的有关条件。

定理 2.4　在一个包含 n 个部门的经济系统中：

(a) 下列条件是等价的：

(a_1) 产出系统的调整不改变任何部门的最终产出率，即 $Y^{\#}=Y$；

(a_2) 每个部门的最终产值的变化比率等于该部门的产出调整系数，即 $F^{\#}=\hat{Q}F$；

(a_3) 产出调整系数列向量是 M_1 的一个右特征向量，即 $M_1Q=Q$；

(a_4) 产出调整系数列向量是 M_2 的一个右特征向量，即 $M_2Q=Q$；

(a_5) 高士矩阵右乘产出调整系数列向量是 M_3 的对应于 1 的一个右特征向量，即 $M_3(I-\vec{A})Q=(I-\vec{A})Q$。

(b) 下列条件是等价的：

(b_1) 产出系统的调整不改变任何部门的投入乘数，即 $G^{\#}=G$；

(b_2) 产出调整系数列向量是齐次线性方程组 $(\hat{G}-\vec{L})H=0$ 的一个解向量，其中 H 代表未知列向量，即 $(\hat{G}-\vec{L})Q=0$；

(b_3) 产出调整系数列向量是广义行随机矩阵 $\alpha I-\hat{G}+\vec{L}$ 的对应于 α 的一个右特征向量，即 $(\alpha I-\hat{G}+\vec{L})Q=\alpha Q$，其中，$\alpha\geqslant\max(g_1, g_2,\cdots, g_n)$。

(c) 下列条件是等价的：

（c_1）价格系统的调整不改变任何部门的增加价值率，即 $R^* = R$；

（c_2）每个部门的增加价值的变化比率等于该部门的价格调整系数，即 $V^* = V\hat{P}$；

（c_3）价格调整系数行向量是 M_4 的一个左特征向量，即 $PM_4 = P$；

（c_4）价格调整系数行向量是 M_5 的一个左特征向量，即 $PM_5 = P$；

（c_5）价值型里昂惕夫矩阵左乘价格调整系数行向量是 M_6 的对应于 1 的一个左特征向量，即 $P(I-A)M_6 = P(I-A)$。

（d）下列条件是等价的：

（d_1）价格系统的调整不改变任何部门的产出乘数，即 $D^* = D$；

（d_2）价格调整系数行向量是齐次线性方程组 $N(\hat{D}-L)=0$ 的一个解向量，其中 N 代表未知行向量，即 $P(\hat{D}-L)=0$；

（d_3）价格调整系数行向量是广义列随机矩阵 $\beta I-\hat{D}+L$ 的对应于 β 的一个左特征向量，即 $P(\beta I-\hat{D}+L)=\beta P$，其中，$\beta \geqslant \max(d_1, d_2, \cdots, d_n)$。

（e）如果产出调整系数列向量是平凡的，则产出系统的调整既不会改变任何部门的最终产出率，又不会改变任何部门的投入乘数，即 $Y^{\#} = Y \Leftarrow Q = \lambda E^t \Rightarrow G^{\#} = G$。

（f）如果价格调整系数行向量是平凡的，则价格系统的调整既不会改变任何部门的增加价值率，又不会改变任何部门的产出乘数，即 $R^* = R \Leftarrow P = \lambda E \Rightarrow D^* = D$。

（g. 1）下列条件是等价的：

（g_1）如果产出系统的调整不改变任何部门的最终产出率，则产出调整系数列向量是平凡的，即 $Y^{\#} = Y \Rightarrow Q = \lambda E^t$；

（g_2）如果产出系统的调整不改变任何部门的投入乘数，则产出调整系数列向量是平凡的，即 $G^{\#} = G \Rightarrow Q = \lambda E^t$；

（g_3）中间产出系数矩阵 $\vec{A}$ 或价值型中间投入系数矩阵 A 只有一个最终类；即：（i）经济系统中的每个部门都直接或间接消耗其他部门的中间产品，或（ii）经济系统可由中间产品之间的相互依赖，划分为 r 个子经济系统 $S_1, S_2, \cdots, S_r$，$2 \leqslant r \leqslant n$，$S_k$ 中的每个部门都直接或间接消耗 S_k 中的其他部门的中间产品，或 S_k 只由一个部门组成，$k=1, 2, \cdots, r$，并且，S_j 不消耗 $S_{j+1}, \cdots, S_r$ 中的任何中间产品，但 S_j 至少向 $S_{j+1}, \cdots, S_r$ 中的一个子经济系统提供中间产品，$j=1, \cdots, r-1$；

（g_4）高士逆矩阵 $\vec{L}$ 或价值型里昂惕夫逆矩阵 L 只有一个最终类；

（g_5）M_1 只有一个最终类；

（g_6）1 是 M_1 的一个简单特征值；

（g_7）E^t 是 M_1 的对应于 1 的一个唯一的右特征向量；

（g_8）E^t 是 M_1 的一个唯一正的右特征向量；

（g_9）M_1 有一个对应于 1 的唯一半正的左特征向量；

（g_{10}）$rank(I-M_1)=n-1$；

（g_{11}）M_2 只有一个最终类；

（g_{12}）1 是 M_2 的一个简单特征值；

（g_{13}）E^t 是 M_2 的对应于 1 的一个唯一的右特征向量；

（g_{14}）E^t 是 M_2 的一个唯一正的右特征向量；

（g_{15}）M_2 有一个对应于 1 的唯一半正的左特征向量；

（g_{16}）$rank(I-M_2)=n-1$；

（g_{17}）1 是 M_3 的一个简单特征值；

（g_{18}）最终产出率列向量 Y 是 M_3 的对应于 1 的一个唯一的右特征向量；

（g_{19}）M_3 有一个对应于 1 的唯一半正的左特征向量；

（g_{20}）$rank(I-M_3)=n-1$；

（g_{21}）M_7 只有一个最终类；

（g_{22}）1 是 M_7 的一个简单特征值；

（g_{23}）总产值列向量 X 是 M_7 的对应于 1 的一个唯一的右特征向量；

（g_{24}）总产值列向量 X 是 M_7 的一个唯一正的右特征向量；

（g_{25}）M_7 有一个对应于 1 的唯一半正的左特征向量；

（g_{26}）$rank(I-M_7)=n-1$；

（g_{27}）M_8 只有一个最终类；

（g_{28}）1 是 M_8 的一个简单特征值；

（g_{29}）总产值列向量 X 是 M_8 的对应于 1 的一个唯一的右特征向量；

（g_{30}）总产值列向量 X 是 M_8 的一个唯一正的右特征向量；

（g_{31}）M_8 有一个对应于 1 的唯一半正的左特征向量；

（g_{32}）$rank(I-M_8)=n-1$；

（g_{33}）1 是 M_9 的一个简单特征值；

（g_{34}）最终产值列向量 F 是 M_9 的对应于 1 的一个唯一的右特征向量；

（g_{35}）M_9 有一个对应于 1 的唯一半正的左特征向量；

（g_{36}）$rank(I-M_9)=n-1$。

（g.2）如果最终产出率列向量 $Y\gg 0$，则（g.1）中的每个条件都等价于下列每个条件：

（g_{37}）M_3 只有一个最终类；

（g_{38}）最终产出率列向量 Y 是 M_3 的一个唯一正的右特征向量；

（g_{39}）M_9 只有一个最终类；

（g_{40}）最终产值列向量 F 是 M_9 的一个唯一正的右特征向量。

（h.1）下列条件是等价的

（h_1）如果价格系统的调整不改变任何部门的增加价值率，则价格调整系数行向量是平凡的，即 $R^*=R\Rightarrow P=\lambda E$；

（h_2）如果价格系统的调整不改变任何部门的产出乘数，则价格调整系数行向量是平凡的，即 $D^*=D\Rightarrow P=\lambda E$；

（h_3）价值型中间投入系数矩阵 A 或中间产出系数矩阵 $\vec{A}$ 只有一个初始类；即（i）经济系统中的每个部门都直接或间接消耗其他部门的中间产品，或（ii）经济系统可由中间产品之间的相互依赖，划分为 r 个子经济系统 S_1，$S_2,\cdots$，S_r，$2\leqslant r\leqslant n$，S_k 中的每个部门都直接或间接消耗 S_k 中的其他部门的中间产品，或 S_k 只由一个部门组成，$k=1$，$2\cdots$，r，并且，S_i 不向 $S_1,\cdots$，S_{i-1} 提供任何中间产品，但 S_i 至少消耗 $S_1,\cdots$，S_{i-1} 中一个子经济系统的中间产品，$i=2,\cdots$，r；

（h_4）价值型里昂惕夫逆矩阵 L 或高士逆矩阵 $\vec{L}$ 只有一个初始类；

（h_5）M_4 只有一个初始类；

（h_6）1 是 M_4 的一个简单特征值；

（h_7）E 是 M_4 的对应于 1 的一个唯一的左特征向量；

（h_8）E 是 M_4 的一个唯一正的左特征向量；

（h_9）M_4 有一个对应于 1 的唯一半正的右特征向量；

（h_{10}）$rank(I-M_4)=n-1$；

（h_{11}）M_5 只有一个初始类；

（h_{12}）1 是 M_5 的一个简单特征值；

（h_{13}）E 是 M_5 的对应于 1 的一个唯一的左特征向量；

（h_{14}）E 是 M_5 的一个唯一正的左特征向量；

（h_{15}）M_5 有一个对应于 1 的唯一半正的右特征向量；

（h_{16}）$rank(I-M_5)=n-1$；

（h_{17}）1 是 M_6 的一个简单特征值；

（h_{18}）增加价值率行向量 R 是 M_6 的对应于 1 的一个唯一的左特征向量；

（h_{19}）M_6 有一个对应于 1 的唯一半正的右特征向量；

（h_{20}）$rank(I-M_6)=n-1$；

（h_{21}）M_{10} 只有一个初始类；

（h_{22}）1 是 M_{10} 的一个简单特征值；

（h_{23}）总产值行向量 X^t 是 M_{10} 的对应于 1 的一个唯一的左特征向量；

（h_{24}）总产值行向量 X^t 是 M_{10} 的一个唯一正的左特征向量；

（h_{25}）M_{10} 有一个对应于 1 的唯一半正的右特征向量；

（h_{26}）$rank(I-M_{10})=n-1$；

（h_{27}）M_{11} 只有一个初始类；

（h_{28}）1 是 M_{11} 的一个简单特征值；

（h_{29}）总产值行向量 X^t 是 M_{11} 的对应于 1 的一个唯一的左特征向量；

（h_{30}）总产值行向量 X^t 是 M_{11} 的一个唯一正的左特征向量；

（h_{31}）M_{11} 有一个对应于 1 的唯一半正的右特征向量；

（h_{32}）$rank(I-M_{11})=n-1$；

（h_{33}）1 是 M_{12} 的一个简单特征值；

（h_{34}）增加价值行向量 V 是 M_{12} 的对应于 1 的一个唯一的左特征向量；

（h_{35}）M_{12} 有一个对应于 1 的唯一半正的右特征向量；

（h_{36}）$rank(I-M_{12})=n-1$；

（h.2）如果增加价值率行向量 $R\gg 0$，则（h.1）中的每个条件都等价于下列每个条件：

（h_{37}）M_6 只有一个初始类；

（h_{38}）增加价值率行向量 R 是 M_6 的一个唯一正的左特征向量；

（h_{39}）M_{12} 只有一个初始类；

（h_{40}）增加价值行向量 V 是 M_{12} 的一个唯一正的左特征向量。

证明　先证结论（a）。由公式（2.21）知（a_1）$\Leftrightarrow F^{\#}=\hat{X}^{\#}Y^{\#}=\hat{Q}\hat{X}Y=$

$\hat{Q}F \Leftrightarrow (a_2)$。由公式（2.24）和公式（2.10）知 $\hat{Q}^{-1}\vec{A}Q = \vec{A}^{\#}E^t = E^t - Y^{\#}$，即 $\vec{A}Q = \hat{Q}(E^t - Y^{\#}) = Q - \hat{Y}^{\#}Q$

这等价于：

$$(\vec{A} + \hat{Y}^{\#})Q = Q \tag{2.60}$$

由公式（2.60）可得 $(a_1) \Rightarrow (a_3)$。反之，由公式（2.60）可得：

$$(a_3) \Rightarrow \hat{Q}(Y^{\#} - Y) = (\hat{Y}^{\#} - \hat{Y})Q = 0 \Rightarrow (a_1)$$

由命题2.4中的结论（i）知 $(a_3) \Leftrightarrow (a_4)$。显然有 $(a_5) \Leftrightarrow \hat{Y}Q = M_3(I - \vec{A})Q = (I - \vec{A})Q \Leftrightarrow (a_3)$。

下面证结论（b）。由公式（2.25）知，$(b_1) \Leftrightarrow \hat{Q}^{-1}\vec{L}\hat{Q}E^t = G \Leftrightarrow \vec{L}Q = \hat{Q}G = \hat{G}Q \Leftrightarrow (b_2)$。由文献［1］中第六章的（2.1）引理可知，$\vec{L} = I + \vec{A} + \vec{A}^2 + \cdots$。因此，由 $\vec{A} > 0$ 可得 $\alpha > 1$、$\alpha I - \hat{G} + \vec{L} > 0$ 和 $(\alpha I - \hat{G} + \vec{L})E^t = \alpha E^t$。即 $\alpha I - \hat{G} + \vec{L}$ 是广义行随机的。显然有 $(b_2) \Leftrightarrow (b_3)$。

下面证结论（c）。由公式（2.28）知 $(c_1) \Leftrightarrow V^* = R^*\hat{X}^* = R\hat{X}\hat{P} = V\hat{P} \Leftrightarrow (c_2)$。由公式（2.31）和公式（2.15）知 $PA\hat{P}^{-1} = EA^* = E - R^*$，也就是 $PA = (E - R^*)\hat{P} = P - P\hat{R}^*$，即：

$$P(A + \hat{R}^*) = P \tag{2.61}$$

由公式（2.61）可得 $(c_1) \Rightarrow (c_3)$。反之，由公式（2.61）可得：

$$(c_3) \Rightarrow (R^* - R)\hat{P} = P(\hat{R}^* - \hat{R}) = 0 \Rightarrow (c_1)$$

由命题2.6中的结论（i）知 $(c_3) \Leftrightarrow (c_4)$。显然有 $(c_5) \Leftrightarrow P\hat{R} = P(I - A)M_6 = P(I - A) \Leftrightarrow (c_3)$。

下面证结论(d)。由公式(2.32)知，$(d_1) \Leftrightarrow E\hat{P}L\hat{P}^{-1} = D \Leftrightarrow PL = D\hat{P} = P\hat{D} \Leftrightarrow (d_2)$。由文献[1]中第六章的(2.1)引理可知，$L = I + A + A^2 + \cdots$。因此，由 $A > 0$ 可得 $\beta > 1$、$\beta I - \hat{D} + L > 0$ 和 $E(\beta I - \hat{D} + L) = \beta E$。即 $\beta I - \hat{D} + L$ 是广义列随机的。显然有 $(d_2) \Leftrightarrow (d_3)$。

下面证结论（e）。由公式（2.10）和命题2.15中的（a）可知：

$$Q = \lambda E^t \Rightarrow Y^{\#} = (I - \vec{A}^{\#})E^t = (I - \vec{A})E^t = Y$$

$$Q = \lambda E^t \Rightarrow \vec{L}^{\#} = \vec{L} \Rightarrow G^{\#} = \vec{L}^{\#}E^t = \vec{L}E^t = G$$

下面证结论（f）。由公式（2.15）和命题2.15中的（b）可知：

$$P = \lambda E \Rightarrow R^* = E(I - A^*) = E(I - A) = R$$

$P=\lambda E \Rightarrow L^*=L \Rightarrow D^*=EL^*=EL=D$

下面证明结论（g.1）和（g.2）。由 $[(a_1)\Leftrightarrow(a_3)]$ 和定理1.3中的（d）可得 $(g_1)\Leftrightarrow(M_1Q=Q\Rightarrow Q=\lambda E^t)\Leftrightarrow(g_u)$，$u=5, 6, \cdots, 10$。由 $[(a_1)\Leftrightarrow(a_4)]$ 和定理1.3中的（d）可得 $(g_1)\Leftrightarrow(M_2Q=Q\Rightarrow Q=\lambda E^t)\Leftrightarrow(g_m)$，$m=11, 12, \cdots, 16$。由 $[(b_1)\Leftrightarrow(b_3)]$ 和定理1.3中的（d）可得 $(g_2)\Leftrightarrow[(\alpha I-\hat{G}+\vec{L})Q=\alpha Q\Rightarrow Q=\lambda E^t]\Leftrightarrow(g_4)$。由定理1.4中的结论（iv）可得 $(g_3)\Leftrightarrow(g_4)$。显然有 $(g_3)\Leftrightarrow(g_5)$。

由 $(I-M_1)\vec{L}=I-\hat{Y}\vec{L}=I-M_3$ 和 $rank(\vec{L})=n$ 可得：

$rank(I-M_1)=rank(I-M_3)$

因此，有 $(g_{10})\Leftrightarrow(g_{20})$。显然有 $(g_{18})\Leftrightarrow(g_{20})\Leftrightarrow(g_{19})$。

如果 $Y\gg 0$，则由定理1.3中的（d）可得 $(g_{37})\Leftrightarrow(g_{38})\Leftrightarrow(g_{17})\Leftrightarrow(g_{18})$。

下面还需证明在 Y 是严格半正的条件下有 $(g_{17})\Leftrightarrow(g_{12})$。如果 Y 是严格半正的，则：

$$W\hat{Y}W^t=\begin{bmatrix}0 & 0\\ 0 & \hat{Y}_2\end{bmatrix}$$

$$W\vec{L}W^t=\begin{bmatrix}\vec{L}_{11} & \vec{L}_{12}\\ \vec{L}_{21} & \vec{L}_{22}\end{bmatrix}$$

其中，W 是置换矩阵，$Y_2\gg 0$ 是 Y 的一个子向量，$\vec{L}_{11}$ 和 $\vec{L}_{22}$ 是 $\vec{L}$ 的两个子方阵。因此，

$$WM_3W^t=W\hat{Y}W^tW\vec{L}W^t=\begin{bmatrix}0 & 0\\ \hat{Y}_2\vec{L}_{21} & \hat{Y}_2\vec{L}_{22}\end{bmatrix} \tag{2.62}$$

$$WM_2W^t=W\vec{L}W^tW\hat{Y}W^t=\begin{bmatrix}0 & \vec{L}_{12}\hat{Y}_2\\ 0 & \vec{L}_{22}\hat{Y}_2\end{bmatrix} \tag{2.63}$$

所以 M_3 和 M_2 都可约，并且 $\rho(\hat{Y}_2\vec{L}_{22})=\rho(M_3)=1=\rho(M_2)=\rho(\vec{L}_{22}\hat{Y}_2)$。如果 (g_{12}) 不成立，即1是 M_2 的一个多重特征值，则由公式（2.63）知1是 $\vec{L}_{22}\hat{Y}_2$ 的一个多重特征值。既然 $\hat{Y}_2\vec{L}_{22}=\hat{Y}_2(\vec{L}_{22}\hat{Y}_2)\hat{Y}_2^{-1}$，即 $\hat{Y}_2\vec{L}_{22}$ 相似于 $\vec{L}_{22}\hat{Y}_2$，因此1也是 $\hat{Y}_2\vec{L}_{22}$ 的一个多重特征值。所以由公式（2.62）知1也

是 M_3 的一个多重特征值，即（g_{17}）不成立。这就证明了［（g_{17}）⇒（g_{12}）］。类似的，我们可根据同样原理证明［（g_{12}）⇒（g_{17}）］。因此［（g_{17}）⇔（g_{12}）］成立。

由 M_{t+6}和 M_t 的相似性，$t=1$，2，3，可得（g_u）⇔（g_{u-16}），$u=21$，22，…，36，以及（g_{39}）⇔（g_{37}），和（g_{40}）⇔（g_{38}）。（g.1）和（g.2）证完。

作为（g.1）和（g.2）的证明的对偶形式，我们可类似地证明（h.1）和（h.2）。证毕。

评论 2.4 实际上，定理2.4中结论（e）和（f）的逆命题都不是真的，而结论（g.1）和（h.1）分别给出了结论（e）和（f）的逆命题真的充分必要条件。结论（e）的逆命题意味着：如果产出调整系数列向量是非平凡的，则最终产出率列向量和投入乘数列向量一定变化。换句话说，如果各个部门的实物型总产出不按相同的比例变化，则至少有一个部门的最终产出率变化，并且，至少有一个部门的投入乘数变化。结论（f）的逆命题意味着：如果价格调整系数行向量是非平凡的，则增加价值率行向量和产出乘数行向量一定变化。换句话说，如果各个部门的价格不按相同的比例变化，则至少有一个部门的增加价值率变化，并且，至少有一个部门的产出乘数变化。

例 2.4 假设中间产出系数矩阵：

$$\vec{A}=\left[\begin{array}{c|cc|c} 0.2 & 0 & 0 & 0.1 \\ \hline 0 & 0 & 0.5 & 0 \\ 0 & 0.4 & 0 & 0 \\ \hline 0 & 0 & 0 & 0.6 \end{array}\right]$$

则 $\vec{A}$ 显然是可约的，且其本身就是一个上三角的标准型。该经济系统可划分为3个子经济系统：S_1、S_2、S_3，其中，S_1 由部门1组成，S_2 由部门2和部门3组成，S_3 由部门4组成。再设总产值列向量为：

$$X=\begin{bmatrix} 10 \\ 8 \\ 5 \\ 10 \end{bmatrix}$$

则价值型中间投入系数矩阵为：

$$A=\hat{X}\vec{A}\hat{X}^{-1}=\left[\begin{array}{c|cc|c} 0.2 & 0 & 0 & 0.1 \\ \hline 0 & 0 & 0.8 & 0 \\ 0 & 0.25 & 0 & 0 \\ \hline 0 & 0 & 0 & 0.6 \end{array}\right]$$

所以有：

$$Y=E^{t}-\vec{A}E^{t}=\begin{bmatrix} 0.7 \\ 0.5 \\ 0.6 \\ 0.4 \end{bmatrix},\quad \vec{L}=\left[\begin{array}{c|cc|c} 1.25 & 0 & 0 & 0.3125 \\ \hline 0 & 1.25 & 0.625 & 0 \\ 0 & 0.5 & 1.25 & 0 \\ \hline 0 & 0 & 0 & 2.5 \end{array}\right]$$

$$G=\vec{L}E^{t}=\begin{bmatrix} 1.5625 \\ 1.875 \\ 1.75 \\ 2.5 \end{bmatrix},\quad L=\hat{X}\vec{L}\hat{X}^{-1}=\left[\begin{array}{c|cc|c} 1.25 & 0 & 0 & 0.3125 \\ \hline 0 & 1.25 & 1 & 0 \\ 0 & 0.3125 & 1.25 & 0 \\ \hline 0 & 0 & 0 & 2.5 \end{array}\right]$$

$R=E-EA=(0.8,\ 0.75,\ 0.2,\ 0.3)$，$D=EL=(1.25,\ 1.5625,\ 2.25,\ 2.8125)$

$$M_1=\vec{A}+\hat{Y}=\left[\begin{array}{c|cc|c} 0.9 & 0 & 0 & 0.1 \\ \hline 0 & 0.5 & 0.5 & 0 \\ 0 & 0.4 & 0.6 & 0 \\ \hline 0 & 0 & 0 & 1 \end{array}\right]$$

$$M_4=A+\hat{R}=\left[\begin{array}{c|cc|c} 1 & 0 & 0 & 0.1 \\ \hline 0 & 0.75 & 0.8 & 0 \\ 0 & 0.25 & 0.2 & 0 \\ \hline 0 & 0 & 0 & 0.9 \end{array}\right]$$

由于 $\vec{A}$ 有两个分别对应于 S_2 和 S_3 的最终类，即定理 2.4 中的条件（g_3）不成立，因此，存在一个非平凡的产出调整系数列向量：

$$Q=\begin{bmatrix} 1 \\ 2 \\ 2 \\ 1 \end{bmatrix}$$

使得：

$$Y^{\#} = E^t - \hat{Q}^{-1}\vec{A}\hat{Q}E^t = \begin{bmatrix} 0.7 \\ 0.5 \\ 0.6 \\ 0.4 \end{bmatrix} = Y, \quad G^{\#} = \hat{Q}^{-1}\vec{L}\hat{Q}E^t = \begin{bmatrix} 1.5625 \\ 1.875 \\ 1.75 \\ 2.5 \end{bmatrix} = G$$

且 $M_1Q = Q$，$(\hat{G} - \vec{L})Q = 0$，这些结果相当于验证了定理 2.4 中的结论 (a)、(b) 和 (g.1)。

由于 A 有两个分别对应于 S_1 和 S_2 的初始类，即定理 2.4 中的条件 (h_3) 不成立，因此，存在一个非平凡的价格调整系数行向量 $P = (1, 2, 2, 1)$，使得：

$$R^* = E - E\hat{P}A\hat{P}^{-1} = (0.8, 0.75, 0.2, 0.3) = R$$

$$D^* = E\hat{P}L\hat{P}^{-1} = (1.25, 1.5625, 2.25, 2.8125) = D$$

且 $PM_4 = P$，$P(\hat{D} - L) = 0$。这些结果相当于验证了定理 2.4 中的结论 (c)、(d) 和 (h.1)。

设：

$\vec{A}^{(i)} = (\vec{a}_{i1}, \cdots, \vec{a}_{ii-1}, \vec{a}_{ii+1}, \cdots, \vec{a}_{in})$，$\vec{L}^{(i)} = (\vec{l}_{i1}, \cdots, \vec{l}_{ii-1}, \vec{l}_{ii+1}, \cdots, \vec{l}_{in})$

$$Q^{(i)} = \begin{bmatrix} Q_1 \\ \vdots \\ Q_{i-1} \\ Q_{i+1} \\ \vdots \\ Q_n \end{bmatrix}, \quad A^{(j)} = \begin{bmatrix} a_{1j} \\ \vdots \\ a_{j-1j} \\ a_{j+1j} \\ \vdots \\ a_{nj} \end{bmatrix}, \quad L^{(j)} = \begin{bmatrix} l_{1j} \\ \vdots \\ l_{j-1j} \\ l_{j+1j} \\ \vdots \\ l_{nj} \end{bmatrix}$$

$P^{(j)} = (P_1, \cdots, P_{j-1}, P_{j+1}, \cdots, P_n)$

命题 2.16 在一个包含 n 个部门的经济系统中，

(i) 产出系统的调整不改变部门 i 的最终产出率的充分必要条件是 $\vec{A}^{(i)}(Q_iE^t - Q^{(i)}) = 0$；

(ii) 产出系统的调整使得部门 i 的最终产出率提高的充分必要条件是 $\vec{A}^{(i)}(Q_iE^t - Q^{(i)}) > 0$；

(iii) 产出系统的调整使得部门 i 的最终产出率下降的充分必要条件是 $\vec{A}^{(i)}(Q_iE^t - Q^{(i)}) < 0$；

（iv）产出系统的调整不改变部门 i 的投入乘数的充分必要条件是 $\vec{L}^{(i)}(Q_iE^t-Q^{(i)})=0$；

（v）产出系统的调整使得部门 i 的投入乘数减小的充分必要条件是 $\vec{L}^{(i)}(Q_iE^t-Q^{(i)})>0$；

（vi）产出系统的调整使得部门 i 的投入乘数增大的充分必要条件是 $\vec{L}^{(i)}(Q_iE^t-Q^{(i)})<0$；

（vii）价格系统的调整不改变部门 j 的增加价值率的充分必要条件是 $(P_jE-P^{(j)})A^{(j)}=0$；

（viii）价格系统的调整使得部门 j 的增加价值率提高的充分必要条件是 $(P_jE-P^{(j)})A^{(j)}>0$；

（ix）价格系统的调整使得部门 j 的增加价值率下降的充分必要条件是 $(P_jE-P^{(j)})A^{(j)}<0$；

（x）价格系统的调整不改变部门 j 的产出乘数的充分必要条件是 $(P_jE-P^{(j)})L^{(j)}=0$；

（xi）价格系统的调整使得部门 j 的产出乘数减小的充分必要条件是 $(P_jE-P^{(j)})L^{(j)}>0$；

（xii）价格系统的调整使得部门 j 的产出乘数增大的充分必要条件是 $(P_jE-P^{(j)})L^{(j)}<0$。

证明　由公式（2.10）和公式（2.24）可知，产出系统调整前和调整后的部门 i 的最终产出率分别是 $1-\vec{A}_iE^t$ 和 $1-\frac{\vec{A}_iQ}{Q_i}$。其中，$\vec{A}_i$ 是 $\vec{A}$ 的第 i 行元素组成的行向量。由此可得结论（i）至结论（iii）。产出系统调整前的部门 i 的投入乘数是 $\vec{L}_iE^t$，其中，$\vec{L}_i$ 是 $\vec{L}$ 的第 i 行元素组成的行向量；由公式（2.25）可知，产出系统调整后的部门 i 的投入乘数是 $\frac{\vec{L}_iQ}{Q_i}$。由此可得结论（iv）至结论（vi）。由公式（2.15）和公式（2.31）可知，价格系统调整前和调整后的部门 j 的增加价值率分别是 $1-EA_j$ 和 $1-\frac{PA_j}{P_j}$。其中，A_j 是 A 的第 j 列元素组成的列向量。由此可得结论（vii）至结论（ix）。价格系统调整前的部门 j 的产出乘数是 EL_j，其中，L_j 是 L 的第 j 列元素组成的列向量；由公式（2.32）可知，价格系统调整后的部门

j 的产出乘数是$\frac{PL_j}{P_j}$。由此可得结论（x）至结论（xii）。证毕。

由命题 2.16 立即可得下面的推论 2.2。

推论 2.2 在一个包含 n 个部门的经济系统中，（i）如果部门 i 不向其他任何部门提供中间产品，即 $\vec{A}^{(i)}=(\vec{a}_{i1},\cdots,\vec{a}_{ii-1},\vec{a}_{ii+1},\cdots,\vec{a}_{in})=0$，则产出系统的调整不会改变部门 i 的最终产出率和投入乘数；（ii）如果部门 j 不消耗其他任何部门的中间产品，即：

$$A^{(j)}=\begin{bmatrix}a_{1j}\\ \vdots\\ a_{j-1j}\\ a_{j+1j}\\ \vdots\\ a_{nj}\end{bmatrix}=0$$

则价格系统的调整不会改变部门 j 的增加价值率和产出乘数。

证明 由命题 2.16，我们只需证明：

$$\vec{A}^{(i)}=(\vec{a}_{i1},\cdots,\vec{a}_{ii-1},\vec{a}_{ii+1},\cdots,\vec{a}_{in})=0\Leftrightarrow\vec{L}^{(i)}=(\vec{l}_{i1},\cdots,\vec{l}_{ii-1},\vec{l}_{ii+1},\cdots,\vec{l}_{in})=0$$

$$A^{(j)}=\begin{bmatrix}a_{1j}\\ \vdots\\ a_{j-1j}\\ a_{j+1j}\\ \vdots\\ a_{nj}\end{bmatrix}=0\Leftrightarrow L^{(j)}=\begin{bmatrix}l_{1j}\\ \vdots\\ l_{j-1j}\\ l_{j+1j}\\ \vdots\\ l_{nj}\end{bmatrix}=0$$

根据矩阵求逆的基本法则，上面两个等价式显然成立。证毕。

由上显然可得下面的推论 2.3。

推论 2.3 （i）产出系统的调整使得部门 i 的最终产出率提高（下降）或投入乘数减小（增大）的必要条件是部门 i 至少向其他部门中的一个部门提供中间产品，即 $\vec{A}^{(i)}=(\vec{a}_{i1},\cdots,\vec{a}_{ii-1},\vec{a}_{ii+1},\cdots,\vec{a}_{in})>0$，并且部门 i 的产出调整系数不是所有部门的产出调整系数的最小（大）值，即 $Q_i>\min(Q_1,Q_2,\cdots,Q_n)$ $[Q_i<\max(Q_1,Q_2,\cdots,Q_n)]$；（ii）价格系统的调整使得部门 j 的增加价值率提高（下降）或产出乘数减小（增大）的必

要条件是部门 j 至少消耗其他部门中的一个部门的中间产品，即：

$$A^{(j)}=\begin{bmatrix}a_{1j}\\ \vdots\\ a_{j-1j}\\ a_{j+1j}\\ \vdots\\ a_{nj}\end{bmatrix}>0$$

并且部门 j 的价格调整系数不是所有部门的价格调整系数的最小（大）值，即：$P_j>\min(P_1,\ P_2,\cdots,\ P_n)[P_j<\max(P_1,\ P_2,\cdots,\ P_n)]$。

命题 2.17　令 λ 是一个正数。则（i）$Y^{\#}=\lambda Y\Rightarrow\lambda=1$；（ii）$R^*=\lambda R\Rightarrow\lambda=1$。

证明　由公式（2.24）和公式（2.10）可知：

$$Y^{\#}=\lambda Y\Leftrightarrow\hat{Q}^{-1}(I-\vec{A})Q=\hat{Q}^{-1}(I-\vec{A})\hat{Q}E^t=(I-\vec{A}^{\#})E^t=\lambda Y\Leftrightarrow$$

$$(I-\vec{A})Q=\lambda\hat{Q}Y=\lambda\hat{Y}Q\Leftrightarrow\lambda^{-1}Q=M_2Q$$

由 $Q\gg0$、$\rho(M_2)=1$ 和文献［1］中第二章的（1.12）推论，可得：

$$\lambda^{-1}Q=M_2Q\Rightarrow\lambda^{-1}=1\Leftrightarrow\lambda=1$$

结论（i）证完。由公式（2.31）和公式（2.15）可知：

$$R^*=\lambda R\Leftrightarrow P(I-A)\hat{P}^{-1}=E\hat{P}(I-A)\hat{P}^{-1}=E(I-A^*)=\lambda R\Leftrightarrow$$

$$P(I-A)=\lambda R\hat{P}=\lambda P\hat{R}\Leftrightarrow\lambda^{-1}P=PM_5$$

由 $P\gg0$、$\rho(M_5)=1$ 和文献［1］中第二章的（1.12）推论，可得 $\lambda^{-1}P=PM_5\Rightarrow\lambda=1$。证毕。

评论 2.5　命题 2.17 表明，当产出系统调整时，所有部门的最终产出率既不能按相同的比例 $\lambda>1$ 提高，又不能按相同的比例 $\lambda<1$ 下降。与此相对偶，当价格系统调整时，所有部门的增加价值率既不能按相同的比例 $\lambda>1$ 提高，又不能按相同的比例 $\lambda<1$ 下降。

下面，我们进一步提出 8 个一般问题。

问题 2.3　产出系统调整能使所有部门的最终产出率（按照不完全相同的比例）共同提高或共同下降吗？

问题 2.4　产出系统调整能使所有部门的投入乘数共同减小或共同增大吗？

问题 2.5　价格系统调整能使所有部门的增加价值率（按照不完全相

同的比例）共同提高或共同下降吗？

问题 2.6 价格系统调整能使所有部门的产出乘数共同减小或共同增大吗？

问题 2.7 产出系统的调整能使某些部门的最终产出率提高（或下降）而其余部门的最终产出率不变的充分必要条件是什么？

问题 2.8 产出系统的调整能使某些部门的投入乘数减小（或增大）而其余部门的投入乘数不变的充分必要条件是什么？

问题 2.9 价格系统的调整能使某些部门的增加价值率提高（或下降）而其余部门的增加价值率不变的充分必要条件是什么？

问题 2.10 价格系统的调整能使某些部门的产出乘数减小（或增大）而其余部门的产出乘数不变的充分必要条件是什么？

下面的定理 2.5 一般地回答了这 8 个问题。

定理 2.5 在一个包含 n 个部门的经济系统中：

（a）产出系统的调整既不能使所有部门的最终产出率共同提高又不能使所有部门的最终产出率共同下降，并且，既不能使所有部门的投入乘数共同减小又不能使所有部门的投入乘数共同增大。

（b）价格系统的调整既不能使所有部门的增加价值率共同提高又不能使所有部门的增加价值率共同下降，并且，既不能使所有部门的产出乘数共同减小又不能使所有部门的产出乘数共同增大。

（c.1）下列条件是等价的：

（c_1）产出系统的调整能使某些部门的最终产出率提高（或下降）而其余部门的最终产出率不变；

（c_2）产出系统的调整能使某些部门的投入乘数减小（或增大）而其余部门的投入乘数不变；

（c_3）价格系统的调整能使某些部门的增加价值率提高（或下降）而其余部门的增加价值率不变；

（c_4）价格系统的调整能使某些部门的产出乘数减小（或增大）而其余部门的产出乘数不变；

（c_5）中间产出系数矩阵 $\vec{A}$ 或价值型中间投入系数矩阵 A 至少有一个非最终类或非初始类，即经济系统可由中间产品之间的相互依赖，划分为 r 个子经济系统 $S_1,S_2,\cdots,S_r$，$2\leqslant r\leqslant n$，S_k 中的每个部门都直接或间接消耗 S_k 中的其他部门的中间产品，或 S_k 只由一个部门组成，$k=1,2\ ,\cdots,r$，并且，S_i 不消耗 $S_{i+1},\cdots,S_r$ 中的任何中间产品，$i=1,\cdots,r-1$，但至少存在一个子经济系统 S_j（$1\leqslant j\leqslant r-1$），它向 $S_{j+1},\cdots,S_r$ 中至少一个子经济系统提供中间产品；

（c_6）高士逆矩阵 $\vec{L}$ 或价值型里昂惕夫逆矩阵 L 至少有一个非最终类或非初始类；

（c_7）M_1 至少有一个非最终类或非初始类；

（c_8）M_1 没有正的左特征向量；

（c_9）M_3 没有正的左特征向量；

（c_{10}）M_4 至少有一个非初始类或非最终类；

（c_{11}）M_4 没有正的右特征向量；

（c_{12}）M_6 没有正的右特征向量；

（c_{13}）M_7 至少有一个非最终类或非初始类；

（c_{14}）M_7 没有正的左特征向量；

（c_{15}）M_9 没有正的左特征向量；

（c_{16}）M_{10} 至少有一个非初始类或非最终类；

（c_{17}）M_{10} 没有正的右特征向量；

（c_{18}）M_{12} 没有正的右特征向量；

（c.2）如果最终产出率列向量 $Y\gg 0$，则（c.1）中的每个条件都等价于下列每个条件：

（c_{19}）M_2 至少有一个非最终类或非初始类；

（c_{20}）M_2 没有正的左特征向量；

（c_{21}）M_3 至少有一个非最终类或非初始类；

（c_{22}）M_8 至少有一个非最终类或非初始类；

（c_{23}）M_8 没有正的左特征向量；

（c_{24}）M_9 至少有一个非最终类或非初始类；

（c.3）如果增加价值率行向量 $R\gg 0$，则（c.1）中的每个条件都等价于下列每个条件：

（c_{25}）M_5 至少有一个非初始类或非最终类；

（c_{26}）M_5 没有正的右特征向量；

（c_{27}）M_6 至少有一个非初始类或非最终类；

（c_{28}）M_{11} 至少有一个非初始类或非最终类；

（c_{29}）M_{11} 没有正的右特征向量；

(c_{30}) M_{12}至少有一个非初始类或非最终类。

证明 先证结论(a)。根据推论2.3中的结论(i),如果产出系统的调整能使所有部门的最终产出率共同提高(下降)或使所有部门的投入乘数共同减小(增大),则在产出调整系数列向量中的n个分量中没有最小(大)值,这是不可能的。结论(a)证完。

再证结论(b)。根据推论2.3中的结论(ii),如果价格系统的调整能使所有部门的增加价值率共同提高(下降)或使所有部门的产出乘数共同减小(增大),则在价格调整系数行向量中的n个分量中没有最小(大)值,这是不可能的。结论(b)证完。

下面证结论(c.1)、结论(c.2)和结论(c.3)。由公式(2.60)、$Q \gg 0$和文献[1]中第二章的(1.12)推论可得:

$$\rho(\vec{A} + \hat{Y}^{\#}) = 1 \tag{2.64}$$

假设$\vec{A}$有一个上三角的弗罗宾纽斯标准型:

$$W\vec{A}W^{t} = \begin{bmatrix} \vec{A}_{11} & \cdots & \vec{A}_{1r} \\ & \ddots & \vdots \\ 0 & & \vec{A}_{rr} \end{bmatrix} \tag{2.65}$$

其中,W是置换矩阵,$1 \leqslant r \leqslant n$。令$Y^{\#} - Y = C$。我们先证($c_1$)⇒($c_5$)。令($c_1$)成立,则$\vec{A}$是可约的,即$r > 1$。否则$M_1$是不可约的。因此,如果产出系统的调整能使某些部门的最终产出率提高而其余部门的最终产出率不变,即C是严格半正的,则由文献[1]中第二章的(1.5)推论可得$\rho(\vec{A} + \hat{Y}^{\#}) > \rho(M_1) = 1$,这与公式(2.64)矛盾。类似于上述原理,如果产出系统的调整能使某些部门的最终产出率下降而其余部门的最终产出率不变,即$-C$是严格半正的,则$\rho(\vec{A} + \hat{Y}^{\#}) < \rho(M_1) = 1$,这仍与公式(2.64)矛盾。所以$\vec{A}$必须是可约的。对应于公式(2.65)的分块,令:

$$E = (E_1, E_2, \cdots, E_r), \quad WQ = \begin{bmatrix} Q_{(1)} \\ Q_{(2)} \\ \vdots \\ Q_{(r)} \end{bmatrix}, \quad WY = \begin{bmatrix} Y_1 \\ Y_2 \\ \vdots \\ Y_r \end{bmatrix}, \quad WC = \begin{bmatrix} C_1 \\ C_2 \\ \vdots \\ C_r \end{bmatrix} \tag{2.66}$$

由公式（2.60）可得 $W(\vec{A}+\hat{Y}^{\#})W^{t}WQ=W(\vec{A}+\hat{Y}^{\#})Q=WQ$，即：

$$W(\vec{A}+\hat{Y}^{\#})W^{t}WQ=WQ \tag{2.67}$$

根据公式（2.65）的假设，$\vec{A}_{kk}$是一个不可约的矩阵或一阶矩阵，因此$\vec{A}_{kk}+\hat{Y}_{k}^{\#}=\vec{A}_{kk}+\hat{Y}_{k}+\hat{C}_{k}$也是一个不可约的矩阵或一阶矩阵，$k=1,2,\cdots,r$。

假设$\vec{A}$的类都是最终的或都是初始的，即$\vec{A}_{ij}=0$（$i=1,\cdots,r-1,j=i+1,\cdots,r$），则由公式（2.65）至公式（2.67）可得：

$$\begin{bmatrix}\vec{A}_{11}+\hat{Y}_{1}^{\#} & & & 0\\ & \vec{A}_{22}+\hat{Y}_{2}^{\#} & & \\ & & \ddots & \\ 0 & & & \vec{A}_{rr}+\hat{Y}_{r}^{\#}\end{bmatrix}\begin{bmatrix}Q_{(1)}\\ Q_{(2)}\\ \vdots\\ Q_{(r)}\end{bmatrix}=\begin{bmatrix}Q_{(1)}\\ Q_{(2)}\\ \vdots\\ Q_{(r)}\end{bmatrix}$$

即$(\vec{A}_{kk}+\hat{Y}_{k}^{\#})Q_{(k)}=Q_{(k)}(k=1,2,\cdots,r)$。另外，由$M_{1}E^{t}=E^{t}$和公式（2.66）可得：

$$E^{t}=WM_{1}W^{t}E^{t}=\begin{bmatrix}(\vec{A}_{11}+\hat{Y}_{1})\ E_{1}^{t}\\ (\vec{A}_{22}+\hat{Y}_{2})\ E_{2}^{t}\\ \vdots\\ (\vec{A}_{rr}+\hat{Y}_{r})\ E_{r}^{t}\end{bmatrix}$$

即$E_{k}^{t}=(\vec{A}_{kk}+\hat{Y}_{k})E_{k}^{t}(k=1,2,\cdots,r)$。所以，由$Q\gg0$和文献［1］中第二章的（1.12）推论可知：

$$\rho(\vec{A}_{kk}+\hat{Y}_{k}^{\#})=1=\rho(\vec{A}_{kk}+\hat{Y}_{k})\quad(k=1,2,\cdots,r) \tag{2.68}$$

如果产出系统的调整能使某些部门的最终产出率提高而其余部门的最终产出率不变，即C是严格半正的，则$\exists e\in\{1,2,\cdots,r\}$，使得$C_{e}>0$。既然$\vec{A}_{ee}+\hat{Y}_{e}^{\#}$是一个不可约的子矩阵或一阶矩阵，因此由文献［1］中第二章的（1.5）推论可知$\rho(\vec{A}_{ee}+\hat{Y}_{e}^{\#})>\rho(\vec{A}_{ee}+\hat{Y}_{e})$，这与公式（2.68）矛盾。如果产出系统的调整能使某些部门的最终产出率下降而其余部门的最终产出率不变，即$-C$是严格半正的，则$\exists m\in\{1,2,\cdots,r\}$，使得$-C_{m}>0$。因此，类似于上述原理，有$\rho(\vec{A}_{mm}+\hat{Y}_{m}^{\#})<\rho(\vec{A}_{mm}+\hat{Y}_{m})$，这仍与公式（2.68）矛盾。上述两个矛盾证明，$\exists i\in\{1,\cdots,r-1\}$且$\exists j\in\{i+1,\cdots,r\}$，使得

$\vec{A}_{ij}>0$，即（c_5）成立。

反之，我们证$(c_5)\Rightarrow(c_1)$。令（c_5）成立。根据定义1.3，集合 $K_+=\{k\mid \vec{A}_{kj}>0,\ \exists j>k\}$ 是 $\vec{A}$ 的对应于非最终类的分块行指标集，由（c_5）成立可知 K_+ 是非空的。令 $b=\min(K_+)$，且 $0<\varepsilon\neq 1$，则 $1\leqslant b\leqslant r-1$。再令公式（2.66）中的 WQ 满足 $Q_{(i)}=E_i^t, i=1,\cdots,b-1,b+1,\cdots,r, Q_{(b)}=\varepsilon E_b^t$，则：

$$\hat{Q}=W^t\begin{bmatrix} I_1 & & & & & & 0 \\ & \ddots & & & & & \\ & & I_{b-1} & & & & \\ & & & \varepsilon I_b & & & \\ & & & & I_{b+1} & & \\ & & & & & \ddots & \\ 0 & & & & & & I_r \end{bmatrix}W \tag{2.69}$$

其中，I_j 是相应的单位矩阵，$j=1,2,\cdots,r$。由公式（2.24）、公式（2.69）和公式（2.65）可得：

$$\vec{A}^{\#}=W^t\begin{bmatrix} I_1 & & & & & & 0 \\ & \ddots & & & & & \\ & & I_{b-1} & & & & \\ & & & \varepsilon^{-1} I_b & & & \\ & & & & I_{b+1} & & \\ & & & & & \ddots & \\ 0 & & & & & & I_r \end{bmatrix}W\vec{A}W^t\times$$

$$\begin{bmatrix} I_1 & & & & & & 0 \\ & \ddots & & & & & \\ & & I_{b-1} & & & & \\ & & & \varepsilon I_b & & & \\ & & & & I_{b+1} & & \\ & & & & & \ddots & \\ 0 & & & & & & I_r \end{bmatrix}W$$

$$= W^t \begin{bmatrix} \vec{A}_{11} & \cdots & 0 & 0 & 0 & \cdots & 0 \\ & \ddots & \vdots & \vdots & \vdots & & \vdots \\ & & \vec{A}_{b-1b-1} & 0 & 0 & \cdots & 0 \\ & & & \vec{A}_{bb} & \varepsilon^{-1}\vec{A}_{bb+1} & \cdots & \varepsilon^{-1}\vec{A}_{br} \\ & & & & \vec{A}_{b+1b+1} & \cdots & \vec{A}_{b+1r} \\ & & & & & \ddots & \vdots \\ 0 & & & & & & \vec{A}_{rr} \end{bmatrix} W$$

因此，

$$Y^{\#} - Y = \vec{A}E^t - \vec{A}^{\#}E^t = (1-\varepsilon^{-1})W^t \begin{bmatrix} 0 \\ \vec{A}_{bb+1}E^t_{b+1} + \cdots + \vec{A}_{br}E^t_r \\ 0 \end{bmatrix} \neq 0$$

所以，当 $\varepsilon > 1$ 时，$Y^{\#} - Y$ 是严格半正的，即产出系统的调整能使某些部门的最终产出率提高而其余部门的最终产出率不变；并且，当 $\varepsilon < 1$ 时，$Y - Y^{\#}$ 是严格半正的，即产出系统的调整能使某些部门的最终产出率下降而其余部门的最终产出率不变。这表明，(c_1) 成立。$[(c_1) \Leftrightarrow (c_5)]$ 证完。

由公式（2.25）可得 $\hat{G}^{\#}Q = \hat{Q}G^{\#} = \hat{Q}\vec{L}^{\#}E^t = \vec{L}\hat{Q}E^t = \vec{L}Q$。因此，令 $G - G^{\#} = H$ 且 $\delta \geqslant \max\limits_{1 \leqslant i \leqslant n}(g_i^{\#},\ g_i)$，则有 $\delta I - \hat{G}^{\#} + \vec{L} > 0$，$\delta I - \hat{G} + \vec{L} > 0$，且，

$$(\delta I - \hat{G}^{\#} + \vec{L})Q = \delta Q \tag{2.70}$$

显然有：

$$(\delta I - \hat{G} + \vec{L})E^t = \delta E^t \tag{2.71}$$

所以由文献［1］中第二章的（1.12）推论可知：

$$\rho(\delta I - \hat{G}^{\#} + \vec{L}) = \delta = \rho(\delta I - \hat{G} + \vec{L}) \tag{2.72}$$

由定理 1.4 中的结论（i），$\vec{L}$ 有一个对应于公式（2.65）的上三角的弗罗宾纽斯标准型：

$$W\vec{L}W^t = \begin{bmatrix} \vec{L}_{11} & \cdots & \vec{L}_{1r} \\ & \ddots & \vdots \\ 0 & & \vec{L}_{rr} \end{bmatrix} \tag{2.73}$$

下面证 $(c_2) \Rightarrow (c_6)$。假设 (c_2) 成立。则 $\vec{L}$ 是可约的。否则，$\delta I - \hat{G} + \vec{L}$

是不可约的。于是，如果产出系统的调整能使某些部门的投入乘数减小而其余部门的投入乘数不变，即 H 是严格半正的，则由文献［1］中第二章的（1.5）推论可知 $\rho(\delta I-\hat{G}^{\#}+\vec{L})>\rho(\delta I-\hat{G}+\vec{L})$。这与公式（2.72）矛盾。类似于上述原理，如果产出系统的调整能使某些部门的投入乘数增大而其余部门的投入乘数不变，即 $-H$ 是严格半正的，则 $\rho(\delta I-\hat{G}^{\#}+\vec{L})<\rho(\delta I-\hat{G}+\vec{L})$。这仍与公式（2.72）矛盾。所以 $\vec{L}$ 必须是可约的，因此，在公式（2.73）中满足 $r>1$。对应于公式（2.73）的分块，令：

$$WG=\begin{bmatrix}G_1\\G_2\\\vdots\\G_r\end{bmatrix},\quad WH=\begin{bmatrix}H_1\\H_2\\\vdots\\H_r\end{bmatrix}\tag{2.74}$$

假设 $\vec{L}$ 的类都是最终的或都是初始的，即 $\vec{L}_{ij}=0$（$i=1,\cdots,r-1$，$j=i+1,\cdots,r$）。则由公式（2.70）、公式（2.73）和公式（2.74）可知 $(\delta I_k-\hat{G}_k^{\#}+\vec{L}_{kk})Q_{(k)}=\delta Q_{(k)}$，$k=1,2,\cdots,r$。类似的，由公式（2.71）、公式（2.73）和公式（2.74）得 $(\delta I_k-\hat{G}_k+\vec{L}_{kk})E_k^t=\delta E_k^t$，$k=1,2,\cdots,r$。因此，由文献［1］中第二章的（1.12）推论知：

$$\rho(\delta I_k-\hat{G}_k^{\#}+\vec{L}_{kk})=\delta=\rho(\delta I_k-\hat{G}_k+\vec{L}_{kk})\quad(k=1,2,\cdots,r)\tag{2.75}$$

如果产出系统的调整能使某些部门的投入乘数减小而其余部门的投入乘数不变，即 H 是严格半正的，则 $\exists e\in\{1,2,\cdots,r\}$，使得 $H_e>0$。既然 $\vec{L}_{ee}$ 是一个不可约的子矩阵或一阶矩阵，所以由文献［1］中第二章的（1.5）推论得 $\rho(\delta I_e-\hat{G}_e^{\#}+\vec{L}_{ee})>\rho(\delta I_e-\hat{G}_e+\vec{L}_{ee})$。这与公式（2.75）矛盾。如果产出系统的调整能使某些部门的投入乘数增大而其余部门的投入乘数不变，即 $-H$ 是严格半正的，则 $\exists m\in\{1,2,\cdots,r\}$，使得 $-H_m>0$。因此，类似于上述原理，可得 $\rho(\delta I_m-\hat{G}_m^{\#}+\vec{L}_{mm})<\rho(\delta I_m-\hat{G}_m+\vec{L}_{mm})$。这仍与公式（2.75）矛盾。上述两个矛盾证明，$\exists i\in\{1,\cdots,r-1\}$ 且 $\exists j\in\{i+1,\cdots,r\}$，使得 $\vec{L}_{ij}>0$，即（c_6）成立。

类似于 $(c_5)\Rightarrow(c_1)$ 的证明，我们可以证明 $(c_6)\Rightarrow(c_2)$。$[(c_2)\Leftrightarrow(c_6)]$证完。

作为$[(c_1)\Leftrightarrow(c_5)]$的证明的对偶形式，我们可类似地证明$[(c_3)\Leftrightarrow$

(c_5)]。

作为[$(c_2)\Leftrightarrow(c_6)$]的证明的对偶形式，我们可类似地证明[$(c_4)\Leftrightarrow(c_6)$]。

根据定理1.4中的结论（iv）可得（$c_5)\Leftrightarrow(c_6)$。显然有（$c_5)\Leftrightarrow(c_7)\Leftrightarrow(c_{10})$。根据定理1.3中的（c）可得（$c_7)\Leftrightarrow(c_8)$。由命题2.5中的结论（i）可得（$c_8)\Leftrightarrow(c_9)$。根据定理1.2中的（c）可得（$c_{10})\Leftrightarrow(c_{11})$。根据命题2.8中的（i）可得（$c_{11})\Leftrightarrow(c_{12})$。由$M_{t+6}$和$M_t$的相似性，$t=1$，3，4，6，可得（$c_{u+6}$）⇔（$c_u$），$u=7,8,\cdots,12$。

令Y≫0。显然有（$c_6)\Leftrightarrow(c_{19})$。根据定理1.3中的（c）可得（$c_{19})\Leftrightarrow(c_{20})$，$(c_9)\Leftrightarrow(c_{21})$。由$M_{t+6}$和$M_t$的相似性，$t=2$，3，可得（$c_{u+3}$）⇔（$c_u$），$u=19$，20，21。

令$R\gg 0$。显然有（$c_6)\Leftrightarrow(c_{25})$。根据定理1.2中的（c）可得（$c_{25})\Leftrightarrow(c_{26})$，$(c_{12})\Leftrightarrow(c_{27})$。由$M_{t+6}$和$M_t$的相似性，$t=5$，6，可得（$c_{u+3}$）⇔$(c_u)$，$u=25$，26，27。

结论（c.1）、结论（c.2）和结论（c.3）证完。证毕。

再考虑例2.4。由于$\vec{A}$或A有一个对应于S_1的非最终类，而且有一个对应于S_3的非初始类。因此，存在一个非平凡的产出调整系数列向量

$$Q=\begin{bmatrix}2\\1\\1\\1\end{bmatrix}$$

使得：

$$Y^{\#}-Y=\vec{A}E^t-\vec{A}^{\#}E^t=\vec{A}E^t-\hat{Q}^{-1}\vec{A}\hat{Q}E^t=\begin{bmatrix}0.05\\0\\0\\0\end{bmatrix}$$

是严格半正的，且：

$$G-G^{\#}=\vec{L}E^t-\vec{L}^{\#}E^t=\vec{L}E^t-\hat{Q}^{-1}\vec{L}\hat{Q}E^t=\begin{bmatrix}0.15625\\0\\0\\0\end{bmatrix}$$

是严格半正的。所以，产出系统的调整能使部门1的最终产出率提高

(0.05) 且投入乘数减小 (0.15625)，而其余部门的最终产出率和投入乘数不变。与此相对偶，存在一个非平凡的价格调整系数行向量 $P=(1,1,1,2)$，使得 $R^*-R=EA-EA^*=EA-E\hat{P}A\hat{P}^{-1}=(0,\ 0,\ 0,\ 0.05)$ 是严格半正的，且 $D-D^*=EL-EL^*=EL-E\hat{P}L\hat{P}^{-1}=(0,\ 0,\ 0,\ 0.15625)$ 是严格半正的。所以，价格系统的调整能使部门 4 的增加价值率提高 (0.05) 且产出乘数减小 (0.15625)，而其余部门的增加价值率和产出乘数不变。这些结果验证了定理 2.5。

由定理 2.5 显然可得到下面的推论 2.4。

推论 2.4 假设：中间产出系数矩阵 $\vec{A}$ 或价值型中间投入系数矩阵 A 是不可约的；或中间产出系数矩阵 $\vec{A}$ 或价值型中间投入系数矩阵 A 是可约的且它的类都是最终的或都是初始的。即经济系统中的每个部门都直接或间接消耗其他部门的中间产品；或经济系统可由中间产品之间的相互依赖，划分为 r 个子经济系统 $S_1,S_2,\cdots,S_r,2\leqslant r\leqslant n,S_k$ 中的每个部门都直接或间接消耗 S_k 中的其他部门的中间产品，或 S_k 只由一个部门组成，$k=1,2,\cdots,r$，并且，S_i 既不向 $S_1,\cdots,S_{i-1}$ 提供任何中间产品，又不消耗 $S_1,\cdots,S_{i-1}$ 中的任何中间产品，$i=2,\cdots,r$。那么，(i) 如果产出系统的调整能使某些部门的最终产出率提高（下降），则至少存在一个部门，其最终产出率下降（提高）；(ii) 如果产出系统的调整能使某些部门的投入乘数减小（增大），则至少存在一个部门，其投入乘数增大（减小）；(iii) 如果价格系统的调整能使某些部门的增加价值率提高（下降），则至少存在一个部门，其增加价值率下降（提高）；(iv) 如果价格系统的调整能使某些部门的产出乘数减小（增大），则至少存在一个部门，其产出乘数增大（减小）。

由第七节可知，从最终产出率度量了关于最终产品的经济效率的角度来看，如果一个部门的最终产出率越高，即中间产出率越低，则该部门关于最终产品的经济效率就越高，对达到生产的最终目的越有利。一个部门的投入乘数主要反映了对应于该部门初始投入的原材料总成本。如果一个部门的投入乘数越小，则对应于该部门初始投入的原材料总成本就越低。而本节前面表明，产出系统的调整可能导致各个部门之间最终产品的经济效率的重新分布，也可能导致各个部门对应于自己部门初始投入的原材料总成本的重新分布。定理 2.5 中的结论 (a) 表明，产出系统的调整既不会对所有部门的最终产品的经济效率的提高都有利，也不会对所有部门的最终产品的经济效率的提高都不利；产出系统的调整既不会对所有部门对应于自己部门初始投入的原材料总成本的减小都有利，也不会对所有部门对应于自己部门初始投入的原材料总成本的减小都不利。推论 2.4 中的结论（i）表明，当 $\vec{A}$ 不可约时，如果产出系统的调整对某些部门的最终产品的经济效率的提高有利，则肯定对另一些部门不利。推论 2.4 中的结论（ii）表明，当 $\vec{A}$ 不可约时，如果产出系统的调整对某些部门的对应自己部门初始投入的原材料总成本的减小有利，则肯定对另一些部门不利。

由第七节还可知，从增加价值率近似地度量了相对经济收益的角度来看，如果一个部门的增加价值率越高，即中间投入率越低，则该部门获得的经济收益率就越高，对生产正常发展和延续就越有利。一个部门的产出乘数主要反映了对应于该部门最终产品的原材料总成本。如果一个部门的产出乘数越小，则对应于该部门最终产品的原材料总成本就越低。而本节前面表明，价格系统的调整可能导致各个部门之间的经济收益率的重新分配，也可能导致各个部门对应于自己部门最终产品的原材料总成本的重新分布。定理 2.5 中的结论（b）表明，价格系统的调整既不会对所有部门的经济收益率的提高都有利，也不会对所有部门的经济收益率的提高都不利；价格系统的调整既不会对所有部门对应于自己部门最终产品的原材料总成本的减小都有利，也不会对所有部门对应于自己部门最终产品的原材料总成本的减小都不利的。推论 2.4 中的结论（iii）表明，当 A 不可约时，如果价格系统的调整对某些部门的经济收益率的提高有利，则肯定对另一些部门不利。推论 2.4 中的结论（iv）表明，当 A 不可约时，如果价格系统的调整对某些部门的对应自己部门最终产品的原材料总成本的减小有利，则肯定对另一些部门不利。

第十节　经济系统的两种帕累托改进

根据第九节中的定理 2.5 可知：产出系统的调整能使某些部门的最终产出率提高而其余部门的最终产出率不变，并能使某些部门的投入乘数减小而其余部门的投入乘数不变，达到此要求的充分必要条件是中间产出系数矩阵至少有一个非最终类。但是，当该充分必要条件满足时，如何对产出系统进行调整才能达到上述要求？第九节中并没有从经济系统的整体全面考虑，给出系统且具体的调整方法，即没有深入地分析此时各个部门的产出调整系数之间应当满足的数量关系，在定理2.5的证明过程中可看出一些端倪。此外，在产出系统如此调整后，那些最终产出率被提高和投入乘数被减小的部门有何特征或属性？那些最终产出率和投入乘数不变的部门有何特征或属性？第九节中并没有系统、深入地讨论这些问题。类似的，根据第九节中的定理2.5还可知：价格系统的调整能使某些部门的增加价值率提高而其余部门的增加价值率不变，并能使某些部门的产出乘数减小而其余部门的产出乘数不变，达到此要求的充分必要条件是中间投入系数矩阵至少有一个非初始类。但是，当该充分必要条件满足时，如何对价格系统进行调整才能达到上述要求？第九节也没有从经济系统的整体全面考虑，给出系统且具体的调整方法，即没有深入地分析此时各个部门的价格调整系数之间应当满足的数量关系。此外，在价格系统如此调整后，那些增加价值率被提高和产出乘数被减小的部门有何特征或属性？那些增加价值率和产出乘数不变的部门有何特征或属性？第九节中并没有系统、深入地分析这些问题。

以本章第九节和第一章第三节为基础，本节将解决上面提出的几个问题。这对于改进经济系统的四项指标（最终产出率、投入乘数、增加价值率和产出乘数）是非常有用的并将有助于我们更加深刻地认识和探索投入产出经济学理论与非负矩阵理论之间的紧密关系，这正是本书的主要目的。

根据第七节我们已经知道：最终产出率越高，投入乘数越小，对经济系统越有利；与此相对偶，增加价值率越高，产出乘数越小，对经济系统越有利。所以，我们明确指出：某些部门的最终产出率提高而其余部门的最终产出率不变，且某些部门的投入乘数减小而其余部门的投入乘数不变，是经济系统的一种帕累托改进，可称其为最终产出率和投入乘数的帕累托改进，它可以通过调整产出系统的方法来完成；而某些部门的增加价值率提高而其余部门的增加价值率不变，且某些部门的产出乘数减小而其余部门的产出乘数不变，是经济系统的另一种帕累托改进，可称其为增加价值率和产出乘数的帕累托改进，它可以通过调整价格系统的方法来实现；这两种帕累托改进是相互对偶的。

本节在第九节的基础上将进一步证明：当中间产出系数矩阵至少有一个非最终类时：（i）产出系统的调整可以提高与非最终类对应的全部或某些部门的最终产出率，而对其余部门（也可能包含一些与非最终类相对应的部门）的最终产出率不产生任何影响；（ii）产出系统的调整可以减小与非最终类对应的全部或某些部门的投入乘数，而对其余部门（也可能包含一些与非最终类相对应的部门）的投入乘数不产生任何影响。所以，在此情况下，产出系统的调整就可以保证使整个经济系统关于最终产品的综合的经济效率得到提升，并且使整个经济系统与初始投入相对应的综合的总成本有所下降，因为至少有一个部门的最终产出率得到提高，至少有一个部门的投入乘数有所减小，并且至少有一个部门的最终产出率不变，至少有一个部门的投入乘数不变，而且不存在最终产出率下降的部门，也不存在投入乘数增大的部门，这就是最终产出率和投入乘数的帕累托改进。与上相对偶，本书在第九节的基础上还将进一步证明：当中间投入系数矩阵至少有一个非初始类时：（i）价格系统的调整可以提高与非初始类对应的全部或某些部门的增加价值率，而对其余部门（也可能包含一些与非初始类相对应的部门）的增加价值率不产生任何影响；（ii）价格系统的调整可以减小与非初始类对应的全部或某些部门的产出乘数，而对其余部门（也可能包含一些与非初始类相对应的部门）的产出乘数不产生任何影响。所以，在此情况下，价格系统的调整就可以保证使整个经济系统的综合的经济收益率得到提升，并且使整个经济系统与最终产品相对应的综合的总成本有所下降，因为至少有一个部门的增加价值率得到提高，至少有一个部门的产出乘数有所减小，并且至少有一个部门的增加价值率不变，至少有一个部门的产出乘数不变，而且不存在增加价值率下降的部门，也不存在产出乘数增大的部门，这就是增加价值率和产出乘数的帕累托改进。

我们将给出对产出系统的具体调整方法，它实际上是最终产出率和投入乘数的帕累托改进的一个充分条件。与此相对偶，我们还将给出对价格系统的具体调整方法，它实际上是增加价值率和产出乘数的帕累托改进的一个充分条件。最后，以一个数值例子来验证有关理论与方法，该例子具体地模拟了经济系统的两种帕累托改进。

假定由 n 个部门组成的经济系统的中间产出系数矩阵 $\vec{A}$ 至少有一个非最终类，即价值型中间投入系数矩阵 A 至少有一个非初始类，则通过一个置换矩阵，我们总可以把上述两个矩阵都转换成上三角的弗罗宾纽斯标准型。因此，不失一般性，可设$\vec{A}$和A本身就是上三角的弗罗宾纽斯标准型，即：

$$\vec{A}=\begin{bmatrix}\vec{A}_{11} & \vec{A}_{12} & \cdots & \vec{A}_{1r}\\ & \vec{A}_{22} & \cdots & \vec{A}_{2r}\\ & & \ddots & \vdots\\ 0 & & & \vec{A}_{rr}\end{bmatrix},\ A=\hat{X}\vec{A}\hat{X}^{-1}=\begin{bmatrix}A_{11} & A_{12} & \cdots & A_{1r}\\ & A_{22} & \cdots & A_{2r}\\ & & \ddots & \vdots\\ 0 & & & A_{rr}\end{bmatrix} \tag{2.76}$$

其中，$2\leqslant r\leqslant n$，分块子矩阵显然满足：$\vec{A}_{pq}>0\Leftrightarrow A_{pq}>0,p=1,2,\cdots,r,q=p,\cdots,r$；$\vec{A}_{pq}=0\Leftrightarrow A_{pq}=0$，$p=1,\cdots,r-1,q=p+1,\cdots,r$。

根据定义 1.3，$K_+=\{k\mid\vec{A}_{kj}>0,\ \exists j>k\}$为$\vec{A}$或$A$的对应于非最终类的分块行指标集，$K_0=\{k\mid\vec{A}_{kj}=0,\ \forall j>k\}$为$\vec{A}$或$A$的对应于最终类的分块行指标子集；$J_+=\{j\mid A_{kj}>0,\ \exists k<j\}$为$A$或$\vec{A}$的对应于非初始类的分块列指标集，$J_0=\{j\mid A_{kj}=0,\ \forall k<j\}$为$A$或$\vec{A}$的对应于初始类的分块列指标子集。显然有：$K_+\cup K_0=\{1,\cdots,r-1\}$，$J_+\cup J_0=\{2,\cdots,r\}$，$K_+\cap K_0=\Phi=J_+\cap J_0$，$K_+\neq\Phi\neq J_+$。因为$K_+\neq\Phi$，所以，如果$1\in K_0$，那么我们显然可以再通过一个置换矩阵，使得$\vec{A}$或$A$的新的上三角的弗罗宾纽斯标准型中满足$1\in K_+$。因此，不失一般性，可假设$1\in K_+$，即$\min(K_+)=1$。在此假设下，令$\max(J_+)=a$，显然有$2\leqslant a\leqslant r$。

与公式（2.76）相对应，该经济系统可划分为r个子经济系统S_1，$S_2,\cdots,S_r$。

定义 2.3 若$i\in K_+$，则称S_i为对应于$\vec{A}$或A的非最终类的子经济系统；若$i\in K_0\cup\{r\}$，则称S_i为对应于$\vec{A}$或A的最终类的子经济系统；若$i\in J_+$，则称S_i为对应于A或$\vec{A}$的非初始类的子经济系统；若$i\in J_0\cup\{1\}$，则称S_i为对应于A或$\vec{A}$的初始类的子经济系统。

根据定理 1.4 中的结论（i），对应于公式（2.74），高士逆矩阵$\vec{L}=(I-\vec{A})^{-1}$和价值型里昂惕夫逆矩阵$L=(I-A)^{-1}$也分别有相同分块的上三角的弗罗宾纽斯标准型，即：

$$\vec{L}=\begin{bmatrix}\vec{L}_{11} & \vec{L}_{12} & \cdots & \vec{L}_{1r}\\ & \vec{L}_{22} & \cdots & \vec{L}_{2r}\\ & & \ddots & \vdots\\ 0 & & & \vec{L}_{rr}\end{bmatrix},\quad L=\hat{X}\vec{L}\hat{X}^{-1}=\begin{bmatrix}L_{11} & L_{12} & \cdots & L_{1r}\\ & L_{22} & \cdots & L_{2r}\\ & & \ddots & \vdots\\ 0 & & & L_{rr}\end{bmatrix} \tag{2.77}$$

由定理1.4可知，在公式（2.77）中，$\vec{L}_{pi}$和$L_{pi}(p<i)$或是零矩阵或是正矩阵。因此。再根据定义1.3可知，$H_+=\{h\mid \vec{L}_{hm}\gg 0,\ \exists m>h\}$为$\vec{L}$的对应于非最终类的分块行指标集，$H_0=\{h\mid \vec{L}_{hm}=0,\ \forall m>h\}$为$\vec{L}$的对应于最终类的分块行指标子集；$M_+=\{m\mid L_{hm}\gg 0,\ \exists h<m\}$为$L$的对应于非初始类的分块列指标集，$M_0=\{m\mid L_{hm}=0,\ \forall h<m\}$为$L$的对应于初始类的分块列指标子集。由定理1.4的结论（iv）可知：$K_+=H_+$，$K_0=H_0$，$J_+=M_+$，$J_0=M_0$。所以有$\min(H_+)=1$和$\max(M_+)=a$。

与公式（2.76）和公式（2.77）的分块相对应，可设$E=(E_1,E_2,\cdots,E_r)$，

$$Y=\begin{bmatrix}Y_1\\ Y_2\\ \vdots\\ Y_r\end{bmatrix},\quad G=\begin{bmatrix}G_1\\ G_2\\ \vdots\\ G_r\end{bmatrix}$$

$R=(R_1,\ R_2,\ \cdots,\ R_r)$，$D=(D_1,\ D_2,\ \cdots,\ D_r)$。取$r$个正数$\varepsilon_1$，$\varepsilon_2$，$\cdots$，$\varepsilon_r$，假设它们分别是子经济系统$S_1$，$S_2$，$\cdots$，$S_r$各自唯一的产量调整系数；取$r$个正数$\delta_1$，$\delta_2$，$\cdots$，$\delta_r$，假设它们分别是子经济系统$S_1$，$S_2$，$\cdots$，$S_r$各自唯一的价格调整系数；即：

$$Q=\begin{bmatrix}\varepsilon_1E_1^t\\ \varepsilon_2E_2^t\\ \vdots\\ \varepsilon_rE_r^t\end{bmatrix},\qquad P=(\delta_1E_1,\ \delta_2E_2,\ \cdots,\ \delta_rE_r)$$

这意味着：各个子经济系统的产量调整系数子列向量和价格调整系数子行向量都是平凡的，但整个经济系统的产量调整系数列向量和价格调整系数行向量可能是非平凡的。于是由公式（2.24）和公式（2.76）可得：

$$\vec{A}^{\#}=\hat{Q}^{-1}\vec{A}\hat{Q}=\left[\begin{array}{ccccc|ccc}
\vec{A}_{11} & \varepsilon_1^{-1}\varepsilon_2\vec{A}_{12} & \cdots & \varepsilon_1^{-1}\varepsilon_{a-1}\vec{A}_{1a-1} & \varepsilon_1^{-1}\varepsilon_a\vec{A}_{1a} & & & \\
 & \vec{A}_{22} & \cdots & \varepsilon_2^{-1}\varepsilon_{a-1}\vec{A}_{2a-1} & \varepsilon_2^{-1}\varepsilon_a\vec{A}_{2a} & & & \\
 & & \ddots & \vdots & \vdots & & 0 & \\
 & & & \vec{A}_{a-1a-1} & \varepsilon_{a-1}^{-1}\varepsilon_a\vec{A}_{a-1a} & & & \\
0 & & & & \vec{A}_{aa} & & & \\
\hline
 & & & & & \vec{A}_{a+1a+1} & & 0 \\
 & & 0 & & & & \ddots & \\
 & & & & & 0 & & \vec{A}_{rr}
\end{array}\right] \tag{2.78}$$

由公式（2.25）和公式（2.77）可得：

$$\vec{L}^{\#}=\hat{Q}^{-1}\vec{L}\hat{Q}=\left[\begin{array}{ccccc|ccc}
\vec{L}_{11} & \varepsilon_1^{-1}\varepsilon_2\vec{L}_{12} & \cdots & \varepsilon_1^{-1}\varepsilon_{a-1}\vec{L}_{1a-1} & \varepsilon_1^{-1}\varepsilon_a\vec{L}_{1a} & & & \\
 & \vec{L}_{22} & \cdots & \varepsilon_2^{-1}\varepsilon_{a-1}\vec{L}_{2a-1} & \varepsilon_2^{-1}\varepsilon_a\vec{L}_{2a} & & & \\
 & & \ddots & \vdots & \vdots & & 0 & \\
 & & & \vec{L}_{a-1a-1} & \varepsilon_{a-1}^{-1}\varepsilon_a\vec{L}_{a-1a} & & & \\
0 & & & & \vec{L}_{aa} & & & \\
\hline
 & & & & & \vec{L}_{a+1a+1} & 0 & \\
 & & 0 & & & & \ddots & \\
 & & & & & 0 & & \vec{L}_{rr}
\end{array}\right] \tag{2.79}$$

由公式（2.31）和公式（2.76）可得：

$$A^{*}=\hat{P}A\hat{P}^{-1}=\left[\begin{array}{ccccc|ccc}
A_{11} & \delta_1\delta_2^{-1}A_{12} & \cdots & \delta_1\delta_{a-1}^{-1}A_{1a-1} & \delta_1\delta_a^{-1}A_{1a} & & & \\
 & A_{22} & \cdots & \delta_2\delta_{a-1}^{-1}A_{2a-1} & \delta_2\delta_a^{-1}A_{2a} & & & \\
 & & \ddots & \vdots & \vdots & & 0 & \\
 & & & A_{a-1a-1} & \delta_{a-1}\delta_a^{-1}A_{a-1a} & & & \\
0 & & & & A_{aa} & & & \\
\hline
 & & & & & A_{a+1a+1} & & 0 \\
 & & 0 & & & & \ddots & \\
 & & & & & 0 & & A_{rr}
\end{array}\right] \tag{2.80}$$

由公式（2.32）和公式（2.77）可得：

$$L^{*}=\hat{P}L\hat{P}^{-1}=\left[\begin{array}{ccccc|ccc} L_{11} & \delta_1\delta_2^{-1}L_{12} & \cdots & \delta_1\delta_{a-1}^{-1}L_{1a-1} & \delta_1\delta_a^{-1}L_{1a} & & & \\ & L_{22} & \cdots & \delta_2\delta_{a-1}^{-1}L_{2a-1} & \delta_2\delta_a^{-1}L_{2a} & & & \\ & & \ddots & \vdots & \vdots & & 0 & \\ & & & L_{a-1a-1} & \delta_{a-1}\delta_a^{-1}L_{a-1a} & & & \\ 0 & & & & L_{aa} & & & \\ \hline & & & & & L_{a+1a+1} & & 0 \\ & & 0 & & & & \ddots & \\ & & & & & 0 & & L_{rr} \end{array}\right] \tag{2.81}$$

由公式（2.76）和公式（2.78）可得：

$$Y^{\#}-Y=(\vec{A}-\vec{A}^{\#})E^{t}=\begin{bmatrix} \sum_{i=2}^{a}(1-\varepsilon_1^{-1}\varepsilon_i)\vec{A}_{1i}E_i^{t} \\ \vdots \\ (1-\varepsilon_{a-1}^{-1}\varepsilon_a)\vec{A}_{a-1a}E_a^{t} \\ 0 \end{bmatrix}$$

即：

$$\begin{cases} Y_u^{\#}-Y_u=\sum_{i=u+1}^{a}(1-\varepsilon_u^{-1}\varepsilon_i)\vec{A}_{ui}E_i^{t} \quad (u=1,2,\cdots,a-1) \\ Y_e^{\#}-Y_e=0 \quad (e=a,a+1,\cdots,r) \end{cases} \tag{2.82}$$

类似的，由公式（2.77）和公式（2.79）可得：

$$G-G^{\#}=(\vec{L}-\vec{L}^{\#})E^{t}=\begin{bmatrix} \sum_{i=2}^{a}(1-\varepsilon_1^{-1}\varepsilon_i)\vec{L}_{1i}E_i^{t} \\ \vdots \\ (1-\varepsilon_{a-1}^{-1}\varepsilon_a)\vec{L}_{a-1a}E_a^{t} \\ 0 \end{bmatrix}$$

即：

$$\begin{cases} G_u-G_u^{\#}=\sum_{i=u+1}^{a}(1-\varepsilon_u^{-1}\varepsilon_i)\vec{L}_{ui}E_i^{t} \quad (u=1,2,\cdots,a-1) \\ G_e-G_e^{\#}=0 \quad (e=a,a+1,\cdots,r) \end{cases} \tag{2.83}$$

定理 2.6 令子经济系统 S_1，S_2，…，S_a 各自唯一的产量调整系数分别是 ε_1，ε_2，…，ε_a，则有：（i）整个经济系统的产量调整不会改变对应于 $\vec{A}$ 的最终类的子经济系统中任何部门的最终产出率和投入乘数。（ii）若 $\varepsilon_1>\varepsilon_2\geqslant\cdots\geqslant\varepsilon_{a-1}\geqslant\varepsilon_a$，则整个经济系统的产量调整会使对应于 $\vec{A}$ 的非最终类的子经济系统中每个部门的最终产出率都不下降且每个部门的投入乘数都不增大，其中，在对应于 $\vec{A}$ 的非最终类的子经济系统 S_1 中至少有一个部门的最终产出率提高且每个部门的投入乘数都减小。

证明 先证结论（i）。根据公式（2.82）和公式（2.83），对显然对应于 $\vec{A}$ 的最终类的子经济系统 $S_e(e=a,a+1,\cdots,r)$ 来说，结论（i）显然成立。若 $\exists p\in\{2,\cdots,a-1\}\cap K_0$，则 S_p 是对应于 $\vec{A}$ 的最终类的子经济系统，因此 $\vec{A}_{pi}=0$，$i=p+1,\cdots,a$，所以，根据 $K_0=H_0$，有 $\vec{L}_{pi}=0$，$i=p+1,\cdots,a$。于是由公式（2.82）和公式（2.83）知 $Y_p^{\#}-Y_p=0=G_p-G_p^{\#}$，即对对应于 $\vec{A}$ 的最终类的子经济系统 S_p 来说，结论（i）也成立。下面证结论（ii）。若 $\exists b\in\{2,\cdots,a-1\}\cap K_+$，则 S_b 是对应于 $\vec{A}$ 的非最终类的子经济系统，因此（$\vec{A}_{bb+1}\cdots\ \vec{A}_{ba-1}\ \vec{A}_{ba}$）$>0$。所以由 $K_+=H_+$ 知（$\vec{L}_{bb+1}\cdots\ \vec{L}_{ba-1}\ \vec{L}_{ba}$）$>0$。于是由公式（2.82）和公式（2.83）可知，当 $\varepsilon_2\geqslant\cdots\geqslant\varepsilon_{a-1}\geqslant\varepsilon_a$ 时，$Y_b^{\#}-Y_b$ 和 $G_b-G_b^{\#}$ 都是非负的。由于 $\min(K_+)=1$，因此 S_1 是对应于 $\vec{A}$ 的非最终类的子经济系统，所以当 $\varepsilon_1>\varepsilon_2\geqslant\cdots\geqslant\varepsilon_{a-1}\geqslant\varepsilon_a$ 时，与上同理可知 $G_1-G_1^{\#}$ 不仅是非负的，而且是正的。下面只需证 $Y_1^{\#}-Y_1$ 是半正的。若 S_1 只由一个部门组成，则：

$$(\vec{A}_{12}\quad\cdots\quad\vec{A}_{1a-1}\quad\vec{A}_{1a})\tag{2.84}$$

是一个半正的行向量，根据公式（2.82），$Y_1^{\#}-Y_1$ 是一个正数。下面设 S_1 至少由两个部门组成，则半正子矩阵（2.84）至少包含两行元素。根据公式（2.82），①若半正子矩阵（2.84）存在整行零元素，则 $Y_1^{\#}-Y_1$ 的对应行元素是零，其余元素都是正的；②若半正子矩阵（2.84）不存在整行零元素，则 $Y_1^{\#}-Y_1$ 是正的；综合①和②即知，$Y_1^{\#}-Y_1$ 是半正的列向量。证毕。

由公式（2.76）和公式（2.80）可得：

$$R^*-R=E(A-A^*)$$

$$= \left[0, (1-\delta_1\delta_2^{-1})E_1A_{12}, \cdots, \sum_{i=1}^{a-1}(1-\delta_i\delta_a^{-1})E_iA_{ia}, 0\right]$$

即：

$$\begin{cases} R_1^* - R_1 = 0 \\ R_g^* - R_g = \sum_{i=1}^{g-1}(1-\delta_i\delta_g^{-1})E_iA_{ig} \quad (g=2,\cdots,a-1,a) \\ R_e^* - R_e = 0 \quad (e=a+1,\cdots,r) \end{cases} \tag{2.85}$$

类似的，由公式（2.77）和公式（2.81）可得：

$$D - D^* = E(L - L^*)$$

$$= \left[0,\ (1-\delta_1\delta_2^{-1})E_1L_{12},\ \cdots,\ \sum_{i=1}^{a-1}(1-\delta_i\delta_a^{-1})E_iL_{ia},\ 0\right]$$

即：

$$\begin{cases} D_1 - D_1^* = 0 \\ D_g - D_g^* = \sum_{i=1}^{g-1}(1-\delta_i\delta_g^{-1})E_iL_{ig} \quad (g=2,\cdots,a-1,a) \\ D_e - D_e^* = 0 \quad (e=a+1,\cdots,r) \end{cases} \tag{2.86}$$

定理 2.7 令子经济系统 S_1，S_2，…，S_a 各自唯一的价格调整系数分别是 δ_1，δ_2，…，δ_a。则有：（i）整个经济系统的价格调整不会改变对应于 A 的初始类的子经济系统中任何部门的增加价值率和产出乘数。（ii）若 $\delta_1 \leqslant \delta_2 \leqslant \cdots \leqslant \delta_{a-1} < \delta_a$，则整个经济系统的价格调整会使对应于 A 的非初始类的子经济系统中每个部门的增加价值率都不下降且每个部门的产出乘数都不增大，其中，在对应于 A 的非初始类的子经济系统 S_a 中至少有一个部门的增加价值率提高且每个部门的产出乘数都减小。

证明 先证结论（i）。根据公式（2.85）和公式（2.86），对显然对应于 A 的初始类的子经济系统 S_1 和 S_e（$e=a+1,\cdots,r$）来说，结论（i）显然成立。若 $\exists d \in \{2,\cdots,a-1\} \cap J_0$，则 S_d 是对应于 A 的初始类的子经济系统，因此 $A_{id}=0(i=1,\cdots,d-1)$。所以，根据 $J_0=M_0$ 可知 $L_{id}=0$（$i=1,\cdots,d-1$）。于是由公式（2.85）和公式（2.86）可知 $R_d^* - R_d = 0 = D_d - D_d^*$，即对对应于 A 的初始类的子经济系统 S_d 来说，结论（i）也成立。下面证结论（ii）。若 $\exists b \in \{2,\cdots,a-1\} \cap J_+$，则 S_b 是对应于 A 的非

初始类的子经济系统，因此，

$$\begin{bmatrix} A_{1b} \\ A_{2b} \\ \vdots \\ A_{b-1b} \end{bmatrix} > 0$$

所以，由 $J_+ = M_+$ 可知：

$$\begin{bmatrix} L_{1b} \\ L_{2b} \\ \vdots \\ L_{b-1b} \end{bmatrix} > 0$$

于是由公式（2.85）和公式（2.86）可知，当 $\delta_1 \leqslant \delta_2 \leqslant \cdots \leqslant \delta_{a-1}$ 时，$R_b^* - R_b$ 和 $D_b - D_b^*$ 都是非负的。由于 $\max(J_+) = a$，因此 S_a 是对应于 A 的非初始类的子经济系统，所以当 $\delta_1 \leqslant \delta_2 \leqslant \cdots \leqslant \delta_{a-1} < \delta_a$ 时，与上同理可知，$D_a - D_a^*$ 不仅是非负的，而且是正的。下面只需证 $R_a^* - R_a$ 是半正的。若 S_a 只由一个部门组成，则：

$$\begin{bmatrix} A_{1a} \\ A_{2a} \\ \vdots \\ A_{a-1a} \end{bmatrix} \tag{2.87}$$

是一个半正的列向量，根据公式（2.85），$R_a^* - R_a$ 是一个正数。下面设 S_a 至少由两个部门组成，则半正子矩阵（2.87）至少包含两列元素。根据公式（2.85），①若半正子矩阵（2.87）存在整列零元素，则 $R_a^* - R_a$ 的对应列元素是零，其余元素都是正的；②若半正子矩阵（2.87）不存在整列零元素，则 $R_a^* - R_a$ 是正的；综合①和②即知，$R_a^* - R_a$ 是半正的行向量。证毕。

评论 2.6　由定理 2.6 和定理 2.7 可知，当 n 阶中间产出系数矩阵 $\vec{A}$ 或价值型中间投入系数矩阵 A 至少有一个非最终类或非初始类时，对应于 $\vec{A}$ 或 A 的由 r 个类组成的一个上三角的弗罗宾纽斯标准型，如果设 $\vec{A}$ 或 A 的对应于非最终类的分块行指标集 K_+ 的元素最小值是 1，A 或 $\vec{A}$ 的对应于非初始类的分块列指标集 J_+ 的元素最大值是 a，即 $\min(K_+) = 1$ 和

max $(J_+)=a$，其中 $2\leqslant a\leqslant r\leqslant n$，则最终产出率和投入乘数的帕累托改进的一个充分条件是子经济系统 $S_1,S_2,\cdots,S_{a-1},S_a$ 各自唯一的产量调整系数满足 $\varepsilon_1>\varepsilon_2\geqslant\cdots\geqslant\varepsilon_{a-1}\geqslant\varepsilon_a$；增加价值率和产出乘数的帕累托改进的一个充分条件是子经济系统 $S_1,S_2,\cdots,S_{a-1},S_a$ 各自唯一的价格调整系数满足 $\delta_1\leqslant\delta_2\leqslant\cdots\leqslant\delta_{a-1}<\delta_a$。

根据定理 2.5 中的结论（c.1）、定理 2.6 和定理 2.7 及其证明，我们显然可以得到下面的推论 2.5。

推论 2.5　在一个经济系统中，下列条件等价：

（i）中间产出系数矩阵 $\vec{A}$ 或价值型中间投入系数矩阵 A 至少有一个非最终类或非初始类；

（ii）产出系统的调整能使与非最终类对应的全部或某些部门的最终产出率提高（或下降）而其余部门的最终产出率不变；

（iii）产出系统的调整能使与非最终类对应的全部或某些部门的投入乘数减小（或增大）而其余部门的投入乘数不变；

（iv）价格系统的调整能使与非初始类对应的全部或某些部门的增加价值率提高（或下降）而其余部门的增加价值率不变；

（v）价格系统的调整能使与非初始类对应的全部或某些部门的产出乘数减小（或增大）而其余部门的产出乘数不变。

与定理 2.5 中的结论（c.1）相对比，推论 2.5 具体给出了最终产出率被提高（或下降）和投入乘数被减小（或增大）的部门特征或属性，即这些部门都属于与 $\vec{A}$ 的非最终类对应的部门；推论 2.5 还具体给出了增加价值率被提高（或下降）和产出乘数被减小（或增大）的部门特征或属性，即这些部门都属于与 A 的非初始类对应的部门。

例 2.5　假设一个经济系统由五个部门组成：（1）农业；（2）建筑业；（3）制造业；（4）商业；（5）服务业。该经济系统的价值型投入产出表如表 2－6 所示。

通过观察表 2－6，我们不能明显地看出价值型中间产品交易矩阵是否可转变为上三角的标准型。但是，如果我们改变部门的排列顺序如下：（5）服务业；（2）建筑业；（3）制造业；（1）农业；（4）商业。即利用置换矩阵：

$$W=\begin{pmatrix}0&0&0&0&1\\0&1&0&0&0\\0&0&1&0&0\\1&0&0&0&0\\0&0&0&1&0\end{pmatrix}$$

表 2-6　　经济系统的价值型投入产出表

		中间产值					最终产值	总产值
		(1)	(2)	(3)	(4)	(5)		
中间投入值	(1)	0	0	0	8	0	8	16
	(2)	0	0	0	0	4	4	8
	(3)	8	0	10	0	0	2	20
	(4)	4	0	0	0	0	6	10
	(5)	0	4	5	0	0	1	10
增加价值		4	4	5	2	6		
总投入值		16	8	20	10	10		

使得价值型中间产品交易矩阵 Z 变成 WZW^t，则按新的部门排列顺序组成的价值型投入产出表如表 2-7 所示。

表 2-7　　按新的部门排列顺序组成的价值型投入产出表

		中间产值					最终产值	总产值
		(5)	(2)	(3)	(1)	(4)		
中间投入值	(5)	0	4	5	0	0	1	10
	(2)	4	0	0	0	0	4	8
	(3)	0	0	10	8	0	2	20
	(1)	0	0	0	0	8	8	16
	(4)	0	0	0	4	0	6	10
增加价值		6	4	5	4	2		
总投入值		10	8	20	16	10		

可以看出，WZW^t 是一个上三角的弗罗宾纽斯标准型。令 $Z_0 = WZW^t$，则表2－7等价于下面的I－O表0。

I－O表0

Z_0	F_0	X_0
V_0		
X_0^t		

=

0	4	5	0	0	1	10
4	0	0	0	0	4	8
0	0	10	8	0	2	20
0	0	0	0	8	8	16
0	0	0	4	0	6	10
6	4	5	4	2		
10	8	20	16	10		

因此，

$$\vec{A}_0 = \left[\begin{array}{cc|c|cc} 0 & 0.4 & 0.5 & 0 & 0 \\ 0.5 & 0 & 0 & 0 & 0 \\ \hline 0 & 0 & 0.5 & 0.4 & 0 \\ \hline 0 & 0 & 0 & 0 & 0.5 \\ 0 & 0 & 0 & 0.4 & 0 \end{array}\right],\quad A_0 = \left[\begin{array}{cc|c|cc} 0 & 0.5 & 0.25 & 0 & 0 \\ 0.4 & 0 & 0 & 0 & 0 \\ \hline 0 & 0 & 0.5 & 0.5 & 0 \\ \hline 0 & 0 & 0 & 0 & 0.8 \\ 0 & 0 & 0 & 0.25 & 0 \end{array}\right]$$

本身都是上三角的弗罗宾纽斯标准型。所以，该经济系统根据中间产出或投入系数矩阵的标准型可划分为3个子经济系统：S_1、S_2 和 S_3，它们分别对应于部门1和部门2、部门3、部门4和部门5。$K_+ = \{1, 2\}$，$J_+ = \{2, 3\}$，$K_0 = \Phi = J_0$，$\min(K_+) = 1$，$\max(J_+) = 3$。根据定义2.3，S_1 既是对应于 $\vec{A}_0$ 或 A_0 的非最终类的子经济系统，也是对应于 A_0 或 $\vec{A}_0$ 的唯一的初始类的子经济系统；S_2 既是对应于 $\vec{A}_0$ 或 A_0 的非最终类的子经济系统，也是对应于 A_0 或 $\vec{A}_0$ 的非初始类的子经济系统；S_3 既是对应于 $\vec{A}_0$ 或 A_0 的唯一的最终类的子经济系统，也是对应于 A_0 或 $\vec{A}_0$ 的非初始类的子经济系统。此外，还有：

$$Y_0 = \begin{bmatrix} 0.1 \\ 0.5 \\ 0.1 \\ 0.5 \\ 0.6 \end{bmatrix}$$

$R_0 = (0.6, 0.5, 0.25, 0.25, 0.2)$

$$\vec{L}_0 = (I - \vec{A}_0)^{-1} = \left[\begin{array}{cc|c|cc} 1.25 & 0.5 & 1.25 & 0.625 & 0.3125 \\ 0.625 & 1.25 & 0.625 & 0.3125 & 0.15625 \\ \hline 0 & 0 & 2 & 1 & 0.5 \\ \hline 0 & 0 & 0 & 1.25 & 0.625 \\ 0 & 0 & 0 & 0.5 & 1.25 \end{array}\right]$$

$$L_0 = (I - A_0)^{-1} = \left[\begin{array}{cc|c|cc} 1.25 & 0.625 & 0.625 & 0.390625 & 0.3125 \\ 0.5 & 1.25 & 0.25 & 0.15625 & 0.125 \\ \hline 0 & 0 & 2 & 1.25 & 1 \\ \hline 0 & 0 & 0 & 1.25 & 1 \\ 0 & 0 & 0 & 0.3125 & 1.25 \end{array}\right]$$

$$G_0 = \vec{L}_0 E^t = \begin{bmatrix} 3.9375 \\ 2.96875 \\ 3.5 \\ 1.875 \\ 1.75 \end{bmatrix}$$

$D_0 = EL_0 = (1.75, 1.875, 2.875, 3.359375, 3.6875)$

取三个正数：$\varepsilon_1 = 1.5 > \varepsilon_2 = 1.2 > \varepsilon_3 = 1$，并令：

$$Q = \begin{bmatrix} 1.5 \\ 1.5 \\ 1.2 \\ 1 \\ 1 \end{bmatrix}$$

即服务业和建筑业的实物总产出都提高 50%，制造业的实物总产出提高 20%，而农业和商业的实物总产出都不变，则根据表 2 - 3，由新的产出系统重新确定的价值型投入产出表如 I - O 表 1 所示。

其中，$A_1 = A_0$，$R_1 = R_0$，$L_1 = L_0$，$D_1 = D_0$

$$Y_1 = \begin{bmatrix} 0.2 \\ 0.5 \\ \frac{1}{6} \\ 0.5 \\ 0.6 \end{bmatrix}$$

I－O 表 1

$Z_1 = Z_0\hat{Q}$	$F_1 = \hat{X}_0(I-\vec{A}_0)Q$	$X_1 = \hat{X}_0 Q$
$V_1 = V_0\hat{Q}$		
$X_1^t = X_0^t\hat{Q}$		

＝

0	6	6	0	0	3	15
6	0	0	0	0	6	12
0	0	12	8	0	4	24
0	0	0	0	8	8	16
0	0	0	4	0	6	10
9	6	6	4	2		
15	12	24	16	10		

$$\vec{L}_1 = \hat{Q}^{-1}\vec{L}_0\hat{Q} = \left[\begin{array}{cc|c|cc} 1.25 & 0.5 & 1 & 5/12 & 5/24 \\ 0.625 & 1.25 & 0.5 & 5/24 & 5/48 \\ \hline 0 & 0 & 2 & 5/6 & 5/12 \\ \hline 0 & 0 & 0 & 1.25 & 0.625 \\ 0 & 0 & 0 & 0.5 & 1.25 \end{array}\right]$$

$$G_1 = \vec{L}_1 E^t = \begin{bmatrix} 3.375 \\ 2.6875 \\ 3.25 \\ 1.875 \\ 1.75 \end{bmatrix}$$

因此：

$$Y_1 - Y_0 = \begin{bmatrix} 0.1 \\ 0 \\ \frac{1}{15} \\ 0 \\ 0 \end{bmatrix},\quad G_0 - G_1 = \begin{bmatrix} 0.5625 \\ 0.28125 \\ 0.25 \\ 0 \\ 0 \end{bmatrix}$$

都是严格半正的，即整个经济系统的产量调整使得服务业和制造业的最终产出率分别提高 0.1 和 1/15，而建筑业、农业和商业的最终产出率不变；并且，整个经济系统的产量调整使得服务业、建筑业和制造业的投入乘数分别减小 0.5625、0.28125 和 0.25，而农业和商业的投入乘数不变。这实现了最终产出率和投入乘数的帕累托改进并验证了定理 2.6。

在 I－O 表 1 的基础上再取 3 个正数：$\delta_1 = \delta_2 = 1 < \delta_3 = 1.5$，并令 $P =$

(1，1，1，1.5，1.5)，即服务业、建筑业和制造业的价格都不变，而农业和商业的价格都提高 50%，则根据表 2 - 4，由新的价格系统重新确定的价值型投入产出表如 I - O 表 2 所示。

I - O 表 2

$Z_2=\hat{P}Z_1$	$F_2=\hat{P}F_1$	$X_2=\hat{P}X_1$
$V_2=P(I-A_1)\hat{X}_1$		
$X_2^t=P\hat{X}_1$		

=

0	6	6	0	0	3	15
6	0	0	0	0	6	12
0	0	12	8	0	4	24
0	0	0	0	12	12	24
0	0	0	6	0	9	15
9	6	6	10	3		
15	12	24	24	15		

其中，$\vec{A}_2=\vec{A}_1$，$Y_2=Y_1$，$\vec{L}_2=\vec{L}_1$，$G_2=G_1$，$R_2=(0.6, 0.5, 0.25, 5/12, 0.2)$

$$L_2=\hat{P}L_1\hat{P}^{-1}=\left[\begin{array}{cc|c|cc} 1.25 & 0.625 & 0.625 & 25/96 & 5/24 \\ 0.5 & 1.25 & 0.25 & 5/48 & 1/12 \\ \hline 0 & 0 & 2 & 5/6 & 2/3 \\ \hline 0 & 0 & 0 & 1.25 & 1 \\ 0 & 0 & 0 & 0.3125 & 1.25 \end{array}\right]$$

$D_2=EL_2=(1.75,\ 1.875,\ 2.875,\ 265/96,\ 77/24)$。所以，$R_2-R_1=(0,\ 0,\ 0,\ 1/6,\ 0)$ 和 $D_1-D_2=(0,\ 0,\ 0,\ 115/192,\ 23/48)$ 都是严格半正的，即整个经济系统的价格调整使得农业的增加价值率提高 1/6，而服务业、建筑业、制造业和商业的增加价值率都不变；并且，整个经济系统的价格调整使得农业和商业的产出乘数分别减小 115/192 和 23/48，而服务业、建筑业和制造业的产出乘数都不变。这实现了增加价值率和产出乘数的帕累托改进并验证了定理 2.7。

第十一节　四种经济指标中的每一种在各个部门中的一致性条件

在一个经济系统中，各个部门的最终产出率通常是不完全相等的，各个部门的增加价值率通常也不完全一致。类似的，各个部门的投入乘数可能不完全相同，各个部门的产出乘数也可能不完全一致。然而，从“长远的角度”来分析（参见文献［10］中的第一章），如果增加价值率可以近似地代表收益率或利润率，则在“自由竞争”条件下，经济系统中的各个部门有可能拥有一致的增加价值率。最终产出率在各个部门中的一致性在理论上也是可能的。

命题 2.18　（i）如果一个部门的最终产出率大（小）于 $1-\rho(A)$，则至少存在另一个部门，其最终产出率小（大）于或等于 $1-\rho(A)$。（ii）如果一个部门的投入乘数小（大）于 $[1-\rho(A)]^{-1}$，则至少存在另一个部门，其投入乘数大（小）于或等于 $[1-\rho(A)]^{-1}$。（iii）如果一个部门的增加价值率大（小）于 $1-\rho(A)$，则至少存在另一个部门，其增加价值率小（大）于或等于 $1-\rho(A)$。（iv）如果一个部门的产出乘数小（大）于 $[1-\rho(A)]^{-1}$，则至少存在另一个部门，其产出乘数大（小）于或等于 $[1-\rho(A)]^{-1}$。此外，如果 $\vec{A}$ 或 A 是不可约的，即经济系统中的每个部门都直接或间接消耗其他部门的中间产品，则（i）至（iv）中的“或等于”应该取消。

证明　如果结论（i）和（iii）不成立，则有 $Y-[1-\rho(A)]E^t\gg 0$ 或 $[1-\rho(A)]E^t-Y\gg 0$，$R-[1-\rho(A)]E\gg 0$ 或 $[1-\rho(A)]E-R\gg 0$。因此，由公式（2.10）可得 $\rho(A)E^t-\vec{A}E^t\gg 0$ 或 $\vec{A}E^t-\rho(A)E^t\gg 0$，由公式（2.15）可得 $\rho(A)E-EA\gg 0$ 或 $EA-\rho(A)E\gg 0$，这与文献［15］中的定理 1.1 矛盾。如果（ii）和（iv）不成立，则有 $\vec{L}E^t-[1-\rho(A)]^{-1}E^t\gg 0$ 或 $[1-\rho(A)]^{-1}E^t-\vec{L}E^t\gg 0$，$EL-[1-\rho(A)]^{-1}E\gg 0$ 或 $[1-\rho(A)]^{-1}E-EL\gg 0$，这也与文献［15］中的定理 1.1 矛盾，因为 $[1-\rho(A)]^{-1}$ 显然是 $\vec{L}$ 和 L 的谱半径。

令 $\vec{A}$ 或 A 不可约。如果取消了“或等于”的（i）和（iii）不成立，则有 $Y-[1-\rho(A)]E^t>0$ 或 $[1-\rho(A)]E^t-Y>0$，并且 $R-[1-\rho(A)]E>0$ 或 $[1-\rho(A)]E-R>0$。即 $\rho(A)E^t-\vec{A}E^t>0$ 或 $\vec{A}E^t-\rho(A)E^t>0$，并且 $\rho(A)E-EA>0$ 或 $EA-\rho(A)E>0$，这与文献［15］中的定理 1.1 矛盾。如果取消了“或等于”的（ii）和（iv）不成立，则有 $\vec{L}E^t-[1-\rho(A)]^{-1}E^t>0$ 或 $[1-\rho(A)]^{-1}E^t-\vec{L}E^t>0$，并且 $EL-[1-\rho(A)]^{-1}E>0$ 或 $[1-\rho(A)]^{-1}E-$

$EL>0$，这仍与文献[15]中的定理1.1矛盾。证毕。

根据命题2.18我们可猜想到，$1-\rho(A)$ 可能是各个部门的最终产出率和各个部门的增加价值率的中间值，$[1-\rho(A)]^{-1}$可能是各个部门的投入乘数和各个部门的产出乘数的中间值。

现在，我们提出如下四个问题：

问题2.11 各个部门的最终产出率都相等的充分必要条件是什么？

问题2.12 各个部门的投入乘数完全一致的充分必要条件是什么？

问题2.13 各个部门的增加价值率都相同的充分必要条件是什么？

问题2.14 各个部门的产出乘数完全一致的充分必要条件是什么？

下面的命题2.19回答了上述四个问题。

命题2.19 在一个经济系统中，

(a) 下列条件等价：

(a_1) 各个部门的最终产出率都相等，即 $Y=\mu E^t$；

(a_2) 各个部门的投入乘数都相等，即 $G=\mu^{-1}E^t$；

(a_3) 中间产出系数矩阵是广义行随机的，即 $\vec{A}E^t=(1-\mu)E^t$；

(a_4) 总产值列向量是价值型中间投入系数矩阵的一个右特征向量，即 $AX=(1-\mu)X$；

(a_5) 总产值列向量是价值型里昂惕夫逆矩阵的一个右特征向量，即 $LX=\mu^{-1}X$。

(b) 下列条件等价：

(b_1) 各个部门的增加价值率都相等，即 $R=\mu E$；

(b_2) 各个部门的产出乘数都相等，即 $D=\mu^{-1}E$；

(b_3) 价值型中间投入系数矩阵是广义列随机的，即 $EA=(1-\mu)E$；

(b_4) 总产值行向量是中间产出系数矩阵的一个左特征向量，即 $X^t\vec{A}=(1-\mu)X^t$；

(b_5) 总产值行向量是高士逆矩阵的一个左特征向量，即 $X^t\vec{L}=\mu^{-1}X^t$。

其中，$\mu=1-\rho(A)$。

证明 显然有(a_2) $\Leftrightarrow \mu E^t=(I-\vec{A})E^t=Y\Leftrightarrow$ (a_1) $\Leftrightarrow \vec{A}E^t=E^t-Y=(1-\mu)E^t\Leftrightarrow$ (a_3) $\Leftrightarrow AX=\hat{X}\vec{A}\hat{X}^{-1}X=\hat{X}\vec{A}E^t=(1-\mu)\hat{X}E^t=(1-\mu)X\Leftrightarrow$($a_4$) $\Leftrightarrow(I-A)X=\mu X\Leftrightarrow X=\mu LX\Leftrightarrow$($a_5$)。($b_2$) $\Leftrightarrow \mu E=E(I-A)=R\Leftrightarrow$($b_1$) $\Leftrightarrow$

$EA = E - R = (1-\mu)E \Leftrightarrow (b_3) \Leftrightarrow X^t\vec{A} = X^t\hat{X}^{-1}A\hat{X} = EA\hat{X} = (1-\mu)E\hat{X} = (1-\mu)X^t \Leftrightarrow (b_4) \Leftrightarrow X^t(I-\vec{A}) = \mu X^t \Leftrightarrow X^t = \mu X^t\vec{L} \Leftrightarrow (b_5)$。由文献[1]中第二章的(1.12)推论可知$\rho(A) = 1-\mu$，即$\mu = 1-\rho(A)$。证毕。

由命题2.19立即可得下面的推论2.6。

推论2.6　(i) 各个部门的最终产出率都相等或各个部门的投入乘数都相等的一个必要条件是$\vec{A}$或A有一个正的右特征向量。(ii) 各个部门的增加价值率都相等或各个部门的产出乘数都相等的一个必要条件是A或$\vec{A}$有一个正的左特征向量。

由命题2.19中的(a)可知，如果$\vec{A}$有一个正的右特征向量，但是E^t不是该特征向量，这意味着仅满足推论2.6的结论(i)中的必要条件，则某些部门的最终产出率仍不相等，且某些部门的投入乘数仍不相等。

由命题2.19中的(b)可知，如果A有一个正的左特征向量，但是E不是该特征向量，这意味着仅满足推论2.6的结论(ii)中的必要条件，则某些部门的增加价值率仍不相等，且某些部门的产出乘数仍不相等。

下列两个问题自然地产生了。

问题2.15　当只有推论2.6的结论(i)中的必要条件被满足时我们如何使各个部门的最终产出率都相等或各个部门的投入乘数都相等？

问题2.16　当只有推论2.6的结论(ii)中的必要条件被满足时我们如何使各个部门的增加价值率都相等或各个部门的产出乘数都相等？

显然，我们必须调整$\vec{A}$，使得E^t是调整后的$\vec{A}$的一个右特征向量；我们必须调整A，使得E是调整后的A的一个左特征向量。

由$\vec{A} = \hat{q}^{-1}\overline{A}\hat{q}$可知，我们必须通过改变产出系统$q$来调整$\vec{A}$；由$A = \hat{p}\overline{A}\hat{p}^{-1}$可知，我们必须通过改变价格系统$p$来调整$A$。为了这两个目的，下列命题2.20给出了产出调整系数列向量和价格调整系数行向量应当满足的某些充分必要条件，它也同时给出了这两个向量的求解公式。

命题2.20　在一个经济系统中，

(a) 下列条件等价：

(a_1) 产出系统的调整能使每个部门的最终产出率在新的产出系统中都等于μ，即$Y^{\#} = \mu E^t$；

（a_2）产出系统的调整能使每个部门的投入乘数在新的产出系统中都等于μ^{-1}，即 $G^{\#}=\mu^{-1}E^t$；

（a_3）产出调整系数列向量是中间产出系数矩阵的一个右特征向量，即$\vec{A}Q=(1-\mu)Q$；

（a_4）产出调整系数列向量是高士逆矩阵的一个右特征向量，即$\vec{L}Q=\mu^{-1}Q$。

（b）下列条件等价：

（b_1）价格系统的调整能使每个部门的增加价值率在新的价格系统中都等于μ，即 $R^*=\mu E$；

（b_2）价格系统的调整能使每个部门的产出乘数在新的价格系统中都等于μ^{-1}，即 $D^*=\mu^{-1}E$；

（b_3）价格调整系数行向量是价值型中间投入系数矩阵的一个左特征向量，即 $PA=(1-\mu)P$；

（b_4）价格调整系数行向量是价值型里昂惕夫逆矩阵的一个左特征向量，即 $PL=\mu^{-1}P$。

其中，$\mu=1-\rho(A)$。

证明 由公式（2.10）可知，（a_1）$\Leftrightarrow G^{\#}=\vec{L}^{\#}E^t=\mu^{-1}\vec{L}^{\#}Y^{\#}=\mu^{-1}E^t\Leftrightarrow$（$a_2$）。由公式（2.24）和公式（2.10）可知，（$a_1$）$\Leftrightarrow \hat{Q}^{-1}(I-\vec{A})Q=(I-\vec{A}^{\#})E^t=Y^{\#}=\mu E^t\Leftrightarrow (I-\vec{A})Q=\mu Q\Leftrightarrow$（$a_3$）$\Leftrightarrow$（$a_4$）。由公式(2.15)可知，（$b_1$）$\Leftrightarrow D^*=EL^*=\mu^{-1}R^*L^*=\mu^{-1}E\Leftrightarrow$（$b_2$）。由公式(2.31)和公式(2.15)可知，（$b_1$）$\Leftrightarrow P(I-A)\hat{P}^{-1}=E(I-A^*)=R^*=\mu E\Leftrightarrow P(I-A)=\mu P\Leftrightarrow$（$b_3$）$\Leftrightarrow$（$b_4$）。证毕。

由命题2.20中的结论（a）可知，我们只要求解$\vec{A}$的对应于$\rho(A)$的一个右特征向量或$\vec{L}$的对应于$[1-\rho(A)]^{-1}$的一个右特征向量，并将此向量作为产出调整系数列向量，则在调整后的产出系统中，每个部门的最终产出率都等于$1-\rho(A)$且每个部门的投入乘数都等于$[1-\rho(A)]^{-1}$。由命题2.20中的结论（b）可知，我们只要求解A的对应于$\rho(A)$的一个左特征向量或L的对应于$[1-\rho(A)]^{-1}$的一个左特征向量，并将此向量作为价格调整系数行向量，则在调整后的价格系统中，每个部门的增加价值率都等于$1-\rho(A)$且每个部门的产出乘数都等于$[1-\rho(A)]^{-1}$。

又一个问题产生了。

问题 2.17　能使各个部门在新的产出系统中有一个相等的最终产出率和一个相等的投入乘数，以及能使各个部门在新的价格系统中有一个相等的增加价值率和一个相等的产出乘数的调整方案（即相应的产出调整系数列向量以及价格调整系数行向量）是唯一的充分必要条件是什么？

根据命题 2.20 和定理 1.1，我们可以得到下面的定理 2.8，它显示了经济调整的可能性与唯一性的某些充分必要条件，这些调整能分别使各个部门在新的产出系统中有一个相等的最终产出率且有一个相等的投入乘数，使各个部门在新的价格系统中有一个相等的增加价值率且有一个相等的产出乘数，因而回答了问题 2.17。

定理 2.8　在一个包含 n 个部门的经济系统中，

（a）下列条件等价：

（a_1）存在一个唯一的产出调整系数列向量，使得每个部门的最终产出率在新的产出系统中都等于 $1-\rho(A)$；

（a_2）存在一个唯一的产出调整系数列向量，使得每个部门的投入乘数在新的产出系统中都等于 $[1-\rho(A)]^{-1}$；

（a_3）$\vec{A}$ 或 A 有一个唯一正的右特征向量；

（a_4）$\vec{L}$ 或 L 有一个唯一正的右特征向量；

（a_5）$\vec{A}$ 或 A 只有一个基本类，它也是 $\vec{A}$ 或 A 的唯一的最终类；即经济系统中的每个部门都直接或间接消耗其他部门的中间产品；或者，对应于 $\vec{A}$ 的一个上三角的弗罗宾纽斯标准型：

$$W\vec{A}W^t=\begin{bmatrix}\vec{A}_{11} & \vec{A}_{12} & \cdots & \vec{A}_{1r}\\ & \vec{A}_{22} & \cdots & \vec{A}_{2r}\\ & & \ddots & \vdots\\ 0 & & & \vec{A}_{rr}\end{bmatrix}$$

该经济系统可根据中间产品之间的相互依赖关系，划分为 r 个子经济系统 S_1，S_2，…，S_r，其对应的产出调整系数列向量是：

$$Q=\begin{bmatrix} Q_{(1)} \\ Q_{(2)} \\ \vdots \\ Q_{(r)} \end{bmatrix}$$

$2\leqslant r\leqslant n$，S_k 中的每个部门都直接或间接消耗 S_k 中的其他部门的中间产品，或 S_k 只由一个部门组成，$k=1,2,\cdots,r$，并且，S_j 不消耗 $S_{j+1},\cdots,S_r$ 中的任何中间产品，但 S_j 至少向 $S_{j+1},\cdots,S_r$ 中的一个子经济系统提供中间产品，$j=1,\cdots,r-1$。此外，与 S_r 相对应的中间产出系数子方阵 $\vec{A}_{rr}$ 的谱半径 $\rho(\vec{A}_{rr})$ 大于其他中间产出系数子方阵的谱半径，即 $\lambda=\rho(\vec{A})=\rho(\vec{A}_{rr})>\rho(\vec{A}_{ii})$，$i=r-1,\cdots,1$，其中，$S_r$ 的产出调整系数列向量 $Q_{(r)}$ 是 $\vec{A}_{rr}$ 的一个唯一正的右特征向量，且 $S_{r-1},\cdots,S_1$ 的每个产出调整系数是 $Q_{(r)}$ 的分量的线性函数，其解析表达式为：

$$Q_{(r-1)}=(\lambda I_{r-1}-\vec{A}_{r-1r-1})^{-1}\vec{A}_{r-1r}Q_{(r)} \tag{2.88}$$

或当 $p_0=r>2$ 时，

$$Q_{(k)}=(\lambda I_k-\vec{A}_{kk})^{-1}\left\{\vec{A}_{kr}+\sum_{j=1}^{r-1-k}\left[\sum_{p_1=r-1}^{k+j}\cdots\sum_{p_j=p_{j-1}-1}^{k+1}\vec{A}_{kp_j}\prod_{x=j}^{1}(\lambda I_{p_x}-\vec{A}_{p_xp_x})^{-1}\vec{A}_{p_xp_{x-1}}\right]\right\}Q_{(r)}$$

$$(k=r-2,\cdots,1) \tag{2.89}$$

（a_6）$\vec{L}$ 或 L 只有一个基本类，它也是 $\vec{L}$ 或 L 的唯一的最终类。

（b）下列条件等价：

（b_1）存在一个唯一的价格调整系数行向量，使得每个部门的增加价值率在新的价格系统中都等于 $1-\rho(A)$；

（b_2）存在一个唯一的价格调整系数行向量，使得每个部门的产出乘数在新的价格系统中都等于 $[1-\rho(A)]^{-1}$；

（b_3）A 或 $\vec{A}$ 有一个唯一正的左特征向量；

（b_4）L 或 $\vec{L}$ 有一个唯一正的左特征向量；

（b_5）A 或 $\vec{A}$ 只有一个基本类，它也是 A 或 $\vec{A}$ 的唯一的初始类；即经济系统中的每个部门都直接或间接消耗其他部门的中间产品；或者，对应于 A 的一个上三角的弗罗宾纽斯标准型：

$$WAW^t = \begin{bmatrix} A_{11} & A_{12} & \cdots & A_{1r} \\ & A_{22} & \cdots & A_{2r} \\ & & \ddots & \vdots \\ 0 & & & A_{rr} \end{bmatrix}$$

该经济系统可根据中间产品之间的相互依赖关系，划分为 r 个子经济系统 $S_1, S_2, \cdots, S_r$，其对应的价格调整系数行向量是 $P = (P_{(1)}, P_{(2)}, \cdots, P_{(r)})$，$2 \leqslant r \leqslant n$，$S_k$ 中的每个部门都直接或间接消耗 S_k 中的其他部门的中间产品，或 S_k 只由一个部门组成，$k = 1, 2, \cdots, r$，并且，S_i 不向 $S_1, \cdots, S_{i-1}$ 提供任何中间产品，但 S_i 至少消耗 $S_1, \cdots, S_{i-1}$ 中一个子经济系统的中间产品，$i = 2, \cdots, r$。此外，与 S_1 相对应的价值型中间投入系数子方阵 A_{11} 的谱半径 $\rho(A_{11})$ 大于其他价值型中间投入系数子方阵的谱半径，即 $\lambda = \rho(A) = \rho(A_{11}) > \rho(A_{ii})$，$i = 2, \cdots, r$，其中，$S_1$ 的价格调整系数行向量 $P_{(1)}$ 是 A_{11} 的一个唯一正的左特征向量，且 $S_2, \cdots, S_r$ 的每个价格调整系数是 $P_{(1)}$ 的分量的线性函数，其解析表达式为：

$$P_{(2)} = P_{(1)} A_{12} (\lambda I_2 - A_{22})^{-1} \tag{2.90}$$

或当 $b_0 = 1 < r - 1$ 时，

$$P_{(a)} = P_{(1)} \left\{ A_{1a} + \sum_{j=1}^{a-2} \left[\sum_{b_1=2}^{a-j} \cdots \sum_{b_j=b_{j-1}+1}^{a-1} \prod_{x=1}^{j} A_{b_{x-1}b_x} (\lambda I_{b_x} - A_{b_x b_x})^{-1} A_{b_j a} \right] \right\} (\lambda I_a - A_{aa})^{-1}$$

$$(a = 3, \cdots, r) \tag{2.91}$$

（b_6）L 或 $\vec{L}$ 只有一个基本类，它也是 L 或 $\vec{L}$ 的唯一的初始类。

例 2.6 令：

$$\vec{A} = \begin{bmatrix} 0.5 & 0.1 & 0.2 \\ 0 & 0.6 & 0 \\ 0 & 0 & 0.6 \end{bmatrix}$$

因此有：

$$\vec{L} = \begin{bmatrix} 2 & 0.5 & 1 \\ 0 & 2.5 & 0 \\ 0 & 0 & 2.5 \end{bmatrix}$$

则 $\vec{A}$ 不是广义行随机的，

$$Y = \begin{bmatrix} 0.2 \\ 0.4 \\ 0.4 \end{bmatrix}, \quad G = \begin{bmatrix} 3.5 \\ 2.5 \\ 2.5 \end{bmatrix}$$

所以各个部门的最终产出率不完全相等，且各个部门的投入乘数不完全一致。然而，我们可求得 $\vec{A}$ 有一个对应于 $\rho(\vec{A}) = 0.6$ 的正的右特征向量：

$$\begin{bmatrix} 5 \\ 1 \\ 2 \end{bmatrix}$$

令产出调整系数列向量 Q 等于此向量，则调整后的中间产出系数矩阵和高士逆矩阵分别是：

$$\vec{A}^{\#} = \hat{Q}^{-1}\vec{A}\hat{Q} = \begin{bmatrix} 0.5 & 0.02 & 0.08 \\ 0 & 0.6 & 0 \\ 0 & 0 & 0.6 \end{bmatrix}$$

$$\vec{L}^{\#} = \hat{Q}^{-1}\vec{L}\hat{Q} = \begin{bmatrix} 2 & 0.1 & 0.4 \\ 0 & 2.5 & 0 \\ 0 & 0 & 2.5 \end{bmatrix}$$

所以 $\vec{A}^{\#}E^{t} = 0.6E^{t}$ 和 $G^{\#} = 2.5E^{t}$ 都是广义行随机的。即 Q 能使每个部门的最终产出率在新的产出系统中都等于 $1 - 0.6 = 0.4$，且能使每个部门的投入乘数在新的产出系统中都等于 $(0.4)^{-1} = 2.5$。由于 $\vec{A}$ 有两个既是基本的又是最终的类，因此 Q 不是一个唯一的能使每个部门的最终产出率在新的产出系统中都等于 0.4，且能使每个部门的投入乘数在新的产出系统中都等于 2.5 的产出调整系数列向量。因为列向量

$$\begin{bmatrix} 4 \\ 2 \\ 1 \end{bmatrix}$$

也是 $\vec{A}$ 的对应于 0.6 的一个正的右特征向量，所以它也是一个能使每个部门的最终产出率在新的产出系统中都等于 0.4，且能使每个部门的投入乘数在新的产出系统中都等于 2.5 的产出调整系数列向量。其中调整后的中间产出系数矩阵和高士逆矩阵分别是：

$$\vec{A}^{\#} = \begin{bmatrix} 0.5 & 0.05 & 0.05 \\ 0 & 0.6 & 0 \\ 0 & 0 & 0.6 \end{bmatrix}$$

$$\vec{L}^{\#} = \begin{bmatrix} 2 & 0.25 & 0.25 \\ 0 & 2.5 & 0 \\ 0 & 0 & 2.5 \end{bmatrix}$$

实际上，$\vec{A}$ 有无穷多个线性无关的正的右特征向量，即存在无穷多个能使每个部门的最终产出率在新的产出系统中都等于 0.4，且能使每个部门的投入乘数在新的产出系统中都等于 2.5 的产出调整系数列向量。

例 2.7　令：

$$\vec{A}=\begin{bmatrix}0.5 & 0 & 0.3\\ 0 & 0.6 & 0.1\\ 0 & 0 & 0.8\end{bmatrix}$$

因此有：

$$\vec{L}=\begin{bmatrix}2 & 0 & 3\\ 0 & 2.5 & 1.25\\ 0 & 0 & 5\end{bmatrix}$$

则 $\vec{A}$ 不是广义行随机的，

$$Y=\begin{bmatrix}0.2\\ 0.3\\ 0.2\end{bmatrix},\qquad G=\begin{bmatrix}5\\ 3.75\\ 5\end{bmatrix}$$

所以各个部门的最终产出率不完全一致，且各个部门的投入乘数不完全相等。然而可约的 $\vec{A}$ 只有一个基本类，它也是唯一的最终类，且 $\rho(\vec{A})=0.8$。令：

$$Q=\begin{bmatrix}Q_{(1)}\\ Q_{(2)}\\ Q_{(3)}\end{bmatrix}$$

且 $Q_{(3)}=2$，则由公式（2.88）和公式（2.89）可得：

$$Q_{(2)}=(0.8-\vec{A}_{22})^{-1}\vec{A}_{23}Q_{(3)}=(0.8-0.6)^{-1}\times 0.1\times 2=1$$

$$\begin{aligned}Q_{(1)}&=(0.8-\vec{A}_{11})^{-1}[\vec{A}_{13}+\vec{A}_{12}(0.8-\vec{A}_{22})^{-1}\vec{A}_{23}]Q_{(3)}\\&=(0.8-0.5)^{-1}(0.3+0)\times 2=2\end{aligned}$$

因此存在一个唯一的产出调整系数列向量：

$$Q=\begin{bmatrix}2\\ 1\\ 2\end{bmatrix}$$

使得 $\vec{A}Q=0.8Q$，调整后的中间产出系数矩阵和高士逆矩阵分别是：

$$\vec{A}^{\#}=\hat{Q}^{-1}\vec{A}\hat{Q}=\begin{bmatrix}0.5 & 0 & 0.3\\0 & 0.6 & 0.2\\0 & 0 & 0.8\end{bmatrix}$$

$$\vec{L}^{\#}=\hat{Q}^{-1}\vec{L}\hat{Q}=\begin{bmatrix}2 & 0 & 3\\0 & 2.5 & 2.5\\0 & 0 & 5\end{bmatrix}$$

所以 $\vec{A}^{\#}E^{t}=0.8E^{t}$ 和 $G^{\#}=5E^{t}$ 都是广义行随机的。即 Q 能使每个部门的最终产出率在新的产出系统中都等于 $1-0.8=0.2$，且能使每个部门的投入乘数在新的产出系统中都等于 $(0.2)^{-1}=5$。

例 2.8　令：

$$A=\begin{bmatrix}0.8 & 0 & 0.3\\0 & 0.8 & 0.1\\0 & 0 & 0.5\end{bmatrix}$$

因此有：

$$L=\begin{bmatrix}5 & 0 & 3\\0 & 5 & 1\\0 & 0 & 2\end{bmatrix}$$

则 A 不是广义列随机的，$R=(0.2,\ 0.2,\ 0.1)$，且 $D=(5,\ 5,\ 6)$。所以，各个部门的增加价值率不完全相等，且各个部门的产出乘数不完全一致。然而，我们可求得 A 有一个对应于 $\rho(A)=0.8$ 的正的左特征向量 $(1,\ 3,\ 2)$。令 P 就等于此向量，则调整后的价值型中间投入系数矩阵和价值型里昂惕夫逆矩阵分别是：

$$A^{*}=\hat{P}A\hat{P}^{-1}=\begin{bmatrix}0.8 & 0 & 0.15\\0 & 0.8 & 0.15\\0 & 0 & 0.5\end{bmatrix}$$

$$L^{*}=\hat{P}L\hat{P}^{-1}=\begin{bmatrix}5 & 0 & 1.5\\0 & 5 & 1.5\\0 & 0 & 2\end{bmatrix}$$

所以 $EA^{*}=0.8E$ 和 $D^{*}=5E$ 都是广义列随机的。即 P 能使每个部门的增加价值率在新的价格系统中都等于 $1-0.8=0.2$，且能使每个部门的产出乘数在新的价格系统中都等于 $(0.2)^{-1}=5$。由于 A 有两个既是基本的又是初始的类，因此 P 不是一个唯一的能使每个部门的增加价值率在新的价格系统中都等于0.2，且能使每个部门的产出乘数在新的价格系统中都等于5的价格调整系数行向量。因为行向量（1，0.6，1.2）也是A的对应于0.8的一个正的左特征向量，所以它也是一个能使每个部门的增加价值率在新的价格系统中都等于0.2，且能使每个部门的产出乘数在新的价格系统中都等于5的价格调整系数行向量。其中，调整后的价值型中间投入系数矩阵和价值型里昂惕夫逆矩阵分别是：

$$A^* = \begin{bmatrix} 0.8 & 0 & 0.25 \\ 0 & 0.8 & 0.05 \\ 0 & 0 & 0.5 \end{bmatrix}$$

$$L^* = \begin{bmatrix} 5 & 0 & 2.5 \\ 0 & 5 & 0.5 \\ 0 & 0 & 2 \end{bmatrix}$$

事实上，A有无穷多个线性无关的正的左特征向量，即存在无穷多个能使每个部门的增加价值率在新的价格系统中都等于0.2，且能使每个部门的产出乘数在新的价格系统中都等于5的价格调整系数行向量。

例2.9　令：

$$A = \begin{bmatrix} 0.6 & 0.1 & 0.3 \\ 0 & 0.4 & 0 \\ 0 & 0 & 0.2 \end{bmatrix}$$

因此有：

$$L = \begin{bmatrix} 2.5 & 5/12 & 15/16 \\ 0 & 5/3 & 0 \\ 0 & 0 & 1.25 \end{bmatrix}$$

则A不是广义列随机的，$R=(0.4, 0.5, 0.5)$，$D=(2.5, 25/12, 35/16)$。所以，各个部门的增加价值率不完全一致，且各个部门的产出乘数不完全相等。然而，可约的A只有一个基本类，它也是唯一的初始类，且$\rho(A)=0.6$。令$P=(P_{(1)}, P_{(2)}, P_{(3)})$且$P_{(1)}=2$。则由公式（2.90）和公式（2.91）可得：

$$P_{(2)} = P_{(1)}A_{12}(0.6-A_{22})^{-1} = 2\times 0.1\times(0.6-0.4)^{-1} = 1$$

$$\begin{aligned} P_{(3)} &= P_{(1)}[A_{13}+A_{12}(0.6-A_{22})^{-1}A_{23}](0.6-A_{33})^{-1} \\ &= 2(0.3+0)(0.6-0.2)^{-1} = 1.5 \end{aligned}$$

因此，存在一个唯一的价格调整系数行向量$P=(2, 1, 1.5)$，使得$PA=$

0. 6P，调整后的价值型中间投入系数矩阵和价值型里昂惕夫逆矩阵分别是：

$$A^* = \hat{P}A\hat{P}^{-1} = \begin{bmatrix} 0.6 & 0.2 & 0.4 \\ 0 & 0.4 & 0 \\ 0 & 0 & 0.2 \end{bmatrix}$$

$$L^* = \hat{P}L\hat{P}^{-1} = \begin{bmatrix} 2.5 & 5/6 & 1.25 \\ 0 & 5/3 & 0 \\ 0 & 0 & 1.25 \end{bmatrix}$$

所以 $EA^* = 0.6E$ 和 $D^* = 2.5E$ 都是广义列随机的。即 P 能使每个部门的增加价值率在新的价格系统中都等于 $1 - 0.6 = 0.4$，且能使每个部门的产出乘数在新的价格系统中都等于 $(0.4)^{-1} = 2.5$。

第十二节　经济系统的两种平衡状态及其相关条件

一　最终产值与增加价值之间和投入乘数与产出乘数之间的平衡

在一个由价值型投入产出表显示的经济系统中，各个部门的最终产值之和等于各个部门的增加价值之和，即：

$$EF = EV^t \tag{2.92}$$

这也就是国民生产总值（GNP）。然而，在一般情况下，某个部门的最终产值不一定等于该部门的增加价值，即 $F \neq V^t$。但是，从理论上讲，各个部门的最终产值都等于其各自部门的增加价值的情况也可能发生，即最终产值向量等于增加价值向量（$F = V^t$）的情况也可能发生。

由于总产值模型为 $X = LF$［公式（2.12）］，而总投入值模型为 $X^t = V\vec{L}$［公式（2.16）］，因此有：

$$\frac{\partial x_j}{\partial l_{ji}} = f_i \qquad \frac{\partial x_k}{\partial \vec{l}_{ik}} = v_i \qquad (i, j, k = 1, 2, \cdots, n)$$

所以，部门 i 的最终产值等于部门 i 的增加价值的一个经济解释为：部门 j 的总产值关于部门 i 对部门 j 的价值型完全需要系数的变化率等于部门 k 的总投入值关于部门 i 对部门 k 的完全供给系数的变化率，i，j，$k = 1$，2，…，n。

由命题 2. 13 和命题 2. 14 可知：

$$g_i = d_i \Leftrightarrow \frac{\partial w}{\partial v_i} = \frac{\partial w}{\partial f_i} \qquad (i=1,\ 2,\ \cdots,\ n) \tag{2.93}$$

即一个部门的投入乘数等于这个部门的产出乘数的一个经济解释为：各个部门中间投入值之和对该部门初始投入值的变化率等于各个部门中间产值之和对该部门最终产值的变化率。

由第五节可知，增加价值或初始投入的变动等价于价格系统的变动，实物型最终产出的变动等价于实物型总产出系统的变动。所以，投入乘数对应于价格系统的变动，这可能是由劳动力成本推动或利润变动引起的。与此相对偶，产出乘数对应于产出系统的变动，这是由需求拉动引起的。在一般情况下，某个部门的投入乘数不一定等于该部门的产出乘数，即有 $G \neq D^t$。如果一个部门的投入乘数大于该部门的产出乘数，这意味着该部门的价格或供给的变动对经济系统的中间投入值总和的影响超过了产量或需求的变动对经济系统的中间产值总和的影响。反之，如果一个部门的产出乘数大于该部门的投入乘数，这意味着该部门的产量或需求的变动对经济系统的中间产值总和的影响超过了价格或供给的变动对经济系统的中间投入值总和的影响。作为中庸之道，如果一个部门的投入乘数等于该部门的产出乘数，这意味着该部门的价格或供给的变动对经济系统的中间投入值总和的影响等价于产量或需求的变动对经济系统的中间产值总和的影响[见公式（2.93）]。特别的，如果每个部门的投入乘数都分别等于其各自部门的产出乘数，即 $G = D^t$，这意味着每个部门的价格或供给的变动对经济系统的中间投入值总和的影响都分别等于其各自部门的产量或需求的变动对经济系统的中间产值总和的影响。

简单地说，一个部门的投入乘数反映了该部门初始投入的变动对经济系统的中间总成本的推动作用；而一个部门的产出乘数反映了该部门最终需求的变动对经济系统的中间总成本的拉动作用。在一般情况下，某个部门的初始投入变动对经济系统的中间总成本的推动作用在数量上不一定等于该部门的最终需求变动对经济系统的中间总成本的拉动作用，即某个部门的投入（或供给）乘数可能不等于该部门的产出（或需求）乘数，即 $G \neq D^t$。但是，从理论上讲，各个部门的初始投入变动对经济系统的中间总成本的推动作用在数量上正好分别等于其各自部门的最终需求变动对经济系统的中间总成本的拉动作用的情况也可能发生，即投入乘数向量等于产出乘数向量（$G = D^t$）的情况也可能发生。如果一个部门的投入（或供给）乘数大于该部门的产出（或需求）乘数，那么，这意味着该部门的价格变动对经济系统的中间总成本的影响大于产出变动对经济系统的中间总成本的影响。反之，如果一个部门的产出（或需求）乘数大于该部门的投入（或供给）乘数，那么，这意味着该部门的产出变动对经济系统的中间总成本的影响大于价格变动对经济系统的中间总成本的影响。

命题 2.21 在一个经济系统中，（i）如果一个部门的最终产值大（小）于本部门的增加价值，则至少存在另一个部门，它的最终产值小（大）于本部门的增加价值；（ii）如果一个部门的投入乘数大（小）于本部门的产出乘数，则至少存在另一个部门，它的投入乘数小（大）于本部门的产出乘数。

证明 如果结论（i）不成立，则有 $F-V^t>0$ 或 $V^t-F>0$。因此 $EF-EV^t>0$ 或 $EV^t-EF>0$，这矛盾于公式（2.92）。如果结论（ii）不成立，则有 $G-D^t>0$ 或 $D^t-G>0$。由 $\vec{L}=\hat{X}^{-1}L\hat{X}$可得：

$$G-D^t>0\Leftrightarrow \hat{X}^{-1}L\hat{X}E^t-L^tE^t>0\Leftrightarrow LX-\hat{X}L^tE^t>0$$

$$\Rightarrow ELX-ELX=ELX-X^tL^tE^t=ELX-E\hat{X}L^tE^t>0$$

因而产生矛盾。类似的，$D^t-G>0$ 也会产生同样的矛盾。证毕。

由命题 2.21 可知，所有部门的最终产值分别大（小）于其各自部门的增加价值的情况是不会发生的。所有部门的投入乘数分别大（小）于其各自部门的产出乘数的情况也是不会发生的。

定义 2.4 在一个经济系统中，（i）如果所有部门的最终产值分别等于其各自部门的增加价值，即 $F=V^t$，则称最终产值与增加价值之间是平衡的，或称增加价值与最终产值之间是平衡的；否则，至少存在一个部门，其最终产值不等于该部门的增加价值，即 $F\neq V^t$，则称最终产值与增加价值之间是非平衡的。（ii）如果所有部门的投入乘数分别等于其各自部门的产出乘数，即 $G=D^t$，则称投入乘数与产出乘数之间是平衡的，或称产出乘数与投入乘数之间是平衡的；否则，至少存在一个部门，其投入乘数不等于该部门的产出乘数，即 $G\neq D^t$，则称投入乘数与产出乘数之间是非平衡的。

下面，我们再提出两个问题：

问题 2.18 最终产值与增加价值之间是平衡的充分必要条件是什么？

问题 2.19 投入乘数与产出乘数之间是平衡的充分必要条件是什么？

下列的命题 2.22 一般地回答了这两个问题。

命题 2.22　在一个经济系统中，

(a) 下列条件等价：

(a_1) 最终产值与增加价值之间是平衡的，即 $F = V^t$；

(a_2) 每个部门的最终产出率分别等于其各自部门的增加价值率，即 $Y = R^t$；

(a_3) 每个部门的中间产值分别等于其各自部门的中间投入值，即 $EZ^t = EZ$；

(a_4) 每个部门的中间产出率分别等于其各自部门的中间投入率，即 $E\vec{A}^t = EA$；

(a_5) 总产值行向量是 M_1 的一个左特征向量，即 $X^t M_1 = X^t$；

(a_6) 增加价值行向量是 M_2 的一个左特征向量，即 $VM_2 = V$；

(a_7) 总产值行向量是 M_3 的一个左特征向量，即 $X^t M_3 = X^t$；

(a_8) 总产值列向量是 M_4 的一个右特征向量，即 $M_4 X = X$；

(a_9) 最终产值列向量是 M_5 的一个右特征向量，即 $M_5 F = F$；

(a_{10}) 总产值列向量是 M_6 的一个右特征向量，即 $M_6 X = X$；

(a_{11}) M_7 是列随机的，即 $EM_7 = E$；

(a_{12}) 增加价值率行向量是 M_8 的一个的左特征向量，即 $RM_8 = R$；

(a_{13}) M_9 是列随机的，即 $EM_9 = E$；

(a_{14}) M_{10}是行随机的，即 $M_{10} E^t = E^t$；

(a_{15}) 最终产出率列向量是 M_{11}的一个右特征向量，即 $M_{11} Y = Y$；

(a_{16}) M_{12}是行随机的，即 $M_{12} E^t = E^t$。

(b) 下列条件等价：

(b_1) 投入乘数与产出乘数之间是平衡的，即 $G = D^t$；

(b_2) 总产值行向量是齐次线性方程组 $N(\hat{G} - \vec{L}) = 0$ 的一个解向量，其中 N 代表未知行向量，即 $X^t(\hat{G} - \vec{L}) = 0$；

(b_3) 总产值列向量是齐次线性方程组 $(\hat{D} - L)H = 0$ 的一个解向量，其中 H 代表未知列向量，即 $(\hat{D} - L)X = 0$。

(c) 如果价值型中间产品交易矩阵是对称的，即 $Z = Z^t$，则 (a_k) 和 (b_m) 都成立，$k = 1, 2, \cdots, 16$，$m = 1, 2, 3$。

证明　(a_5) $\Leftrightarrow X^t(\vec{A} + \hat{Y}) = X^t = X^t M_{10} = X^t(\vec{A} + \hat{R}) \Leftrightarrow Y^t \hat{X} = R\hat{X} \Leftrightarrow$ (a_2) $\Leftrightarrow F = \hat{X}Y = \hat{X}R^t = V^t \Leftrightarrow$ (a_1) $\Leftrightarrow EZ^t = X^t - F^t = X^t - V = EZ \Leftrightarrow$ (a_3) $\Leftrightarrow E\vec{A}^t \hat{X} =$

$EA\hat{X}$⇔(a_4)；(a_6)⇔ $V = VM_2 = F^t$⇔(a_1)。由命题 2.5 中的结论(i)可知(a_5)⇔(a_7)。由命题 2.8 中的结论(i)可知，(a_8)⇔(a_{10})。此外，(a_8)⇔$F = X - AX = M_4X - AX = \hat{R}X = V^t$ ⇔(a_1)⇔ $M_5F = V^t = F$ ⇔(a_9)。根据 M_i 与 M_{i+6}之间的相似性，可知(a_{4+i})⇔(a_{10+i})，$i = 1$，2，…，6。

(b_1)⇔ $G^t = EL = E\hat{X}\vec{L}\hat{X}^{-1}$⇔ $X^t\hat{G} = G^t\hat{X} = X^t\vec{L}$ ⇔(b_2)。此外，(b_1)⇔$D^t = \vec{L}E^t = \hat{X}^{-1}L\hat{X}E^t$⇔ $\hat{D}X = \hat{X}D^t = LX$ ⇔(b_3)。

显然，有 $Z = Z^t$⇒(a_3)，并且 $Z = Z^t$ ⇔ $\vec{A} = \hat{X}^{-1}Z = \hat{X}^{-1}Z^t = \hat{X}^{-1}\hat{X}A^t = A^t$⇔ $\vec{L} = L^t$⇒(b_1)。证毕。

推论 2.7 在一个经济系统中，最终产值与增加价值之间是平衡的，或投入乘数与产出乘数之间是平衡的，其必要条件是：$\vec{A}$（或 A）是不可约的；$\vec{A}$（或 A）是可约的，并且 $\vec{A}$（或 A）的类都是最终的或都是初始的。

证明 我们只需证明，如果 $\vec{A}$（或 A）至少有一个非最终类或非初始类，则最终产值与增加价值之间是非平衡的，且投入乘数与产出乘数之间是非平衡的。

根据定理 2.5 中的结论（c.1），如果 $\vec{A}$（或 A）至少有一个非最终类或非初始类，则 M_1 没有正的左特征向量。因此，命题 2.22 中的条件（a_5）不成立。所以，由命题 2.22 中的结论（a）可知最终产值与增加价值之间是非平衡的。

设 $\alpha \geqslant \max(g_1, g_2, \cdots, g_n)$，则 $\alpha I - \hat{G} + \vec{L} > 0$ 是广义行随机矩阵，即 $(\alpha I - \hat{G} + \vec{L})E^t = \alpha E^t$。因此下列条件等价：

(i) $\vec{A}$ 至少有一个非最终（或非初始）的类；

(ii) $\vec{L}$ 至少有一个非最终（或非初始）的类；

(iii) $\alpha I - \hat{G} + \vec{L}$ 至少有一个非最终（或非初始）的类；

(iv) $\alpha I - \hat{G} + \vec{L}$ 没有正的左特征向量；

(v) 齐次线性方程组 $N(\hat{G} - \vec{L}) = 0$ 没有正的（行）解向量。

其中，[(i)⇔(ii)]可由定理 1.4 中的结论(iv)得到。[(ii)⇔(iii)]和[(iv)⇔(v)]是显然的。[(iii)⇔(iv)]可由定理 1.3 中的结论（c）得到。条件（v）蕴含命题 2.22 中的条件（b_2）不成立。因此，由命题 2.22 中的结论（b）可知投入乘数与产出乘数之间是非平衡的。证毕。

二　使经济系统达到平衡状态的两种调整方法

如果 M_1 有一个正的左特征向量，但总产值行向量 X^t 不是该特征向量，即命题2.22 中的条件（a_5）不满足，根据定理1.3 中的结论（a）和（b），这意味着只有推论2.7 中的必要条件被满足，则最终产值与增加价值之间还是非平衡的。

如果齐次线性方程组 $N(\hat{G}-\vec{L})=0$ 有一个正的（行）解向量，但是，总产值行向量 X^t 不是这个解向量，即命题2.22 中的条件（b_2）不满足，根据定理1.3 和定理1.4，这意味着只有推论2.7 中的必要条件被满足，则投入乘数与产出乘数之间仍是非平衡的。

接下来的两个问题自然地产生了。

问题2.20　当只有推论2.7 中的必要条件被满足时，如何能使最终产值与增加价值之间达到平衡状态？

问题2.21　当只有推论2.7 中的必要条件被满足时，怎样能使投入乘数与产出乘数之间达到平衡状态？

根据前几节的内容，我们可立即想到解决问题2.20 和问题2.21 的方法，即通过两种方式来调整经济系统。第一种方式是在价格系统不变的情况下调整产出系统；第二种方式是在产出系统不变的情况下调整价格系统。为了这两个目的，下列命题2.23 揭示了产出调整系数列向量和价格调整系数行向量应当满足的某些充分必要条件，它也同时给出了这两个向量的求解公式。

命题2.23　在一个经济系统中，

（a）下列条件等价：

（a_1）产出系统的调整能使在新的产出系统中最终产值与增加价值之间是平衡的，即 $F^{\#}=(V^{\#})^t$；

（a_2）产出调整系数列向量是 M_{10} 的一个右特征向量，即 $M_{10}Q=Q$；

（a_3）产出调整系数列向量是 M_{12} 的一个右特征向量，即 $M_{12}Q=Q$。

（b）下列条件等价：

（b_1）价格系统的调整能使在新的价格系统中增加价值与最终产值之间是平衡的，即 $V^*=(F^*)^t$；

（b_2）价格调整系数行向量是 M_7 的一个左特征向量，即 $PM_7=P$；

（b_3）价格调整系数行向量是 M_9 的一个左特征向量，即 $PM_9=P$。

（c）下列条件等价：

（c_1）产出系统的调整能使由新的产出系统重新确定的所有部门的投入乘数分别等于其各自部门的产出乘数，即 $G^{\#}=D^{t}$，因而使投入乘数与产出乘数之间达到平衡状态；

（c_2）产出调整系数列向量是齐次线性方程组（$\hat{D}-\vec{L}$）$H=0$ 的一个解向量，其中，H 代表未知列向量，即（$\hat{D}-\vec{L}$）$Q=0$。

（d）下列条件等价：

（d_1）价格系统的调整能使由新的价格系统重新确定的所有部门的产出乘数分别等于其各自部门的投入乘数，即 $D^{*}=G^{t}$，因而使产出乘数与投入乘数之间达到平衡状态；

（d_2）价格调整系数行向量是齐次线性方程组 $N(\hat{G}-L)=0$ 的一个解向量，其中 N 代表未知行向量，即 $P(\hat{G}-L)=0$。

（e）下列条件等价：

（e_1）每个部门的增加价值率都等于 μ，即 $R=\mu E$；

（e_2）产出调整系数列向量是中间产出系数矩阵的一个右特征向量，当且仅当它是 M_{10}的一个右特征向量，这也等价于产出调整系数列向量是齐次线性方程组（$\hat{D}-\vec{L}$）$H=0$ 的一个解向量，即 $\vec{A}Q=(1-\mu)Q\Leftrightarrow M_{10}Q=Q\Leftrightarrow(\hat{D}-\vec{L})Q=0$。

（f）下列条件等价：

（f_1）每个部门的最终产出率都等于 μ，即 $Y=\mu E^{t}$；

（f_2）价格调整系数行向量是价值型中间投入系数矩阵的一个左特征向量，当且仅当它是 M_7 的一个左特征向量，这也等价于价格调整系数行向量是齐次线性方程组 $N(\hat{G}-L)=0$的一个解向量，即 $PA=(1-\mu)P\Leftrightarrow PM_7=P\Leftrightarrow P(\hat{G}-L)=0$。

其中，$\mu=1-\rho(A)$。

证明 先证结论（a）。由公式（2.20）和公式（2.23）可知：

$$(a_1)\Leftrightarrow\hat{X}(I-\vec{A})Q=\hat{V}Q\Leftrightarrow Q=\vec{L}\hat{X}^{-1}\hat{V}Q=\vec{L}\hat{R}Q\Leftrightarrow(a_3)$$

由命题 2.12 中的结论（i）可知，$(a_3)\Leftrightarrow(a_2)$。

下面证结论（b）。由公式（2.27）和公式（2.30）可知：

$$(b_1)\Leftrightarrow P(I-A)\hat{X}=P\hat{F}\Leftrightarrow P=P\hat{F}\hat{X}^{-1}L=P\hat{Y}L\Leftrightarrow(b_3)$$

由命题2.10中的结论（i）可知，$(b_3) \Leftrightarrow (b_2)$。

下面证结论（c）。由公式（2.25）可知：

$(c_1) \Leftrightarrow \hat{Q}^{-1}\vec{L}\hat{Q}E^t = \vec{L}^{\#}E^t = D^t \Leftrightarrow \vec{L}Q = \hat{Q}D^t = \hat{D}Q \Leftrightarrow (c_2)$

下面证结论（d）。由公式（2.32）可知：

$(d_1) \Leftrightarrow E\hat{P}L\hat{P}^{-1} = EL^* = G^t \Leftrightarrow PL = G^t\hat{P} = P\hat{G} \Leftrightarrow (d_2)$

下面证结论（e）。令（e_1）成立，则有：

$$\vec{A}Q = (1-\mu)Q \Leftrightarrow M_{10}Q = (\vec{A}+\hat{R})Q = (\vec{A}+\mu I)Q = Q$$

且由第十一节中的命题2.19中的结论（b）和命题2.20中的结论（a）可知：

$$\vec{A}Q = (1-\mu)Q \Leftrightarrow (\hat{D}-\vec{L})Q = (\mu^{-1}I-\vec{L})Q = 0$$

反之，令(e_2)成立，则$\vec{A}Q = (1-\mu)Q \Leftrightarrow \vec{A}Q + \hat{R}Q = M_{10}Q = Q$，所以$\hat{Q}R^t = \hat{R}Q = \mu Q = \mu\hat{Q}E^t$，即$R = \mu E$。

下面证结论（f）。令（f_1）成立，则有：

$$PA = (1-\mu)P \Leftrightarrow PM_7 = P(A+\hat{Y}) = P(A+\mu I) = P$$

且由第十一节中的命题2.19中的结论（a）和命题2.20中的结论（b）可知：

$$PA = (1-\mu)P \Leftrightarrow P(\hat{G}-L) = P(\mu^{-1}I-L) = 0$$

反之，令（f_2）成立，则$PA = (1-\mu)P \Leftrightarrow PA + P\hat{Y} = PM_7 = P$，所以$Y^t\hat{P} = P\hat{Y} = \mu P = \mu E\hat{P}$，即$Y = \mu E^t$。证毕。

由命题2.23中的结论（a）可知，我们只需要求解M_{10}或M_{12}的一个正的右特征向量，并将此向量作为产出调整系数列向量，则在调整后的产出系统中，最终产值与增加价值之间是平衡的。由命题2.23中的结论（b）可知，我们只需要求解M_7或M_9的一个正的左特征向量，并将此向量作为价格调整系数行向量，则在调整后的价格系统中，增加价值与最终产值之间是平衡的。由命题2.23中的结论（c）可知，我们只需要求解齐次线性方程组$(\hat{D}-\vec{L})H=0$的一个正的（列）解向量，并将此向量作为产出调整系数列向量，则调整后的所有部门的投入乘数分别等于其各自部门的产出乘数，因而使投入乘数与产出乘数之间达到平衡状态。由命题2.23中的结论（d）可知，我们只需要求解齐次线性方程组$N(\hat{G}-L)=0$的一个正的（行）解向量，并将此向量作为价格调整系数行向量，则调整后的所有部门的产出乘数分别等于其各自部门的投入乘数，因而使产出乘数与投入乘数之间达到平衡状态。

三 使经济系统达到平衡状态的调整的可能性与唯一性

又有两个问题产生了。

问题 2.22 能使在新的产出系统中最终产值与增加价值之间是平衡的，以及能使在新的价格系统中增加价值与最终产值之间是平衡的经济系统的调整方案（即相应的产出调整系数列向量以及价格调整系数行向量）存在且唯一的充分必要条件是什么？

问题 2.23 能使产出系统调整后的投入乘数与产出乘数之间是平衡的，以及能使价格系统调整后的产出乘数与投入乘数之间是平衡的经济系统的调整方案（即相应的产出调整系数列向量以及价格调整系数行向量）存在且唯一的充分必要条件是什么？

下列定理 2.9 给出了一组关于经济调整的可能性与非可能性以及唯一性与非唯一性的充分必要条件，这些调整能使最终产值与增加价值之间达到平衡状态，还能使投入乘数与产出乘数之间达到平衡状态。因而一般地回答了问题 2.22 和问题 2.23。

定理 2.9 在一个包含 n 个部门的经济系统中，

（a. 1）下列条件等价：

（a_1）存在一个唯一的产出调整系数列向量，使得在新的产出系统中最终产值与增加价值之间是平衡的；

（a_2）存在一个唯一的价格调整系数行向量，使得在新的价格系统中增加价值与最终产值之间是平衡的；

（a_3）存在一个唯一的产出调整系数列向量，使得由新的产出系统重新确定的所有部门的投入乘数分别等于其各自部门的产出乘数，因而使投入乘数与产出乘数之间达到平衡状态；

（a_4）存在一个唯一的价格调整系数行向量，使得由新的价格系统重新确定的所有部门的产出乘数分别等于其各自部门的投入乘数，因而使产出乘数与投入乘数之间达到平衡状态；

（a_5）$\vec{A}$ 或 A 是不可约的，即经济系统中的每个部门都直接或间接消耗其他部门的中间产品；

（a_6）$\vec{L}$ 或 L 是正的；

（a_7）M_1 是不可约的；

(a_8) M_1 有一个唯一正的左特征向量；

(a_9) 1 是 M_1 的一个简单特征值，且 M_1 有一个正的左特征向量；

(a_{10}) M_1 是不完全可约的，且 M_1 有一个正的左特征向量；

(a_{11}) M_1 可约蕴涵 M_1 没有既是最终的又是初始的类，并且 M_1 有一个对应于 1 的左特征向量，其分量都是非零的；

(a_{12}) M_3 有一个唯一正的左特征向量；

(a_{13}) M_4 是不可约的；

(a_{14}) M_4 有一个唯一正的右特征向量；

(a_{15}) 1 是 M_4 的一个简单特征值，且 M_4 有一个正的右特征向量；

(a_{16}) M_4 是不完全可约的，且 M_4 有一个正的右特征向量；

(a_{17}) M_4 可约蕴涵 M_4 没有既是初始的又是最终的类，并且 M_4 有一个对应于 1 的右特征向量，其分量都是非零的；

(a_{18}) M_6 有一个唯一正的右特征向量；

(a_{19}) M_7 是不可约的；

(a_{20}) M_7 有一个唯一正的左特征向量；

(a_{21}) 1 是 M_7 的一个简单特征值，且 M_7 有一个正的左特征向量；

(a_{22}) M_7 是不完全可约的，且 M_7 有一个正的左特征向量；

(a_{23}) M_7 可约蕴涵 M_7 没有既是最终的又是初始的类，并且 M_7 有一个对应于 1 的左特征向量，其分量都是非零的；

(a_{24}) M_9 有一个唯一正的左特征向量；

(a_{25}) M_{10} 是不可约的；

(a_{26}) M_{10} 有一个唯一正的右特征向量；

(a_{27}) 1 是 M_{10} 的一个简单特征值，且 M_{10} 有一个正的右特征向量；

(a_{28}) M_{10} 是不完全可约的，且 M_{10} 有一个正的右特征向量；

(a_{29}) M_{10} 可约蕴涵 M_{10} 没有既是初始的又是最终的类，并且 M_{10} 有一个对应于 1 的右特征向量，其分量都是非零的；

(a_{30}) M_{12} 有一个唯一正的右特征向量；

(a_{31}) 齐次线性方程组 $(\hat{D} - \vec{L})H = 0$ 有一个唯一的正的（列）解向量；

(a_{32}) 齐次线性方程组 $N(\hat{G} - L) = 0$ 有一个唯一的正的（行）解向量；

(a.2) 如果最终产出率列向量满足 $Y \gg 0$，则（a.1）中的每个条件等价于下列每个条件：

（a_{33}）M_2 是正的；

（a_{34}）M_2 有一个唯一正的左特征向量；

（a_{35}）1 是 M_2 的一个简单特征值，且 M_2 有一个正的左特征向量；

（a_{36}）M_2 是不完全可约的，且 M_2 有一个正的左特征向量；

（a_{37}）M_2 可约蕴涵 M_2 没有既是最终的又是初始的类，并且 M_2 有一个对应于 1 的左特征向量，其分量都是非零的；

（a_{38}）M_3 是正的；

（a_{39}）M_8 是正的；

（a_{40}）M_8 有一个唯一正的左特征向量；

（a_{41}）1 是 M_8 的一个简单特征值，且 M_8 有一个正的左特征向量；

（a_{42}）M_8 是不完全可约的，且 M_8 有一个正的左特征向量；

（a_{43}）M_8 可约蕴涵 M_8 没有既是最终的又是初始的类，并且 M_8 有一个对应于 1 的左特征向量，其分量都是非零的；

（a_{44}）M_9 是正的；

（a. 3）若最终产出率列向量 Y 是严格半正的，则（a. 1）中的每个条件等价于下列每个条件：

（a_{45}）可约的 M_3 只有一个基本类，它也是唯一的初始类；其中，对应于 M_3 的一个上三角的弗罗宾纽斯标准型是：

$$WM_3W^t=\begin{bmatrix} M_{11}^{(3)} & M_{12}^{(3)} & \cdots & M_{1r}^{(3)} \\ & M_{22}^{(3)} & \cdots & M_{2r}^{(3)} \\ & & \ddots & \vdots \\ 0 & & & M_{rr}^{(3)} \end{bmatrix} \tag{2.94}$$

M_3 有一个基本左特征子向量 N_1，并且 M_3 的唯一正的左特征向量的每个剩余分量都是 N_1 的分量的线性函数，其解析表达式类似于公式（2. 90）或公式（2. 91）；

（a_{46}）可约的 M_9 只有一个基本类，它也是唯一的初始类；其中，对应于标准型（2. 94），令：

$$WX=\begin{bmatrix} X_1 \\ X_2 \\ \vdots \\ X_r \end{bmatrix} \tag{2.95}$$

则对应于 M_9 的一个上三角的弗罗宾纽斯标准型是：

$$WM_9W^t=\begin{bmatrix}\hat{X}_1M_{11}^{(3)}\hat{X}_1^{-1} & \hat{X}_1M_{12}^{(3)}\hat{X}_2^{-1} & \cdots & \hat{X}_1M_{1r}^{(3)}\hat{X}_r^{-1}\\ & \hat{X}_2M_{22}^{(3)}\hat{X}_2^{-1} & \cdots & \hat{X}_2M_{2r}^{(3)}\hat{X}_r^{-1}\\ & & \ddots & \vdots\\ 0 & & & \hat{X}_rM_{rr}^{(3)}\hat{X}_r^{-1}\end{bmatrix} \tag{2.96}$$

M_9 有一个基本左特征子向量 $N_1\hat{X}_1^{-1}$，并且 M_9 的唯一正的左特征向量的每个剩余分量都是 $N_1\hat{X}_1^{-1}$ 的分量的线性函数，其解析表达式类似于公式（2.90）或公式（2.91）；

（a.4）如果增加价值率行向量满足 $R\gg 0$，则（a.1）中的每个条件等价于下列每个条件：

（a_{47}）M_5 是正的；

（a_{48}）M_5 有一个唯一正的右特征向量；

（a_{49}）1 是 M_5 的一个简单特征值，且 M_5 有一个正的右特征向量；

（a_{50}）M_5 是不完全可约的，且 M_5 有一个正的右特征向量；

（a_{51}）M_5 可约蕴涵 M_5 没有既是初始的又是最终的类，并且 M_5 有一个对应于 1 的右特征向量，其分量都是非零的；

（a_{52}）M_6 是正的；

（a_{53}）M_{11} 是正的；

（a_{54}）M_{11} 有一个唯一正的右特征向量；

（a_{55}）1 是 M_{11} 的一个简单特征值，且 M_{11} 有一个正的右特征向量；

（a_{56}）M_{11} 是不完全可约的，且 M_{11} 有一个正的右特征向量；

（a_{57}）M_{11} 可约蕴涵 M_{11} 没有既是初始的又是最终的类，并且 M_{11} 有一个对应于 1 的右特征向量，其分量都是非零的；

（a_{58}）M_{12} 是正的；

（a.5）若增加价值率行向量 R 是严格半正的，则（a.1）中的每个条件等价于下列每个条件：

（a_{59}）可约的 M_6 只有一个基本类，它也是唯一的最终类；其中，对应于 M_6 的一个上三角的弗罗宾纽斯标准型是：

$$WM_6W^t=\begin{bmatrix}M_{11}^{(6)} & M_{12}^{(6)} & \cdots & M_{1r}^{(6)}\\ & M_{22}^{(6)} & \cdots & M_{2r}^{(6)}\\ & & \ddots & \vdots\\ 0 & & & M_{rr}^{(6)}\end{bmatrix} \tag{2.97}$$

M_6 有一个基本右特征子向量 H_r，并且 M_6 的唯一正的右特征向量的每个剩余分量都是 H_r 的分量的线性函数，其解析表达式类似于公式（2.88）或公式（2.89）；

（a_{60}）可约的 M_{12} 只有一个基本类，它也是唯一的最终类；其中，对应于标准型（2.97），令公式（2.95）仍成立，则对应于 M_{12} 的一个上三角的弗罗宾纽斯标准型是：

$$WM_{12}W^t=\begin{bmatrix}\hat{X}_1^{-1}M_{11}^{(6)}\hat{X}_1 & \hat{X}_1^{-1}M_{12}^{(6)}\hat{X}_2 & \cdots & \hat{X}_1^{-1}M_{1r}^{(6)}\hat{X}_r\\ & \hat{X}_2^{-1}M_{22}^{(6)}\hat{X}_2 & \cdots & \hat{X}_2^{-1}M_{2r}^{(6)}\hat{X}_r\\ & & \ddots & \vdots\\ 0 & & & \hat{X}_r^{-1}M_{rr}^{(6)}\hat{X}_r\end{bmatrix}\tag{2.98}$$

M_{12} 有一个基本右特征子向量 $\hat{X}_r^{-1}H_r$，并且 M_{12} 的唯一正的右特征向量的每个剩余分量都是 $\hat{X}_r^{-1}H_r$ 的分量的线性函数，其解析表达式类似于公式（2.88）或公式（2.89）。

（b.1）下列条件等价：

（b_1）存在一个非唯一的产出调整系数列向量，使得在新的产出系统中最终产值与增加价值之间是平衡的；

（b_2）存在一个非唯一的价格调整系数行向量，使得在新的价格系统中增加价值与最终产值之间是平衡的；

（b_3）存在一个非唯一的产出调整系数列向量，使得由新的产出系统重新确定的所有部门的投入乘数分别等于其各自部门的产出乘数，因而使投入乘数与产出乘数之间达到平衡状态；

（b_4）存在一个非唯一的价格调整系数行向量，使得由新的价格系统重新确定的所有部门的产出乘数分别等于其各自部门的投入乘数，因而使产出乘数与投入乘数之间达到平衡状态；

（b_5）$\vec{A}$ 或 A 是可约的，并且 $\vec{A}$ 或 A 的类都是最终的或都是初始的，即经济系统可由中间产品之间的相互依赖关系，划分为 r 个子经济系统 $S_1,S_2,\cdots,S_r,2\leqslant r\leqslant n$，$S_k$ 中的每个部门都直接或间接消耗 S_k 中的其他部门的中间产品，或 S_k 只由一个部门组成，$k=1,2,\cdots,r$，并且，S_i 既不向 $S_1,\cdots,S_{i-1}$ 提供任何中间产品，又不消耗 $S_1,\cdots,S_{i-1}$ 中的任何中间产品，$i=2,\cdots,r$；

（b_6）$\vec{L}$ 或 L 是可约的，并且 $\vec{L}$ 或 L 的类都是最终的或都是初始的；

（b_7）M_1 是可约的，并且 M_1 的类都是最终的或都是初始的；

（b_8）M_1 有一个非唯一的正的左特征向量；

（b_9）M_3 有一个非唯一的正的左特征向量；

（b_{10}）M_4 是可约的，并且 M_4 的类都是初始的或都是最终的；

（b_{11}）M_4 有一个非唯一的正的右特征向量；

（b_{12}）M_6 有一个非唯一的正的右特征向量；

（b_{13}）M_7 是可约的，并且 M_7 的类都是最终的或都是初始的；

（b_{14}）M_7 有一个非唯一的正的左特征向量；

（b_{15}）M_9 有一个非唯一的正的左特征向量；

（b_{16}）M_{10}是可约的，并且 M_{10}的类都是初始的或都是最终的；

（b_{17}）M_{10}有一个非唯一的正的右特征向量；

（b_{18}）M_{12}有一个非唯一的正的右特征向量；

（b_{19}）齐次线性方程组（$\hat{D}-\vec{L})H=0$ 有一个非唯一的正的（列）解向量；

（b_{20}）齐次线性方程组 $N(\hat{G}-L)=0$ 有一个非唯一的正的（行）解向量；

（b.2）如果最终产出率列向量满足 $Y\gg 0$，则（b.1）中的每个条件等价于下列每个条件：

（b_{21}）M_2 是可约的，并且 M_2 的类都是最终的或都是初始的；

（b_{22}）M_2 有一个非唯一的正的左特征向量；

（b_{23}）M_3 是可约的，并且 M_3 的类都是最终的或都是初始的；

（b_{24}）M_8 是可约的，并且 M_8 的类都是最终的或都是初始的；

（b_{25}）M_8 有一个非唯一的正的左特征向量；

（b_{26}）M_9 是可约的，并且 M_9 的类都是最终的或都是初始的；

（b.3）如果增加价值率行向量满足 $R\gg 0$，则（b.1）中的每个条件等价于下列每个条件：

（b_{27}）M_5 是可约的，并且 M_5 的类都是初始的或都是最终的；

（b_{28}）M_5 有一个非唯一的正的右特征向量；

（b_{29}）M_6 是可约的，并且 M_6 的类都是初始的或都是最终的；

（b_{30}）M_{11}是可约的，并且 M_{11}的类都是初始的或都是最终的；

（b_{31}）M_{11}有一个非唯一的正的右特征向量；

（b_{32}）M_{12}是可约的，并且 M_{12}的类都是初始的或都是最终的。

(c) 下列条件等价：

(c_1) 不存在能使最终产值与增加价值之间达到平衡状态的产出调整系数列向量；

(c_2) 不存在能使增加价值与最终产值之间达到平衡状态的价格调整系数行向量；

(c_3) 不存在能使投入乘数与产出乘数之间达到平衡状态的产出调整系数列向量；

(c_4) 不存在能使产出乘数与投入乘数之间达到平衡状态的价格调整系数行向量；

(c_5) $\vec{A}$ 或 A 至少有一个非最终类或非初始类，即经济系统可由中间产品之间的相互依赖关系，划分为 r 个子经济系统 $S_1, S_2, \cdots, S_r$，$2 \leqslant r \leqslant n$，$S_k$ 中的每个部门都直接或间接消耗 S_k 中的其他部门的中间产品，或 S_k 只由一个部门组成，$k=1,2,\cdots,r$，并且，S_i 不消耗 $S_{i+1},\cdots,S_r$ 中的任何中间产品，$i=1,\cdots,r-1$，但至少存在一个子经济系统 S_j（$1 \leqslant j \leqslant r-1$），它向 $S_{j+1},\cdots,S_r$ 中至少一个子经济系统提供中间产品；

(c_6) 齐次线性方程组 $(\hat{D}-\vec{L})H=0$ 没有正的（列）解向量；

(c_7) 齐次线性方程组 $N(\hat{G}-L)=0$ 没有正的（行）解向量。

(d) 上述条件满足下列逻辑关系：

$$[(a_i) \vee (b_j)] \Leftrightarrow \neg\ (c_k)$$

其中，(i) 如果 $Y \gg 0$ 且 $R \gg 0$，则 $i=1,2,\cdots,44,47,48,\cdots,58$，$j=1,2,\cdots,32$，$k=1,2,\cdots,7$；(ii) 如果 $Y \gg 0$ 且 R 是严格半正的，则 $i=1,2,\cdots,44,59,60$，$j=1,2,\cdots,26$，$k=1,2,\cdots,7$；(iii) 如果 Y 是严格半正的且 $R \gg 0$，则 $i=1,2,\cdots,32,45,46,\cdots,58$，$j=1,2,\cdots,20,27,28,\cdots,32$，$k=1,2,\cdots,7$；(iv) 如果 Y 和 R 都是严格半正的，则 $i=1,2,\cdots,32,45,46,59,60$，$j=1,2,\cdots,20$，$k=1,2,\cdots,7$。

证明 先证结论 (a.1)。由命题 2.23 中的结论 (a) 可知 $(a_1) \Leftrightarrow (a_{26}) \Leftrightarrow (a_{30})$。由命题 2.23 中的结论 (b) 可知 $(a_2) \Leftrightarrow (a_{20}) \Leftrightarrow (a_{24})$。由命题 2.23 中的结论 (c) 可知 $(a_3) \Leftrightarrow (a_{31})$。由命题 2.23 中的结论 (d) 可知 $(a_4) \Leftrightarrow (a_{32})$。由定理 1.4 中的结论 (i) 可知 $(a_5) \Leftrightarrow (a_6)$。显然有 $(a_5) \Leftrightarrow (a_7) \Leftrightarrow (a_{13}) \Leftrightarrow (a_{19}) \Leftrightarrow (a_{25})$。显然还有 $\beta I-\hat{D}+\vec{L}>0$，并且由 $\vec{L}=\hat{X}^{-1}L\hat{X}$ 可得 $X^t\hat{D}=D\hat{X}=EL\hat{X}=E\hat{X}\vec{L}=X^t\vec{L}$，因此有 $X^t(\beta I-\hat{D}+\vec{L})=$

βX^t。即半正矩阵 $\beta I-\hat{D}+\vec{L}$ 有一个正的左特征向量 X^t。所以，由定理 1.4 中的结论（i）和定理 1.2 中的结论（a）可知，（a_6）成立当且仅当 $\beta I-\hat{D}+\vec{L}$ 有一个唯一正的右特征向量，这等价于（a_{31}）。于是有（a_6）⇔（a_{31}）。显然还有 $\alpha I-\hat{G}+L>0$，并且由 $\vec{L}=\hat{X}^{-1}L\hat{X}$ 可得 $\hat{G}X=\hat{X}G=\hat{X}\vec{L}E^t=L\hat{X}E^t=LX$，因此有 $(\alpha I-\hat{G}+L)X=\alpha X$。即半正矩阵 $\alpha I-\hat{G}+L$ 有一个正的右特征向量 X。所以，由定理 1.4 中的结论（i）和定理 1.3 中的结论（a）可知，（a_6）成立当且仅当 $\alpha I-\hat{G}+L$ 有一个唯一正的左特征向量，这等价于（a_{32}）。于是有（a_6）⇔（a_{32}）。由定理 1.3 中的结论（a）可知，（a_7）⇔（a_8）⇔（a_9）⇔（a_{10}）⇔（a_{11}），且（a_{19}）⇔（a_{20}）⇔（a_{21}）⇔（a_{22}）⇔（a_{23}）。由定理 1.2 中的结论（a）可知，（a_{13}）⇔（a_{14}）⇔（a_{15}）⇔（a_{16}）⇔（a_{17}），且（a_{25}）⇔（a_{26}）⇔（a_{27}）⇔（a_{28}）⇔（a_{29}）。由 M_i 与 M_{i+6} 之间的相似性，$i=3$，6，可知（a_{12}）⇔（a_{24}），且（a_{18}）⇔（a_{30}）。

下面证结论（a.2）。令 $Y\gg 0$。显然有（a_{33}）⇔（a_{38}）⇔（a_6）⇔（a_{39}）⇔（a_{44}）。由命题 2.5 中的结论（ii）可知（a_{12}）⇔（a_{34}）。由定理 1.3 中的结论（a）可知（a_{34}）⇔（a_{35}）⇔（a_{36}）⇔（a_{37}），且（a_{40}）⇔（a_{41}）⇔（a_{42}）⇔（a_{43}）。由 M_2 与 M_8 之间的相似性可知（a_{34}）⇔（a_{40}）。

下面证结论（a.3）。如果 Y 是严格半正的，则 M_3 和 M_9 都是可约的。因此，由定理 1.1 中的结论（a）可知，（a_{12}）⇔（a_{45}）。由 $M_9=\hat{X}M_3\hat{X}^{-1}$ 可得（a_{45}）⇔（a_{46}），其中，由 $W\hat{X}W^tE^t=W\hat{X}E^t=WX$ 和公式（2.95）以及 $WM_9W^t=W\hat{X}W^tWM_3W^tW\hat{X}^{-1}W^t$ 可知公式（2.94）等价于公式（2.96）。

下面证结论（a.4）。令 $R\gg 0$。显然有（a_{47}）⇔（a_{52}）⇔（a_6）⇔（a_{53}）⇔（a_{58}）。由命题 2.8 中的结论（ii）可知（a_{18}）⇔（a_{48}）。由定理 1.2 中的（a）可知，（a_{48}）⇔（a_{49}）⇔（a_{50}）⇔（a_{51}），且（a_{54}）⇔（a_{55}）⇔（a_{56}）⇔（a_{57}）。由 M_5 与 M_{11} 之间的相似性可知（a_{48}）⇔（a_{54}）。

下面证结论（a.5）。如果 R 是严格半正的，则 M_6 和 M_{12} 都是可约的。因此，由定理 1.1 中的结论（b）可知，（a_{18}）⇔（a_{59}）。由 $M_{12}=\hat{X}^{-1}M_6\hat{X}$ 可得（a_{59}）⇔（a_{60}），其中，由 $W\hat{X}W^tE^t=W\hat{X}E^t=WX$ 和公式（2.95）以及 $WM_{12}W^t=W\hat{X}^{-1}W^tWM_6W^tW\hat{X}W^t$ 可知公式（2.97）等价于公式（2.98）。

下面证结论（b.1）。由命题 2.23 中的结论（a）可知（b_1）⇔（b_{17}）⇔（b_{18}）。由命题 2.23 中的结论（b）可知（b_2）⇔（b_{14}）⇔（b_{15}）。由命题 2.23 中的结论（c）可知（b_3）⇔（b_{19}）。由命题 2.23 中的结论（d）可

知(b_4) ⇔ (b_{20})。由定理 1.4 可知(b_5) ⇔ (b_6)。显然有(b_5) ⇔ (b_7) ⇔ (b_{10}) ⇔ (b_{13}) ⇔ (b_{16})。条件（b_6）成立当且仅当 $\beta I - \hat{D} + \vec{L}$ 是可约的，并且它的类都是初始的或都是最终的，根据定理 1.2 中的结论（b），这等价于（b_{19}）。因此有(b_6) ⇔ (b_{19})。条件（b_6）成立当且仅当 $\alpha I - \hat{G} + L$ 是可约的，并且它的类都是最终的或都是初始的，根据定理 1.3 中的结论（b），这等价于（b_{20}）。因此有(b_6) ⇔ (b_{20})。由定理 1.3 中的结论(b)可知(b_7) ⇔ (b_8)，且(b_{13}) ⇔ (b_{14})。由定理 1.2 中的结论(b)可知，(b_{10}) ⇔ (b_{11})，且(b_{16}) ⇔ (b_{17})。由 M_i 与 M_{i+6}之间的相似性，$i = 3, 6$，可知(b_9) ⇔ (b_{15})，且(b_{12}) ⇔ (b_{18})。

下面证结论（b.2）。令 $Y \gg 0$。显然有(b_{21}) ⇔ (b_{23}) ⇔ (b_6) ⇔ (b_{24}) ⇔ (b_{26})。由命题 2.5 中的结论(ii)可知(b_9) ⇔ (b_{22})。由 M_2 与 M_8 之间的相似性可知(b_{22}) ⇔ (b_{25})。

下面证结论（b.3）。令 $R \gg 0$。显然有(b_{27}) ⇔ (b_{29}) ⇔ (b_6) ⇔ (b_{30}) ⇔ (b_{32})。由命题 2.8 中的结论(ii)可知(b_{12}) ⇔ (b_{28})。由 M_5 与 M_{11}之间的相似性可知（b_{28}）⇔ (b_{31})。

由结论（a.1）和（b.1）可得结论（c）。此外，结论（d）显然成立。证毕。

推论 2.8 假设中间产出系数矩阵 $\vec{A}$ 或价值型中间投入系数矩阵 A 是可约的且不完全可约，则最终产值与增加价值之间是非平衡的，并且，投入乘数与产出乘数之间是非平衡的。此外，产出系统的调整既不能使最终产值与增加价值之间达到平衡状态，又不能使投入乘数与产出乘数之间达到平衡状态；并且，价格系统的调整既不能使增加价值与最终产值之间达到平衡状态，又不能使产出乘数与投入乘数之间达到平衡状态。

证明 既然 $\vec{A}$ 或 A 是可约的且不完全可约，因此不满足推论 2.7 中的必要条件，所以由推论 2.7 可知，最终产值与增加价值之间是非平衡的，并且，投入乘数与产出乘数之间是非平衡的。此外，由 $\vec{A}$ 或 A 是可约的且不完全可约可推出 $\vec{A}$ 或 A 至少有一个非最终类或非初始类，所以由定理 2.9 中的结论（c）可知，产出系统的调整既不能使最终产值与增加价值之间达到平衡状态，又不能使投入乘数与产出乘数之间达到平衡状态；并且，价格系统的调整既不能使增加价值与最终产值之间达到平衡状态，又不能使产出乘数与投入乘数之间达到平衡状态。证毕。

第十三节　非负矩阵谱理论在产量调整模型和价格调整模型中的应用总结

综合第四节至第十二节的结果，下列定理 2. 10 概括总结了中间产出系数矩阵或中间投入系数矩阵的类关系及其等价条件。

定理 2. 10　在一个包含 n 个部门的经济系统中，设 $\mu = 1 - \rho(A)$，则
（a）下列条件等价：

（a_1）$\vec{A}$ 或 A 是不完全可约的；即这个经济系统不可能划分为 $r \geqslant 2$ 个相互独立的子经济系统；

（a_2）如果产出调整系数列向量是非平凡的，则产出系统的调整能使至少一个中间产出系数变化，即 $Q \neq \lambda E^t \Rightarrow \vec{A}^{\#} \neq \vec{A}$；

（a_3）如果价格调整系数行向量是非平凡的，则价格系统的调整能使至少一个价值型中间投入系数变化，即 $P \neq \lambda E \Rightarrow A^* \neq A$。
（b）下列条件等价：

（b_1）$\vec{A}$ 或 A 至少有一个非最终类或非初始类；即经济系统可由中间产品之间的相互依赖关系，划分为 r 个子经济系统 $S_1, S_2, \cdots, S_r$，$2 \leqslant r \leqslant n$，$S_k$ 中的每个部门都直接或间接消耗 S_k 中的其他部门的中间产品，或 S_k 只由一个部门组成，$k = 1, 2, \cdots, r$，并且，S_i 不消耗 $S_{i+1}, \cdots, S_r$ 中的任何中间产品，$i = 1, \cdots, r-1$，但至少存在一个子经济系统 S_j（$1 \leqslant j \leqslant r-1$），它向 $S_{j+1}, \cdots, S_r$ 中至少一个子经济系统提供中间产品；

（b_2）产出系统的调整能使与非最终类对应的全部或某些部门的最终产出率提高（或下降）而其余部门的最终产出率不变；

（b_3）产出系统的调整不能使最终产值与增加价值之间达到平衡状态；

（b_4）产出系统的调整能使与非最终类对应的全部或某些部门的投入乘数减小（或增大）而其余部门的投入乘数不变；

（b_5）产出系统的调整不能使投入乘数与产出乘数之间达到平衡状态；

（b_6）价格系统的调整能使与非初始类对应的全部或某些部门的增加

价值率提高（或下降）而其余部门的增加价值率不变；

（b_7）价格系统的调整不能使增加价值与最终产值之间达到平衡状态；

（b_8）价格系统的调整能使与非初始类对应的全部或某些部门的产出乘数减小（或增大）而其余部门的产出乘数不变；

（b_9）价格系统的调整不能使产出乘数与投入乘数之间达到平衡状态。

（c）下列条件等价：

（c_1）$\vec{A}$ 或 A 只有一个最终类；即经济系统中的每个部门都直接或间接消耗其他部门的中间产品，或者，经济系统可由中间产品之间的相互依赖关系，划分为 r 个子经济系统 $S_1, S_2, \cdots, S_r$，$2 \leqslant r \leqslant n$，$S_k$ 中的每个部门都直接或间接消耗 S_k 中的其他部门的中间产品，或 S_k 只由一个部门组成，$k = 1, 2, \cdots, r$，并且，S_j 不消耗 $S_{j+1}, \cdots, S_r$ 中的任何中间产品，但 S_j 至少向 $S_{j+1}, \cdots, S_r$ 中的一个子经济系统提供中间产品，$j = 1, \cdots, r-1$；

（c_2）如果产出调整系数列向量是非平凡的，则产出系统的调整能使至少一个部门的最终产出率变化，即 $Q \neq \lambda E^t \Rightarrow Y^{\#} \neq Y$；

（c_3）如果产出调整系数列向量是非平凡的，则产出系统的调整能使至少一个部门的投入乘数变化，即 $Q \neq \lambda E^t \Rightarrow G^{\#} \neq G$。

（d）下列条件等价：

（d_1）A 或 $\vec{A}$ 只有一个初始类；即经济系统中的每个部门都直接或间接消耗其他部门的中间产品，或者，经济系统可由中间产品之间的相互依赖关系，划分为 r 个子经济系统 S_1，$S_2, \cdots, S_r$，$2 \leqslant r \leqslant n$，$S_k$ 中的每个部门都直接或间接消耗 S_k 中的其他部门的中间产品，或 S_k 只由一个部门组成，$k = 1, 2 \cdots, r$，并且，S_i 不向 $S_1, \cdots, S_{i-1}$ 提供任何中间产品，但 S_i 至少消耗 $S_1, \cdots, S_{i-1}$ 中一个子经济系统的中间产品，$i = 2, \cdots, r$；

（d_2）如果价格调整系数行向量是非平凡的，则价格系统的调整能使至少一个部门的增加价值率变化，即 $P \neq \lambda E \Rightarrow R^* \neq R$；

（d_3）如果价格调整系数行向量是非平凡的，则价格系统的调整能使至少一个部门的产出乘数变化，即 $P \neq \lambda E \Rightarrow D^* \neq D$。

（e）下列条件等价：

（e_1）$\vec{A}$ 或 A 只有一个基本类，它也是唯一的最终类；

（e_2）存在一个唯一的产出调整系数列向量 $Q^{(1)}$，满足 $\vec{A}Q^{(1)}=(1-\mu)Q^{(1)}$，使得每个部门的最终产出率在新的产出系统中都等于 μ；

（e_3）存在一个唯一的产出调整系数列向量 $Q^{(1)}$，满足 $\vec{A}Q^{(1)}=(1-\mu)Q^{(1)}$，使得每个部门的投入乘数在新的产出系统中都等于 μ^{-1}。

（f）下列条件等价：

（f_1）A 或 $\vec{A}$ 只有一个基本类，它也是唯一的初始类；

（f_2）存在一个唯一的价格调整系数行向量 $P^{(1)}$，满足 $P^{(1)}A=(1-\mu)P^{(1)}$，使得每个部门的增加价值率在新的价格系统中都等于 μ；

（f_3）存在一个唯一的价格调整系数行向量 $P^{(1)}$，满足 $P^{(1)}A=(1-\mu)P^{(1)}$，使得每个部门的产出乘数在新的价格系统中都等于 μ^{-1}。

（g）下列条件等价：

（g_1）$\vec{A}$ 或 A 是不可约的，即 $\vec{A}$ 或 A 只有一个类，即经济系统中的每个部门都直接或间接消耗其他部门的中间产品。

（g_2）下列子条件等价：

（$g_{2.1}$）产出调整系数列向量是非平凡的，即 $Q\neq\lambda E^t$；

（$g_{2.2}$）产出系统的调整使得至少一个部门的最终产出率提高且至少一个部门的最终产出率下降；

（$g_{2.3}$）产出系统的调整使得至少一个部门的投入乘数减小且至少一个部门的投入乘数增大；

（g_3）下列子条件等价：

（$g_{3.1}$）价格调整系数行向量是非平凡的，即 $P\neq\lambda E$；

（$g_{3.2}$）价格系统的调整使得至少一个部门的增加价值率提高且至少一个部门的增加价值率下降；

（$g_{3.3}$）价格系统的调整使得至少一个部门的产出乘数减小且至少一个部门的产出乘数增大。

（g_4）存在一个唯一的产出调整系数列向量 $Q^{(2)}$，满足 $M_{10}Q^{(2)}=Q^{(2)}$，使得在新的产出系统中最终产值与增加价值之间是平衡的。

（g_5）存在一个唯一的产出调整系数列向量 $Q^{(3)}$，满足 $(\hat{D}-\vec{L})Q^{(3)}=0$，使得由新的产出系统重新确定的每个部门的投入乘数分别等于其各自部门的产出乘数，因而使投入乘数与产出乘数之间达到平衡状态。

（g_6）存在一个唯一的价格调整系数行向量 $P^{(2)}$，满足 $P^{(2)}M_7=P^{(2)}$，使得在新的价格系统中增加价值与最终产值之间是平衡的。

（g_7）存在一个唯一的价格调整系数列向量 $P^{(3)}$，满足 $P^{(3)}(\hat{G}-L)=0$，使得由新的价格系统重新确定的每个部门的产出乘数分别等于其各自部门的投入乘数，因而使产出乘数与投入乘数之间达到平衡状态。

（g_8）下列子条件等价：

（$g_{8.1}$）每个部门的增加价值率都等于 μ，即 $R=\mu E$；

（$g_{8.2}$）存在一个唯一的产出调整系数列向量 Q，同时满足 $\vec{A}Q=(1-\mu)Q$，$M_{10}Q=Q$，$(\hat{D}-\vec{L})Q=0$，使得由新的产出系统重新确定的每个部门的最终产出率都等于 μ，它也等于每个部门的增加价值率，并且，由新的产出系统重新确定的每个部门的投入乘数都等于 μ^{-1}，它也等于每个部门的产出乘数；

（g_9）下列子条件等价：

（$g_{9.1}$）每个部门的最终产出率都等于 μ，即 $Y=\mu E^t$；

（$g_{9.2}$）存在一个唯一的价格调整系数行向量 P，同时满足 $PA=(1-\mu)P$，$PM_7=P$，$P(\hat{G}-L)=0$，使得由新的价格系统重新确定的每个部门的增加价值率都等于 μ，它也等于每个部门的最终产出率，并且，由新的价格系统重新确定的每个部门的产出乘数都等于 μ^{-1}，它也等于每个部门的投入乘数。

其中，$\mu=1-\rho(A)$。

（h）下列条件等价：

（h_1）$\vec{A}$ 或 A 是可约的，且 $\vec{A}$ 或 A 的类都是最终的或都是初始的；即经济系统可由中间产品之间的相互依赖关系，划分为 r 个子经济系统 $S_1,S_2,\cdots,S_r$，$2\leqslant r\leqslant n$，S_k 中的每个部门都直接或间接消耗 S_k 中其他部门的中间产品，或 S_k 只由一个部门组成，$k=1,2,\cdots,r$，并且，S_i 既不向 $S_1,\cdots,S_{i-1}$ 提供任何中间产品，又不消耗 $S_1,\cdots,S_{i-1}$ 中的任何中间产品，$i=2,\cdots,r$；

（h_2）存在一个非唯一的产出调整系数列向量，使得在新的产出系统中最终产值与增加价值之间是平衡的；

（h_3）存在一个非唯一的产出调整系数列向量，使得由新的产出系统重新确定的每个部门的投入乘数分别等于其各自部门的产出乘数，因而使投入乘数与产出乘数之间达到平衡状态；

（h_4）存在一个非唯一的价格调整系数行向量，使得在新的价格系统中增加价值与最终产值之间是平衡的；

（h_5）存在一个非唯一的价格调整系数行向量，使得由新的价格系统重新确定的每个部门的产出乘数分别等于其各自部门的投入乘数，因而使产出乘数与投入乘数之间达到平衡状态。

(i) 上述条件满足下列逻辑关系：

①$[(c_k)\vee(d_l)]\Rightarrow(a_i)\Rightarrow\neg(h_t)$，$i,k,l=1,2,3$，$t=1,2,\cdots,5$；

②$\neg(b_j)\Leftrightarrow[(g_s)\vee(h_t)]$，$j$，$s=1,2,\cdots,9$，$t=1,2,\cdots,5$；

③ $(e_m)\Rightarrow(c_k)$，k，$m=1,2,3$；

④ $(f_r)\Rightarrow(d_l)$；l，$r=1,2,3$；

⑤$[(e_m)\wedge(f_r)]\Leftrightarrow(g_s)$，$m$，$r=1,2,3$，$s=1,2,\cdots,9$。

证明 由命题2.15中的结论（c）可得本定理的结论（a）。由推论2.5和定理2.9中的结论（c）可得本定理的结论（b）。由定理2.4中的结论（g.1）和（h.1）分别可得本定理的结论（c）和（d）。由定理2.8和命题2.20可得本定理的结论（e）和（f）。

下面证明结论（g）。先证明（g_1）$\Leftrightarrow$（g_2）。令条件（g_1）成立。则由推论2.4中的结论（i）和（ii）以及定理2.4中的结论（g.1）可知$(g_{2.2})\Leftarrow(g_{2.1})\Rightarrow(g_{2.3})$。由定理2.4中的结论（e）可得$(g_{2.2})\Rightarrow(g_{2.1})\Leftarrow(g_{2.3})$。反之，令$(g_{2.2})\Leftrightarrow(g_{2.1})\Leftrightarrow(g_{2.3})$。则由本定理的结论（c）可知条件（$c_1$）成立。因此，如果条件（$g_1$）不成立，则本定理的条件（$b_1$）成立。根据本定理的结论（b），这矛盾于$(g_{2.2})\Leftarrow(g_{2.1})\Rightarrow(g_{2.3})$。所以，$[(g_1)\Leftrightarrow(g_2)]$证完。

下面证明$(g_1)\Leftrightarrow(g_3)$。令条件$(g_1)$成立。则由推论2.4中的结论(iii)和(iv)以及定理2.4中的结论(h.1)可知$(g_{3.2})\Leftarrow(g_{3.1})\Rightarrow(g_{3.3})$。由定理2.4中的结论(f)可得$(g_{3.2})\Rightarrow(g_{3.1})\Leftarrow(g_{3.3})$。反之，令$(g_{3.2})\Leftrightarrow(g_{3.1})\Leftrightarrow(g_{3.3})$。则由本定理的结论(d)可知条件$(d_1)$成立。因此，如果条件$(g_1)$不成立，则本定理的条件$(b_1)$成立。根据本定理的结论(b)，这矛盾于$(g_{3.2})\Leftarrow(g_{3.1})\Rightarrow(g_{3.3})$。所以，$[(g_1)\Leftrightarrow(g_3)]$证完。

由定理2.9中的结论(a.1)、命题2.23中的结论(a)、(c)、(b)和(d)可得$(g_1)\Leftrightarrow(g_4)\Leftrightarrow(g_5)\Leftrightarrow(g_6)\Leftrightarrow(g_7)$。

下面证$(g_1)\Leftrightarrow(g_8)$。令条件$(g_1)$成立。则由本定理中的结论(e)和

$(g_1)\Leftrightarrow(g_4)\Leftrightarrow(g_5)$、命题2.23中的结论(e)和命题2.19中的结论(b)可得$(g_{8.1})\Rightarrow(g_{8.2})$。由命题2.23中的结论(e)可得$(g_{8.1})\Leftarrow(g_{8.2})$。即$[(g_1)\Rightarrow(g_8)]$成立。反之，如果条件$(g_1)$不成立，则由定理2.9中的结论(a.1)可知$M_{10}$不可能有一个唯一正的右特征向量，因此子条件$(g_{8.2})$不成立。所以$[(g_{8.1})\Rightarrow(g_{8.2})]$不成立。即条件$(g_8)$不成立。$[(g_1)\Leftrightarrow(g_8)]$证完。

下面证$(g_1)\Leftrightarrow(g_9)$。令条件$(g_1)$成立。则由本定理中的结论(f)和$(g_1)\Leftrightarrow(g_6)\Leftrightarrow(g_7)$、命题2.23中的结论(f)和命题2.19中的结论(a)可得$(g_{9.1})\Rightarrow(g_{9.2})$。由命题2.23中的结论(f)可得$(g_{9.1})\Leftarrow(g_{9.2})$。即$[(g_1)\Rightarrow(g_9)]$成立。反之，如果条件$(g_1)$不成立，则由定理2.9中的结论(a.1)可知$M_7$不可能有一个唯一正的左特征向量，因此子条件$(g_{9.2})$不成立。所以$[(g_{9.1})\Rightarrow(g_{9.2})]$不成立。即条件$(g_9)$不成立。$[(g_1)\Leftrightarrow(g_9)]$证完。

由定理2.9中的结论（b.1）可得本定理的结论（h）。本定理的结论（i）是显然的。证毕。

例2.10　假设一个经济系统由3个部门组成，其价值型投入产出表如I－O表0所示。

I－O表0

Z_0	F_0	X_0
V_0		
X_0^t		

=

0	3	3	9	15
9	0	0	1	10
3	4	3	5	15
3	3	9		
15	10	15		

则有：

$$\vec{A}_0=\begin{bmatrix}0 & 0.2 & 0.2\\ 0.9 & 0 & 0\\ 0.2 & 4/15 & 0.2\end{bmatrix},\ A_0=\begin{bmatrix}0 & 0.3 & 0.2\\ 0.6 & 0 & 0\\ 0.2 & 0.4 & 0.2\end{bmatrix}$$

$$Y_0=\begin{bmatrix}y_1^{(0)}\\ y_2^{(0)}\\ y_3^{(0)}\end{bmatrix}=\begin{bmatrix}0.6\\ 0.1\\ 1/3\end{bmatrix}$$

$$R_0 = (r_1^{(0)}, r_2^{(0)}, r_3^{(0)}) = (0.2, 0.3, 0.6)$$

$$M_{10}^{(0)} = \vec{A}_0 + \hat{R}_0 = \begin{bmatrix} 0.2 & 0.2 & 0.2 \\ 0.9 & 0.3 & 0 \\ 0.2 & 4/15 & 0.8 \end{bmatrix}$$

$$M_7^{(0)} = A_0 + \hat{Y}_0 = \begin{bmatrix} 0.6 & 0.3 & 0.2 \\ 0.6 & 0.1 & 0 \\ 0.2 & 0.4 & 8/15 \end{bmatrix}$$

$$\vec{L}_0 = (I - \vec{A}_0)^{-1} = \frac{1}{426}\begin{bmatrix} 600 & 160 & 150 \\ 540 & 570 & 135 \\ 330 & 230 & 615 \end{bmatrix}$$

$$L_0 = (I - A_0)^{-1} = \frac{1}{142}\begin{bmatrix} 200 & 80 & 50 \\ 120 & 190 & 30 \\ 110 & 115 & 205 \end{bmatrix}$$

$$G_0 = \vec{L}_0 E^t = \begin{bmatrix} g_1^{(0)} \\ g_2^{(0)} \\ g_3^{(0)} \end{bmatrix} = \frac{1}{426}\begin{bmatrix} 910 \\ 1245 \\ 1175 \end{bmatrix}$$

$$D_0 = EL_0 = (d_1^{(0)}, d_2^{(0)}, d_3^{(0)}) = \frac{1}{142}(430, 385, 285)$$

其中，A_0 是不可约的，$\rho(\vec{A}_0) = \rho(A_0) = 0.6$。令 λ 是任意一个正数。

情况 1　$Y_0 \neq 0.4E^t$，即在 I－O 表 0 中，某些部门的最终产出率不相等。根据定理 2.10 中的条件（e_2），如果我们希望每个部门的最终产出率都相等，则需求解 $\vec{A}_0$ 的一个正的右特征向量，此向量为：

$$Q^{(1)} = \begin{bmatrix} 1 \\ 1.5 \\ 1.5 \end{bmatrix}$$

事实上，$Q^{(1)}$ 正好是 $\vec{A}_0$ 的一个唯一正的右特征向量，因此它是一个能使在新的产出系统中每个部门的最终产出率都等于 0.4 且每个部门的投入乘数都等于 2.5 的唯一的产出调整系数列向量。所以，如果部门 1 的总产出不变，部门 2 和部门 3 的总产出都增加 50%，则由新的产出系统重新确定的价值型投入产出表如 I－O 表 1 所示。

I－O 表 1

$Z_1 = Z_0\hat{Q}^{(1)}$	$F_1 = \hat{X}_0(I - \vec{A}_0)Q^{(1)}$	$X_1 = \hat{X}_0 Q^{(1)}$
$V_1 = V_0\hat{Q}^{(1)}$		
$X_1^t = X_0^t\hat{Q}^{(1)}$		

=

0	4.5	4.5	6	15
9	0	0	6	15
3	6	4.5	9	22.5
3	4.5	13.5		
15	15	22.5		

其中，$A_1 = A_0$，$R_1 = R_0$，$L_1 = L_0$，$D_1 = D_0$

$$\vec{A}_1 = (\hat{Q}^{(1)})^{-1}\vec{A}_0\hat{Q}^{(1)} = \begin{bmatrix} 0 & 0.3 & 0.3 \\ 0.6 & 0 & 0 \\ 2/15 & 4/15 & 0.2 \end{bmatrix}$$

$$Y_1 = (I - \vec{A}_1)E^t = \begin{bmatrix} y_1^{(1)} \\ y_2^{(1)} \\ y_3^{(1)} \end{bmatrix} = 0.4E^t$$

$$\vec{L}_1 = (\hat{Q}^{(1)})^{-1}\vec{L}_0\hat{Q}^{(1)} = \frac{1}{426}\begin{bmatrix} 600 & 240 & 225 \\ 360 & 570 & 135 \\ 220 & 230 & 615 \end{bmatrix}$$

$$G_1 = \vec{L}_1 E^t = \begin{bmatrix} g_1^{(1)} \\ g_2^{(1)} \\ g_3^{(1)} \end{bmatrix} = 2.5E^t$$

既然 $Q^{(1)} \neq \lambda E^t$，即产出调整系数列向量是非平凡的，所以由定理 2.10 中的条件（g_2），我们有：

$$y_1^{(0)} = 0.6 > y_1^{(1)} = 0.4 = y_2^{(1)} > 0.1 = y_2^{(0)}$$

$$g_1^{(0)} = \frac{455}{213} < g_1^{(1)} = 2.5 = g_2^{(1)} < \frac{415}{142} = g_2^{(0)}$$

即至少有一个部门的最终产出率上升，至少有一个部门的最终产出率下降，至少有一个部门的投入乘数减小，至少有一个部门的投入乘数增大。

情况 2　$R_0 \neq 0.4E$，即在 I－O 表 0 中，某些部门的增加价值率不相等。根据定理 2.10 中的条件（f_2），如果我们希望每个部门的增加价值率都相等，则需求解 A_0 的一个正的左特征向量，此向量为 $P^{(2)} = (1.2, 1, 0.6)$。事实上，$P^{(2)}$ 正好是 A_0 的一个唯一正的左特征向量，因此它是一个能使在新的价格系统中每个部门的增加价值率都等于 0.4 且每个部门的产出乘数都等于2.5的唯一的价格调整系数行向量。所以，如果部门1的价格提高20%，部门2的价格不变，部门3的价格下降40%，则由新的价格系统重新确定的价值型投入产出表如I-O表2所示。

I-O表2

$Z_2=\hat{P}^{(2)}Z_0$	$F_2=\hat{P}^{(2)}F_0$	$X_2=\hat{P}^{(2)}X_0$
$V_2=P^{(2)}(I-A_0)\hat{X}_0$		
$X_2^t=P^{(2)}\hat{X}_0$		

=

0	3.6	3.6	10.8	15
9	0	0	1	10
1.8	2.4	1.8	3	9
7.2	4	3.6		
18	10	9		

其中，$\vec{A}_2=\vec{A}_0$，$Y_2=Y_0$，$\vec{L}_2=\vec{L}_0$，$G_2=G_0$

$$A_2=\hat{P}^{(2)}A_0(\hat{P}^{(2)})^{-1}=\begin{bmatrix}0 & 0.36 & 0.4\\ 0.5 & 0 & 0\\ 0.1 & 0.24 & 0.2\end{bmatrix}$$

$$R_2=E(I-A_2)=(r_1^{(2)},\ r_2^{(2)},\ r_3^{(2)})=0.4E$$

$$L_2=\hat{P}^{(2)}L_0(\hat{P}^{(2)})^{-1}=\frac{1}{142}\begin{bmatrix}200 & 96 & 100\\ 100 & 190 & 50\\ 55 & 69 & 205\end{bmatrix}$$

$$D_2=EL_2=(d_1^{(2)},\ d_2^{(2)},\ d_3^{(2)})=2.5E$$

既然$P^{(2)}\neq\lambda E$，即价格调整系数行向量是非平凡的，所以由定理2.10中的条件（g_3），我们有：

$$r_1^{(0)}=0.2<r_1^{(2)}=0.4=r_3^{(2)}<0.6=r_3^{(0)}$$

$$d_1^{(0)}=\frac{215}{71}>d_1^{(2)}=2.5=d_3^{(2)}>\frac{285}{142}=d_3^{(0)}$$

即至少有一个部门的增加价值率上升，至少有一个部门的增加价值率下降，至少有一个部门的产出乘数减小，至少有一个部门的产出乘数增大。

情况3　$F_0\neq V_0^t$，即在I-O表0中，最终产值与增加价值之间是非平衡的。根据定理2.10中的条件（g_4）或（g_6），如果我们希望最终产值与增加价值之间是平衡的，则应求解$M_{10}^{(0)}$的一个正的右特征向量或$M_7^{(0)}$的一个正的左特征向量。

（i）我们可以求出：

$$Q^{(3)}=\begin{bmatrix}0.7\\0.9\\1.9\end{bmatrix}$$

正好是 $M_{10}^{(0)}$ 的一个唯一正的右特征向量，因此它是一个能使在新的产出系统中最终产值与增加价值之间达到平衡状态的唯一的产出调整系数列向量。所以，如果部门 1 的总产出减少 30%，部门 2 的总产出减少 10%，部门 3 的总产出增加 90%，则由新的产出系统重新确定的价值型投入产出表如 I－O 表 3.1 所示。

I－O 表 3.1

$Z_{3.1}=Z_0\hat{Q}^{(3)}$	$F_{3.1}=\hat{X}_0(I-\vec{A}_0)Q^{(3)}$	$X_{3.1}=\hat{X}_0Q^{(3)}$
$V_{3.1}=V_0\hat{Q}^{(3)}$		
$X_{3.1}^t=X_0^t\hat{Q}^{(3)}$		

=

0	2.7	5.7	2.1	10.5
6.3	0	0	2.7	9
2.1	3.6	5.7	17.1	28.5
2.1	2.7	17.1		
10.5	9	28.5		

其中，$A_{3.1}=A_0$，$R_{3.1}=R_0$，$L_{3.1}=L_0$，$D_{3.1}=D_0$

$$F_{3.1}=\begin{bmatrix}2.1\\2.7\\17.1\end{bmatrix}=V_{3.1}^t$$

既然 $R_0\neq0.4E$，所以由定理 2.10 中的条件（g_8）可知 $Q^{(3)}\neq\lambda Q^{(1)}$。

（ii）我们可以求出 $P^{(3)}=(2.1,\ 1.1,\ 0.9)$ 正好是 $M_7^{(0)}$ 的一个唯一正的左特征向量，因此它是一个能使在新的价格系统中增加价值与最终产值之间达到平衡状态的唯一的价格调整系数行向量。所以，如果部门 1 的价格提高 110%，部门 2 的价格提高 10%，部门 3 的价格下降 10%，则由新的价格系统重新确定的价值型投入产出表如 I－O 表 3.2 所示。

I－O 表 3.2

$Z_{3.2}=\hat{P}^{(3)}Z_0$	$F_{3.2}=\hat{P}^{(3)}F_0$	$X_{3.2}=\hat{P}^{(3)}X_0$
$V_{3.2}=P^{(3)}(I-A_0)\hat{X}_0$		
$X_{3.2}^t=P^{(3)}\hat{X}_0$		

=

0	6.3	6.3	18.9	31.5
9.9	0	0	1.1	11
2.7	3.6	2.7	4.5	13.5
18.9	1.1	4.5		
31.5	11	13.5		

其中，$\vec{A}_{3.2}=\vec{A}_0$，$Y_{3.2}=Y_0$，$\vec{L}_{3.2}=\vec{L}_0$，$G_{3.2}=G_0$，$V_{3.2}=(18.9, 1.1, 4.5)=F^t_{3.2}$。既然 $Y_0 \neq 0.4E^t$，所以由定理 2.10 中的条件（g_9）可知 $P^{(3)} \neq \lambda P^{(2)}$。

情况 4　$G_0 \neq D^t_0$，即在 I－O 表 0 中，投入乘数与产出乘数之间是非平衡的。根据定理 2.10 中的条件（g_5）或（g_7），如果我们希望投入乘数与产出乘数之间是平衡的，就应求解齐次线性方程组 $(\hat{D}_0-\vec{L}_0)H=0$ 或 $N(\hat{G}_0-L_0)=0$。

（i）我们可以求出：

$$Q^{(4)}=\begin{bmatrix}0.648\\1.032\\1.88\end{bmatrix}$$

正好是齐次线性方程组 $(\hat{D}_0-\vec{L}_0)H=0$ 的一个唯一的正的（列）解向量，即 $(\hat{D}_0-\vec{L}_0)Q^{(4)}=0$。因此，$Q^{(4)}$ 是能使由新的产出系统重新确定的每个部门的投入乘数分别等于其各自部门的产出乘数，因而使投入乘数与产出乘数之间达到平衡状态的唯一的产出调整系数列向量。所以，如果部门 1 的总产出减少 35.2%，部门 2 的总产出增加 3.2%，且部门 3 的总产出增加 88%，则由新的产出系统重新确定的价值型投入产出表如 I－O 表 4.1 所示。

I－O 表 4.1

$$\begin{array}{|c|c|c|}\hline Z_{4.1}=Z_0\hat{Q}^{(4)} & F_{4.1}=\hat{X}_0(I-\vec{A}_0)Q^{(4)} & X_{4.1}=\hat{X}_0Q^{(4)} \\ \hline V_{4.1}=V_0\hat{Q}^{(4)} & & \\ \hline X^t_{4.1}=X^t_0\hat{Q}^{(4)} & & \\ \hline \end{array} =$$

0	3.096	5.64	0.984	9.72
5.832	0	0	4.488	10.32
1.944	4.128	5.64	16.488	28.2
1.944	3.096	16.92		
9.72	10.32	28.2		

其中，$A_{4.1}=A_0$，$R_{4.1}=R_0$，$L_{4.1}=L_0$，$D_{4.1}=D_0$

$$\vec{L}_{4.1}=(\hat{Q}^{(4)})^{-1}\vec{L}_0\hat{Q}^{(4)}=\frac{1}{142}\begin{bmatrix}200 & 6880/81 & 11750/81\\4860/43 & 190 & 3525/43\\1782/47 & 1978/47 & 205\end{bmatrix}$$

$G_{4.1}=\vec{L}_{4.1}E^t=D^t_0=D^t_{4.1}$。既然 $R_0 \neq 0.4E$，根据定理 2.10 中的条件（g_8），我们有 $Q^{(4)} \neq \lambda Q^{(1)}$。

（ii）我们可以求出 $P^{(4)}=(2.313,\ 1.241,\ 0.819)$ 正好是齐次线性方程组 $N(\hat{G}_0-L_0)=0$ 的一个唯一的正的（行）解向量，即 $P^{(4)}(\hat{G}_0-L_0)=0$。因此，$P^{(4)}$ 是能使由新的价格系统重新确定的每个部门的产出乘数分别等于其各自部门的投入乘数，因而使产出乘数与投入乘数之间达到平衡状态的唯一的价格调整系数行向量。所以，如果部门 1 的价格提高 131.3%，部门 2 的价格提高 24.1%，且部门 3 的价格下降 18.1%，则由新的价格系统重新确定的价值型投入产出表如 I－O 表 4.2 所示。

I－O 表 4.2

$Z_{4.2}=\hat{P}^{(4)}Z_0$	$F_{4.2}=\hat{P}^{(4)}F_0$	$X_{4.2}=\hat{P}^{(4)}X_0$		0	6.939	6.939	20.817	34.695
				11.169	0	0	1.241	12.41
			=	2.457	3.276	2.457	4.095	12.285
$V_{4.2}=P^{(4)}(I-A_0)\hat{X}_0$				21.069	2.195	2.889		
$X^t_{4.2}=P^{(4)}\hat{X}_0$				34.695	12.41	12.285		

其中，$\vec{A}_{4.2}=\vec{A}_0$，$Y_{4.2}=Y_0$，$\vec{L}_{4.2}=\vec{L}_0$，$G_{4.2}=G_0$

$$L_{4.2}=\hat{P}^{(4)}L_0\ (\hat{P}^{(4)})^{-1}=\frac{1}{426}\begin{bmatrix}600 & 555120/1241 & 38550/91\\ 49640/257 & 570 & 12410/91\\ 30030/257 & 282555/1241 & 615\end{bmatrix}$$

$D_{4.2}=EL_{4.2}=G^t_0=G^t_{4.2}$。既然 $Y_0\neq 0.4E^t$，根据定理 2.10 中的条件（g_9），我们有 $P^{(4)}\neq\lambda P^{(2)}$。

情况 5　$Y_2=Y_0\neq 0.4E^t$，即在 I－O 表 2 中，某些部门的最终产出率不相等。类似于情况 1，如果我们希望每个部门的最终产出率都相等，则可以求出 $\vec{A}_2=\vec{A}_0$ 的一个唯一的正的右特征向量：

$$Q^{(1)}=\begin{bmatrix}1\\ 1.5\\ 1.5\end{bmatrix}$$

既然 $R_2=0.4E$，根据定理 2.10 中的条件（g_8），$Q^{(1)}$ 是一个能使在新的产出系统中每个部门的最终产出率都等于 0.4（它也等于每个部门的增加价值率）并且每个部门的投入乘数都等于 2.5（它也等于每个部门的产出乘数）的唯一的产出调整系数列向量。所以，在 I－O 表 2 中，如果部门 1

的总产出不变，部门 2 和部门 3 的总产出都增加 50%，则由新的产出系统重新确定的价值型投入产出表如 I－O 表 5 所示。

I－O 表 5

$Z_5 = Z_2\hat{Q}^{(1)}$	$F_5 = \hat{X}_2(I - \vec{A}_2)Q^{(1)}$	$X_5 = \hat{X}_2 Q^{(1)}$
$V_5 = V_2\hat{Q}^{(1)}$		
$X_5^t = X_2^t\hat{Q}^{(1)}$		

=

0	5.4	5.4	7.2	18
9	0	0	6	15
1.8	3.6	2.7	5.4	13.5
7.2	6	5.4		
18	15	13.5		

其中，$Y_5 = 0.4E^t = R_2^t = R_5^t$，$\vec{L}_5 = (\hat{Q}^{(1)})^{-1}\vec{L}_2\hat{Q}^{(1)} = (\hat{Q}^{(1)})^{-1}\vec{L}_0\hat{Q}^{(1)} = \vec{L}_1$，$L_5 = L_2$，并且 $G_5 = G_1 = 2.5E^t = D_2^t = D_5^t$。

情况 6　$R_1 = R_0 \neq 0.4E$，即在 I－O 表 1 中，某些部门的增加价值率不相等。类似于情况 2，如果我们希望每个部门的增加价值率都相等，则可以求出 $A_1 = A_0$ 的一个唯一的正的左特征向量 $P^{(2)} = (1.2, 1, 0.6)$。既然 $Y_1 = 0.4E^t$，根据定理 2.10 中的条件（g_9），$P^{(2)}$ 是一个能使在新的价格系统中每个部门的增加价值率都等于 0.4（它也等于每个部门的最终产出率）并且每个部门的产出乘数都等于 2.5（它也等于每个部门的投入乘数）的唯一的价格调整系数行向量。所以，在 I－O 表 1 中，如果部门 1 的价格提高 20%，部门 2 的价格不变，且部门 3 的价格下降 40%，则由新的价格系统重新确定的价值型投入产出表如 I－O 表 6 所示。

I－O 表 6

$Z_6 = \hat{P}^{(2)} Z_1$	$F_6 = \hat{P}^{(2)} F_1$	$X_6 = \hat{P}^{(2)} X_1$
$V_6 = P^{(2)}(I - A_1)\hat{X}_1$		
$X_6^t = P^{(2)}\hat{X}_1$		

=

0	5.4	5.4	7.2	18
9	0	0	6	15
1.8	3.6	2.7	5.4	13.5
7.2	6	5.4		
18	15	13.5		

其中，$R_6 = 0.4E = Y_1^t = Y_6^t$，$L_6 = \hat{P}^{(2)} L_1 (\hat{P}^{(2)})^{-1} = \hat{P}^{(2)} L_0 (\hat{P}^{(2)})^{-1} = L_2$，$\vec{L}_6 = \vec{L}_1$，并且 $D_6 = D_2 = 2.5E = G_1^t = G_6^t$。

注意，I－O 表6 和I－O 表5 中的数字是完全相同的。这是因为：I－O 表6 是在 I－O 表0 的基础上先调整产出系统，使得每个部门的最终产出率都等于0.4，这样得到I－O 表1，然后再调整价格系统，使得每个部门的增加价值率都等于0.4；I－O 表5 是在 I－O 表0 的基础上先调整价格系统，使得每个部门的增加价值率都等于0.4，这样得到I－O 表2，然后再调整产出系统，使得每个部门的最终产出率都等于0.4。这两种调整方式的区别是产量调整与价格调整的先后顺序不同，但最终的效果是一样的。

第三章　关于矩阵与行列式的一些新结果

本章所讨论的矩阵是实数矩阵，即它们不一定是非负的。本章得出的结果在投入产出模型的比较静态分析中有重要应用价值。

第一节　有关的预备定理

定理 3.1　设 $n \geqslant 2$ 阶矩阵 $T=(t_{pq})_{n\times n}$，T_{pq} 为 t_{pq} 的余子式，二阶行列式

$$T_{kd}^{ij}=\begin{vmatrix} t_{ij}+a & t_{id} \\ t_{kj} & t_{kd} \end{vmatrix},\ k=1,\ \cdots,\ i-1,\ i+1,\ \cdots,\ n,\ d=1,\ \cdots,\ j-1,\ j+1,\ \cdots,\ n,\ i,\ j=1,\ 2,\ \cdots,\ n$$

则有：

$$\begin{vmatrix} T_{11}^{ij} & \cdots & T_{1j-1}^{ij} & T_{1j+1}^{ij} & \cdots & T_{1n}^{ij} \\ \vdots & & \vdots & \vdots & & \vdots \\ T_{i-11}^{ij} & \cdots & T_{i-1j-1}^{ij} & T_{i-1j+1}^{ij} & \cdots & T_{i-1n}^{ij} \\ T_{i+11}^{ij} & \cdots & T_{i+1j-1}^{ij} & T_{i+1j+1}^{ij} & \cdots & T_{i+1n}^{ij} \\ \vdots & & \vdots & \vdots & & \vdots \\ T_{n1}^{ij} & \cdots & T_{nj-1}^{ij} & T_{nj+1}^{ij} & \cdots & T_{nn}^{ij} \end{vmatrix}=[aT_{ij}+(-1)^{i+j}|T|](t_{ij}+a)^{n-2}$$

其中，a 是一个数，$n=2$ 时，$t_{ij}\neq -a$，$i,\ j=1,\ 2,\ \cdots,\ n$。

证明　把要证的等式的左边的行列式记为 t。先考虑 $n=2$ 的情形。此时分为四种情况：

$$
t=\begin{cases}
T_{22}^{11}=\begin{vmatrix} t_{11}+a & t_{12} \\ t_{21} & t_{22} \end{vmatrix}=\left(at_{22}+(-1)^{1+1}\begin{vmatrix} t_{11} & t_{12} \\ t_{21} & t_{22} \end{vmatrix}\right)(t_{11}+a)^{2-2}, \\
i=j=1,\ t_{11}\neq -a \\
T_{21}^{12}=\begin{vmatrix} t_{12}+a & t_{11} \\ t_{22} & t_{21} \end{vmatrix}=\left(at_{21}+(-1)^{1+2}\begin{vmatrix} t_{11} & t_{12} \\ t_{21} & t_{22} \end{vmatrix}\right)(t_{12}+a)^{2-2}, \\
i=1,\ j=2,\ t_{12}\neq -a \\
T_{12}^{21}=\begin{vmatrix} t_{21}+a & t_{22} \\ t_{11} & t_{12} \end{vmatrix}=\left(at_{12}+(-1)^{2+1}\begin{vmatrix} t_{11} & t_{12} \\ t_{21} & t_{22} \end{vmatrix}\right)(t_{21}+a)^{2-2}, \\
i=2,\ j=1,\ t_{21}\neq -a \\
T_{11}^{22}=\begin{vmatrix} t_{22}+a & t_{21} \\ t_{12} & t_{11} \end{vmatrix}=\left(at_{11}+(-1)^{2+2}\begin{vmatrix} t_{11} & t_{12} \\ t_{21} & t_{22} \end{vmatrix}\right)(t_{22}+a)^{2-2}, \\
i=j=2,\ t_{22}\neq -a
\end{cases}
$$

下面考虑 $n\geqslant 3$ 的情形。由假设知 $T_{kd}^{ij}=(t_{ij}+a)t_{kd}-t_{id}t_{kj}$，$k\neq i$，$d\neq j$，所以可把 T_{kd}^{ij} 看作二项式，并称 $(t_{ij}+a)t_{kd}$ 和 $-t_{id}t_{kj}$ 分别为二项式 T_{kd}^{ij} 的前项和后项。显然有：

$$
t=\begin{vmatrix}
(t_{ij}+a)t_{11}-t_{i1}t_{1j} & \cdots & (t_{ij}+a)t_{1j-1}-t_{ij-1}t_{1j} & (t_{ij}+a)t_{1j+1}-t_{ij+1}t_{1j} & \cdots & (t_{ij}+a)t_{1n}-t_{in}t_{1j} \\
\vdots & & \vdots & \vdots & & \vdots \\
(t_{ij}+a)t_{i-11}-t_{i1}t_{i-1j} & \cdots & (t_{ij}+a)t_{i-1j-1}-t_{ij-1}t_{i-1j} & (t_{ij}+a)t_{i-1j+1}-t_{ij+1}t_{i-1j} & \cdots & (t_{ij}+a)t_{i-1n}-t_{in}t_{i-1j} \\
(t_{ij}+a)t_{i+11}-t_{i1}t_{i+1j} & \cdots & (t_{ij}+a)t_{i+1j-1}-t_{ij-1}t_{i+1j} & (t_{ij}+a)t_{i+1j+1}-t_{ij+1}t_{i+1j} & \cdots & (t_{ij}+a)t_{i+1n}-t_{in}t_{i+1j} \\
\vdots & & \vdots & \vdots & & \vdots \\
(t_{ij}+a)t_{n1}-t_{i1}t_{nj} & \cdots & (t_{ij}+a)t_{nj-1}-t_{ij-1}t_{nj} & (t_{ij}+a)t_{nj+1}-t_{ij+1}t_{nj} & \cdots & (t_{ij}+a)t_{nn}-t_{in}t_{nj}
\end{vmatrix}
$$

即 t 的每列元素都是二项式，可把 t 的每列元素分解为由前项组成的列和后项组成的列，并分别称其为前项列和后项列。由行列式的基本性质之一可知：如果行列式的某列元素都是二项式，则该行列式可分解为两个行列式之和。因此，t 可分解为 2^{n-1} 个行列式之和，这 2^{n-1} 个行列式中的每一列不是前项列就是后项列，而且在包含两个或两个以上后项列的行列式中，任意两列后项列的元素对应成比例，所以这类行列式全为零。即 2^{n-1} 个行列式中至多有 n 个不为零，它们是：（i）由所有前项列组成的行列式，这只有 1 个；（ii）由 $n-2$ 个前项列和 1 个后项列组成的行列式，这共有 $n-1$ 个；即：

$$t=\begin{vmatrix} (t_{ij}+a)t_{11} & \cdots & (t_{ij}+a)t_{1j-1} & (t_{ij}+a)t_{1j+1} & \cdots & (t_{ij}+a)t_{1n} \\ \vdots & & \vdots & \vdots & & \vdots \\ (t_{ij}+a)t_{i-11} & \cdots & (t_{ij}+a)t_{i-1j-1} & (t_{ij}+a)t_{i-1j+1} & \cdots & (t_{ij}+a)t_{i-1n} \\ (t_{ij}+a)t_{i+11} & \cdots & (t_{ij}+a)t_{i+1j-1} & (t_{ij}+a)t_{i+1j+1} & \cdots & (t_{ij}+a)t_{i+1n} \\ \vdots & & \vdots & \vdots & & \vdots \\ (t_{ij}+a)t_{n1} & \cdots & (t_{ij}+a)t_{nj-1} & (t_{ij}+a)t_{nj+1} & \cdots & (t_{ij}+a)t_{nn} \end{vmatrix}+$$

$$\begin{vmatrix} -t_{i1}t_{1j} & (t_{ij}+a)t_{12} & \cdots & (t_{ij}+a)t_{1j-1} & (t_{ij}+a)t_{1j+1} & \cdots & (t_{ij}+a)t_{1n} \\ \vdots & \vdots & & \vdots & \vdots & & \vdots \\ -t_{i1}t_{i-1j} & (t_{ij}+a)t_{i-12} & \cdots & (t_{ij}+a)t_{i-1j-1} & (t_{ij}+a)t_{i-1j+1} & \cdots & (t_{ij}+a)t_{i-1n} \\ -t_{i1}t_{i+1j} & (t_{ij}+a)t_{i+12} & \cdots & (t_{ij}+a)t_{i+1j-1} & (t_{ij}+a)t_{i+1j+1} & \cdots & (t_{ij}+a)t_{i+1n} \\ \vdots & \vdots & & \vdots & \vdots & & \vdots \\ -t_{i1}t_{nj} & (t_{ij}+a)t_{n2} & \cdots & (t_{ij}+a)t_{nj-1} & (t_{ij}+a)t_{nj+1} & \cdots & (t_{ij}+a)t_{nn} \end{vmatrix}+\cdots+$$

$$\begin{vmatrix} (t_{ij}+a)t_{11} & \cdots & (t_{ij}+a)t_{1j-2} & -t_{ij-1}t_{1j} & (t_{ij}+a)t_{1j+1} & \cdots & (t_{ij}+a)t_{1n} \\ \vdots & & \vdots & \vdots & \vdots & & \vdots \\ (t_{ij}+a)t_{i-11} & \cdots & (t_{ij}+a)t_{i-1j-2} & -t_{ij-1}t_{i-1j} & (t_{ij}+a)t_{i-1j+1} & \cdots & (t_{ij}+a)t_{i-1n} \\ (t_{ij}+a)t_{i+11} & \cdots & (t_{ij}+a)t_{i+1j-2} & -t_{ij-1}t_{i+1j} & (t_{ij}+a)t_{i+1j+1} & \cdots & (t_{ij}+a)t_{i+1n} \\ \vdots & & \vdots & \vdots & \vdots & & \vdots \\ (t_{ij}+a)t_{n1} & \cdots & (t_{ij}+a)t_{nj-2} & -t_{ij-1}t_{nj} & (t_{ij}+a)t_{nj+1} & \cdots & (t_{ij}+a)t_{nn} \end{vmatrix}+$$

$$\begin{vmatrix} (t_{ij}+a)t_{11} & \cdots & (t_{ij}+a)t_{1j-1} & -t_{ij+1}t_{1j} & (t_{ij}+a)t_{1j+2} & \cdots & (t_{ij}+a)t_{1n} \\ \vdots & & \vdots & \vdots & \vdots & & \vdots \\ (t_{ij}+a)t_{i-11} & \cdots & (t_{ij}+a)t_{i-1j-1} & -t_{ij+1}t_{i-1j} & (t_{ij}+a)t_{i-1j+2} & \cdots & (t_{ij}+a)t_{i-1n} \\ (t_{ij}+a)t_{i+11} & \cdots & (t_{ij}+a)t_{i+1j-1} & -t_{ij+1}t_{i+1j} & (t_{ij}+a)t_{i+1j+2} & \cdots & (t_{ij}+a)t_{i+1n} \\ \vdots & & \vdots & \vdots & \vdots & & \vdots \\ (t_{ij}+a)t_{n1} & \cdots & (t_{ij}+a)t_{nj-1} & -t_{ij+1}t_{nj} & (t_{ij}+a)t_{nj+2} & \cdots & (t_{ij}+a)t_{nn} \end{vmatrix}+\cdots+$$

$$\begin{vmatrix} (t_{ij}+a)t_{11} & \cdots & (t_{ij}+a)t_{1j-1} & (t_{ij}+a)t_{1j+1} & \cdots & (t_{ij}+a)t_{1n-1} & -t_{in}t_{1j} \\ \vdots & & \vdots & \vdots & & \vdots & \vdots \\ (t_{ij}+a)t_{i-11} & \cdots & (t_{ij}+a)t_{i-1j-1} & (t_{ij}+a)t_{i-1j+1} & \cdots & (t_{ij}+a)t_{i-1n-1} & -t_{in}t_{i-1j} \\ (t_{ij}+a)t_{i+11} & \cdots & (t_{ij}+a)t_{i+1j-1} & (t_{ij}+a)t_{i+1j+1} & \cdots & (t_{ij}+a)t_{i+1n-1} & -t_{in}t_{i+1j} \\ \vdots & & \vdots & \vdots & & \vdots & \vdots \\ (t_{ij}+a)t_{n1} & \cdots & (t_{ij}+a)t_{nj-1} & (t_{ij}+a)t_{nj+1} & \cdots & (t_{ij}+a)t_{nn-1} & -t_{in}t_{nj} \end{vmatrix}$$

$$=(t_{ij}+a)^{n-1}T_{ij}+(t_{ij}+a)^{n-2}t_{i1}(-1)^{j-1}T_{i1}+\cdots+(t_{ij}+a)^{n-2}t_{ij-1}(-1)T_{ij-1}+$$
$$(t_{ij}+a)^{n-2}t_{ij+1}(-1)T_{ij+1}+\cdots+(t_{ij}+a)^{n-2}t_{in}(-1)^{n-j}T_{in}$$
$$=(-1)^{i+j}(t_{ij}+a)^{n-2}[a(-1)^{i+j}T_{ij}+t_{ij}(-1)^{i+j}T_{ij}+t_{i1}(-1)^{i+1}T_{i1}+\cdots+$$
$$t_{ij-1}(-1)^{i+j-1}T_{ij-1}+t_{ij+1}(-1)^{i+j+1}T_{ij+1}+\cdots+t_{in}(-1)^{i+n}T_{in}]$$
$$=(-1)^{i+j}(t_{ij}+a)^{n-2}[a(-1)^{i+j}T_{ij}+|T|]$$
$$=[aT_{ij}+(-1)^{i+j}|T|](t_{ij}+a)^{n-2}。$$

证毕。

评论 3.1 如果令定理 3.1 中的 $a=0$，则该定理清晰地描述了由一个 n 阶矩阵的任意一个二阶子式按一定规则所构成的 $n-1$ 阶行列式与该 n 阶矩阵的行列式之间的数量关系。

引理 3.1 设 $n\geqslant 3$ 阶矩阵 $Y=(y_{pq})_{n\times n}$，Y_{pq} 为 y_{pq} 的代数余子式，Y_{kd}^{ij} 为 Y 的二阶子矩阵

$$\begin{bmatrix} y_{ij} & y_{id} \\ y_{kj} & y_{kd} \end{bmatrix} \tag{3.1}$$

的代数余子式，则有：

$$\begin{vmatrix} Y_{ij} & Y_{id} \\ Y_{kj} & Y_{kd} \end{vmatrix} = |Y|\,Y_{kd}^{ij} \tag{3.2}$$

其中，$i=1,\cdots,k-1$，$j=1,\cdots,d-1$，k，$d=2,3,\cdots,n$。

证明 设 X_{kd}^{ij} 为 Y 的二阶子矩阵(3.1)的余子矩阵，则由矩阵和行列式的运算法则可得：

$$|Y|\begin{vmatrix} Y_{ij} & Y_{id} \\ Y_{kj} & Y_{kd} \end{vmatrix} =$$

$$
(-1)^{i-1+k-2+j-1+d-2}\left|\begin{array}{cc|cccccccc}
y_{ij} & y_{id} & y_{i1} & \cdots & y_{ij-1} & y_{ij+1} & \cdots & y_{id-1} & y_{id+1} & \cdots & y_{in} \\
y_{kj} & y_{kd} & y_{k1} & \cdots & y_{kj-1} & y_{kj+1} & \cdots & y_{kd-1} & y_{kd+1} & \cdots & y_{kn} \\
\hline
y_{1j} & y_{1d} & & & & & & & & & \\
\vdots & \vdots & & & & & & & & & \\
y_{i-1j} & y_{i-1d} & & & & & & & & & \\
y_{i+1j} & y_{i+1d} & & & & & & & & & \\
\vdots & \vdots & & & & & X_{kd}^{ij} & & & & \\
y_{k-1j} & y_{k-1d} & & & & & & & & & \\
y_{k+1j} & y_{k+1d} & & & & & & & & & \\
\vdots & \vdots & & & & & & & & & \\
y_{nj} & y_{nd} & & & & & & & & &
\end{array}\right| \times
$$

$$
\left|\begin{array}{cc|ccc}
Y_{ij} & Y_{kj} & 0 & \cdots & 0 \\
Y_{id} & Y_{kd} & 0 & \cdots & 0 \\
\hline
Y_{i1} & Y_{k1} & & & \\
\vdots & \vdots & & & \\
Y_{ij-1} & Y_{kj-1} & & & \\
Y_{ij+1} & Y_{kj+1} & & & \\
\vdots & \vdots & & I & \\
Y_{id-1} & Y_{kd-1} & & & \\
Y_{id+1} & Y_{kd+1} & & & \\
\vdots & \vdots & & & \\
Y_{in} & Y_{kn} & & &
\end{array}\right| =
$$

$$
(-1)^{i+j+k+d}\left|\begin{array}{cc|cccccccc}
|Y| & 0 & y_{i1} & \cdots & y_{ij-1} & y_{ij+1} & \cdots & y_{id-1} & y_{id+1} & \cdots & y_{in} \\
0 & |Y| & y_{k1} & \cdots & y_{kj-1} & y_{kj+1} & \cdots & y_{kd-1} & y_{kd+1} & \cdots & y_{kn} \\
\hline
0 & 0 & & & & & & & & & \\
\vdots & \vdots & & & & & X_{kd}^{ij} & & & & \\
0 & 0 & & & & & & & & &
\end{array}\right|
$$

$=(-1)^{i+j+k+d}\left|X_{kd}^{ij}\right|\left|Y\right|^2=Y_{kd}^{ij}\left|Y\right|^2$。因此，当 $|Y|\neq 0$ 时公式(3.2)成立。如果 $|Y|=0$，则因 $rank(Y^*)\leqslant 1$，其中 Y^* 是 Y 的伴随矩阵，所以有：

$$\begin{vmatrix} Y_{ij} & Y_{id} \\ Y_{kj} & Y_{kd} \end{vmatrix} = 0 = |Y| Y_{kd}^{ij}$$

即公式（3.2）仍然成立。证毕。

评论 3.2 引理 3.1 给出了由一个 n 阶矩阵的任意四个元素的代数余子式按一定规则构成的二阶行列式与那四个元素构成的二阶矩阵的代数余子式和该 n 阶矩阵的行列式之间的数量关系。

第二节 逆矩阵的扰动理论

定理 3.2 设 M 和 $D=(d_{pq})_{n\times n}$ 是两个 $n\geqslant 2$ 阶矩阵，并且 $(M-D)^{-1}=F=(f_{pq})_{n\times n}$ 存在，$H=EF=(h_q)_{1\times n}$，$B=FE^t=(b_p)_{n\times 1}$。如果 M 不变，而 D 变化，则：

（i）当 D 中只有第 i 行的元素变化时，f_{kr} 的增量为：

$$\Delta f_{kr} = \frac{f_{ki}\sum_j f_{jr}\Delta d_{ij}}{1-\sum_j f_{ji}\Delta d_{ij}} \qquad (k,r=1,2,\cdots,n) \tag{3.3}$$

h_r 的增量为：

$$\Delta h_r = \sum_{k=1}^n \Delta f_{kr} = \frac{h_i\sum_j f_{jr}\Delta d_{ij}}{1-\sum_j f_{ji}\Delta d_{ij}} \qquad (r=1,2,\cdots,n) \tag{3.4}$$

b_k 的增量为：

$$\Delta b_k = \sum_{r=1}^n \Delta f_{kr} = \frac{f_{ki}\sum_j b_j\Delta d_{ij}}{1-\sum_j f_{ji}\Delta d_{ij}} \qquad (k=1,2,\cdots,n) \tag{3.5}$$

（ii）当 D 中只有第 j 列的元素变化时，f_{kr} 的增量为：

$$\Delta f_{kr} = \frac{f_{jr}\sum_i f_{ki}\Delta d_{ij}}{1-\sum_i f_{ji}\Delta d_{ij}} \qquad (k,r=1,2,\cdots,n) \tag{3.6}$$

h_r 的增量为：

$$\Delta h_r = \sum_{k=1}^n \Delta f_{kr} = \frac{f_{jr}\sum_i h_i\Delta d_{ij}}{1-\sum_i f_{ji}\Delta d_{ij}} \qquad (r=1,2,\cdots,n) \tag{3.7}$$

b_k 的增量为：

$$\Delta b_k = \sum_{r=1}^{n} \Delta f_{kr} = \frac{b_j \sum_i f_{ki} \Delta d_{ij}}{1 - \sum_i f_{ji} \Delta d_{ij}} \qquad (k = 1,2,\cdots,n) \tag{3.8}$$

证明　设 $F^{-1} = M - D = G = (g_{pq})_{n\times n}$；$G^{\#} = M - D - \Delta D = (g^{\#}_{pq})_{n\times n}$是 D 变化后的 G；$\widetilde{G}_{pq}$和 G_{pq}分别为 g_{pq}的余子式和代数余子式；$G^{\#}_{pq}$是 D 变化后的 G_{pq}；G^{rk}_{ij}是 G 的二阶子矩阵：

$$\begin{bmatrix} g_{rk} & g_{rj} \\ g_{ik} & g_{ij} \end{bmatrix}$$

的代数余子式。显然有 $|G| \neq 0$。先证结论（i）。不妨设 D 中第 i 行的 n 个元素都变化。由行列式的基本性质以及行列式按一行的展开法可得：

$$|G^{\#}| = |G| + \sum_{j=1}^{n} (-\Delta d_{ij}) G_{ij} = |G| \left(1 - |G|^{-1} \sum_{j=1}^{n} G_{ij} \Delta d_{ij}\right) = |G| \left(1 - \sum_{j=1}^{n} f_{ji} \Delta d_{ij}\right) \tag{3.9}$$

因此，非零行列式 $|G|$ 的增量为：

$$\Delta |G| = -\sum_{j=1}^{n} G_{ij} \Delta d_{ij} = -|G| \sum_{j=1}^{n} f_{ji} \Delta d_{ij} \tag{3.10}$$

显然，Δd_{ij}的取值应保证 $|G^{\#}| \neq 0$，而由公式（3.9）可知，这等价于 Δd_{ij}的取值应保证：

$$\sum_{j=1}^{n} f_{ji} \Delta d_{ij} \neq 1$$

下面证 G_{rk}的增量为：

$$\Delta G_{rk} = |G|^{-1} \sum_{j=1}^{n} (G_{rj} G_{ik} - G_{rk} G_{ij}) \Delta d_{ij} \tag{3.11}$$

若 $r = i$，则显然有 $G^{\#}_{rk} = G^{\#}_{ik} = G_{ik} = G_{rk}$，即 $\Delta G_{rk} = \Delta G_{ik} = 0$。而此时公式（3.11）的右边显然也等于 0，因此，公式（3.11）成立。

下面设 $r \neq i$。先证当 $n = 2$ 时公式(3.11)成立。这时：

$$G = \begin{bmatrix} g_{11} & g_{12} \\ g_{21} & g_{22} \end{bmatrix}$$

若 $i = 1$，则 $G^{\#}_{21} = -(g_{12} - \Delta d_{12})$，$G_{21} = -g_{12}$，因此 $\Delta G_{21} = G^{\#}_{21} - G_{21} = \Delta d_{12}$。而根据公式(3.11)可得：

$$\Delta G_{21} = |G|^{-1}\sum_{j=1}^{2}(G_{2j}G_{11} - G_{21}G_{1j})\Delta d_{1j} = |G|^{-1}(G_{22}G_{11} - G_{21}G_{12})\Delta d_{12} =$$
$$|G|^{-1}(g_{11}g_{22} - g_{12}g_{21})\Delta d_{12} = \Delta d_{12}$$

所以公式(3.11)成立。此外，$G_{22}^{\#} = g_{11} - \Delta d_{11}$，$G_{22} = g_{11}$，因此 $\Delta G_{22} = G_{22}^{\#} - G_{22} = -\Delta d_{11}$。而根据公式(3.11)可得：

$$\Delta G_{22} = |G|^{-1}\sum_{j=1}^{2}(G_{2j}G_{12} - G_{22}G_{1j})\Delta d_{1j} = |G|^{-1}(G_{21}G_{12} - G_{22}G_{11})\Delta d_{11} =$$
$$|G|^{-1}(g_{12}g_{21} - g_{11}g_{22})\Delta d_{11} = -\Delta d_{11}$$

所以公式(3.11)成立。若 $i=2$，则 $G_{11}^{\#} = g_{22} - \Delta d_{22}$，$G_{11} = g_{22}$，因此 $\Delta G_{11} = G_{11}^{\#} - G_{11} = -\Delta d_{22}$。而根据公式(3.11)可得：

$$\Delta G_{11} = |G|^{-1}\sum_{j=1}^{2}(G_{1j}G_{21} - G_{11}G_{2j})\Delta d_{2j} = |G|^{-1}(G_{12}G_{21} - G_{11}G_{22})\Delta d_{22} =$$
$$|G|^{-1}(g_{21}g_{12} - g_{22}g_{11})\Delta d_{22} = -\Delta d_{22}$$

所以公式（3.11）成立。此外，$G_{12}^{\#} = -(g_{21} - \Delta d_{21})$，$G_{12} = -g_{21}$，因此 $\Delta G_{12} = G_{12}^{\#} - G_{12} = \Delta d_{21}$。而根据公式(3.11)可得：

$$\Delta G_{12} = |G|^{-1}\sum_{j=1}^{2}(G_{1j}G_{22} - G_{12}G_{2j})\Delta d_{2j} = |G|^{-1}(G_{11}G_{22} - G_{12}G_{21})\Delta d_{21}$$
$$= |G|^{-1}(g_{22}g_{11} - g_{21}g_{12})\Delta d_{21} = \Delta d_{21}$$

所以公式（3.11）成立。

下面证 $n \geqslant 3$ 时公式（3.11）成立。

当 $r < i$ 时，根据行列式的基本性质可知：

$$G_{rk}^{\#} = (-1)^{r+k}\begin{vmatrix} g_{11} & \cdots & g_{1k-1} & g_{1k+1} & \cdots & g_{1n} \\ \vdots & & \vdots & \vdots & & \vdots \\ g_{r-11} & \cdots & g_{r-1k-1} & g_{r-1k+1} & \cdots & g_{r-1n} \\ g_{r+11} & \cdots & g_{r+1k-1} & g_{r+1k+1} & \cdots & g_{r+1n} \\ \vdots & & \vdots & \vdots & & \vdots \\ g_{i-11} & \cdots & g_{i-1k-1} & g_{i-1k+1} & \cdots & g_{i-1n} \\ g_{i1} - \Delta d_{i1} & \cdots & g_{ik-1} - \Delta d_{ik-1} & g_{ik+1} - \Delta d_{ik+1} & \cdots & g_{in} - \Delta d_{in} \\ g_{i+11} & \cdots & g_{i+1k-1} & g_{i+1k+1} & \cdots & g_{i+1n} \\ \vdots & & \vdots & \vdots & & \vdots \\ g_{n1} & \cdots & g_{nk-1} & g_{nk+1} & \cdots & g_{nn} \end{vmatrix}$$

$$= (-1)^{r+k}\widetilde{G}_{rk} + (-1)^{r+k+1}\begin{vmatrix} g_{11} & \cdots & g_{1k-1} & g_{1k+1} & \cdots & g_{1n} \\ \vdots & & \vdots & \vdots & & \vdots \\ g_{r-11} & \cdots & g_{r-1k-1} & g_{r-1k+1} & \cdots & g_{r-1n} \\ g_{r+11} & \cdots & g_{r+1k-1} & g_{r+1k+1} & \cdots & g_{r+1n} \\ \vdots & & \vdots & \vdots & & \vdots \\ g_{i-11} & \cdots & g_{i-1k-1} & g_{i-1k+1} & \cdots & g_{i-1n} \\ \Delta d_{i1} & \cdots & \Delta d_{ik-1} & \Delta d_{ik+1} & \cdots & \Delta d_{in} \\ g_{i+11} & \cdots & g_{i+1k-1} & g_{i+1k+1} & \cdots & g_{i+1n} \\ \vdots & & \vdots & \vdots & & \vdots \\ g_{n1} & \cdots & g_{nk-1} & g_{nk+1} & \cdots & g_{nn} \end{vmatrix}$$

$$= G_{rk} + \Delta G_{rk}$$

因此，由行列式按一行的展开法以及引理 3.1 可得：

$$\Delta G_{rk} = (-1)^{r+k+1}\left[\sum_{j=1}^{k-1}(-1)^{i-1+j}\widetilde{G}_{ik}^{rj}\Delta d_{ij} + \sum_{j=k+1}^{n}(-1)^{i-1+j-1}\widetilde{G}_{ij}^{rk}\Delta d_{ij}\right]$$

$$= \sum_{j=1}^{k-1} G_{ik}^{rj}\Delta d_{ij} + \sum_{j=k+1}^{n}(-G_{ij}^{rk})\Delta d_{ij}$$

$$= |G|^{-1}\sum_{j=1}^{k-1}\begin{vmatrix} G_{rj} & G_{rk} \\ G_{ij} & G_{ik}\end{vmatrix}\Delta d_{ij} + |G|^{-1}\sum_{j=k+1}^{n}\begin{vmatrix} G_{rj} & G_{rk} \\ G_{ij} & G_{ik}\end{vmatrix}\Delta d_{ij}$$

$$= |G|^{-1}\sum_{j=1}^{n}(G_{rj}G_{ik} - G_{rk}G_{ij})\Delta d_{ij}$$

即公式（3.11）成立。

当 $r > i$ 时，根据行列式的基本性质可知：

$$G_{rk}^{\#} = (-1)^{r+k}\begin{vmatrix} g_{11} & \cdots & g_{1k-1} & g_{1k+1} & \cdots & g_{1n} \\ \vdots & & \vdots & \vdots & & \vdots \\ g_{i-11} & \cdots & g_{i-1k-1} & g_{i-1k+1} & \cdots & g_{i-1n} \\ g_{i1}-\Delta d_{i1} & \cdots & g_{ik-1}-\Delta d_{ik-1} & g_{ik+1}-\Delta d_{ik+1} & \cdots & g_{in}-\Delta d_{in} \\ g_{i+11} & \cdots & g_{i+1k-1} & g_{i+1k+1} & \cdots & g_{i+1n} \\ \vdots & & \vdots & \vdots & & \vdots \\ g_{r-11} & \cdots & g_{r-1k-1} & g_{r-1k+1} & \cdots & g_{r-1n} \\ g_{r+11} & \cdots & g_{r+1k-1} & g_{r+1k+1} & \cdots & g_{r+1n} \\ \vdots & & \vdots & \vdots & & \vdots \\ g_{n1} & \cdots & g_{nk-1} & g_{nk+1} & \cdots & g_{nn} \end{vmatrix}$$

$$= (-1)^{r+k}\widetilde{G}_{rk} + (-1)^{r+k+1}\begin{vmatrix} g_{11} & \cdots & g_{1k-1} & g_{1k+1} & \cdots & g_{1n} \\ \vdots & & \vdots & \vdots & & \vdots \\ g_{i-11} & \cdots & g_{i-1k-1} & g_{i-1k+1} & \cdots & g_{i-1n} \\ \Delta d_{i1} & \cdots & \Delta d_{ik-1} & \Delta d_{ik+1} & \cdots & \Delta d_{in} \\ g_{i+11} & \cdots & g_{i+1k-1} & g_{i+1k+1} & \cdots & g_{i+1n} \\ \vdots & & \vdots & \vdots & & \vdots \\ g_{r-11} & \cdots & g_{r-1k-1} & g_{r-1k+1} & \cdots & g_{r-1n} \\ g_{r+11} & \cdots & g_{r+1k-1} & g_{r+1k+1} & \cdots & g_{r+1n} \\ \vdots & & \vdots & \vdots & & \vdots \\ g_{n1} & \cdots & g_{nk-1} & g_{nk+1} & \cdots & g_{nn} \end{vmatrix}$$

$$= G_{rk} + \Delta G_{rk}$$

因此，由行列式按一行的展开法以及引理3.1可得：

$$\begin{aligned} \Delta G_{rk} &= (-1)^{r+k+1}\left[\sum_{j=1}^{k-1}(-1)^{i+j}\,\widetilde{G}_{ik}^{ij}\Delta d_{ij} + \sum_{j=k+1}^{n}(-1)^{i+j-1}\,\widetilde{G}_{rj}^{ik}\Delta d_{ij}\right] \\ &= \sum_{j=1}^{k-1}(-G_{rk}^{ij})\Delta d_{ij} + \sum_{j=k+1}^{n}G_{rj}^{ik}\Delta d_{ij} \\ &= |G|^{-1}\sum_{j=1}^{k-1}\begin{vmatrix} G_{ik} & G_{ij} \\ G_{rk} & G_{rj}\end{vmatrix}\Delta d_{ij} + |G|^{-1}\sum_{j=k+1}^{n}\begin{vmatrix} G_{ik} & G_{ij} \\ G_{rk} & G_{rj}\end{vmatrix}\Delta d_{ij} \\ &= |G|^{-1}\sum_{j=1}^{n}(G_{rj}G_{ik} - G_{rk}G_{ij})\Delta d_{ij} \end{aligned}$$

即公式（3.11）仍成立。

综上所述，公式（3.11）总成立。所以由公式（3.11）和公式（3.10）可得：

$$\begin{aligned} \Delta f_{kr} &= \frac{G_{rk} + \Delta G_{rk}}{|G| + \Delta|G|} - \frac{G_{rk}}{|G|} = \frac{|G|\Delta G_{rk} - G_{rk}\Delta|G|}{|G|(|G| + \Delta|G|)} \\ &= \frac{\sum_{j=1}^{n}(G_{rj}G_{ik} - G_{rk}G_{ij})\Delta d_{ij} + G_{rk}\sum_{j=1}^{n}G_{ij}\Delta d_{ij}}{|G|^{2}(1 + |G|^{-1}\Delta|G|)} \\ &= \frac{G_{ik}\sum_{j=1}^{n}G_{rj}\Delta d_{ij}}{|G|^{2}\left(1 - \sum_{j=1}^{n}f_{ji}\Delta d_{ij}\right)} \end{aligned}$$

$$= \frac{f_{ki}\sum_{j=1}^{n} f_{jr}\Delta d_{ij}}{1-\sum_{j=1}^{n} f_{ji}\Delta d_{ij}}$$

所以，公式（3.3）成立。由公式（3.3）显然可得公式（3.4）和公式（3.5）。结论（i）证完。

当 D 中只有第 j 列的元素变化时，关于结论（ii）的证明，与上同理，只需运用行列式的基本性质以及行列式按一列的展开法，可以证明与公式（3.9）、公式（3.10）和公式（3.11）分别相对偶的下列三个公式：

$$\begin{aligned}|G^{\#}| &= |G| + \sum_{i=1}^{n}(-\Delta d_{ij})G_{ij} \\ &= |G|\left(1-|G|^{-1}\sum_{i=1}^{n} G_{ij}\Delta d_{ij}\right) \\ &= |G|\left(1-\sum_{i=1}^{n} f_{ji}\Delta d_{ij}\right)\end{aligned}$$

$$\Delta|G| = -\sum_{i=1}^{n} G_{ij}\Delta d_{ij} = -|G|\sum_{i=1}^{n} f_{ji}\Delta d_{ij}$$

$$\Delta G_{rk} = |G|^{-1}\sum_{i=1}^{n}(G_{rj}G_{ik}-G_{rk}G_{ij})\Delta d_{ij}$$

利用它们就可证明结论（ii）。证毕。

评论 3.3　舍曼和莫里森在文献［19］和［20］中最早提出了关于逆矩阵的扰动理论，得出了当一个矩阵只有一行元素变化时，该矩阵的逆矩阵元素变化的解析式。而在定理 3.2 中给出的公式（3.3）在形式上与该解析式略有不同，证明方法也不同。

推论 3.1　设 M 和 $D=(d_{pq})_{n\times n}$ 是两个 $n\geq 2$ 阶矩阵，并且 $(M-D)^{-1}=F=(f_{pq})_{n\times n}$ 存在，$H=EF=(h_q)_{1\times n}$，$B=FE^t=(b_p)_{n\times 1}$。如果 M 不变，而 D 中只有第 i 行的元素变化，则有：

(i) $\Delta f_{kr}=0 \Leftrightarrow \left(f_{ki}=0 \vee \sum_{j} f_{jr}\Delta d_{ij}=0\right)$，$k,r=1,2,\cdots,n$；

(ii) $f_{ki}\neq 0 \Leftrightarrow \dfrac{\Delta f_{ki}}{f_{ki}} = \dfrac{1}{1-\sum_{j} f_{ji}\Delta d_{ij}}-1$，$k=1,2,\cdots,n$；

(iii) $\sum_{j} f_{jr}\Delta d_{ij}\neq 0 \Leftrightarrow \neg\left(\dfrac{\Delta f_{1r}}{f_{1r}}=\dfrac{\Delta f_{2r}}{f_{2r}}=\cdots=\dfrac{\Delta f_{nr}}{f_{nr}}\right)$，$r=1,\cdots,i-1,i+1,\cdots,n$。

(iv)若 $f_{kj}\neq 0$，$j=1, 2, \cdots, n$，则：

$$\frac{\Delta f_{k1}}{f_{k1}}=\frac{\Delta f_{k2}}{f_{k2}}=\cdots=\frac{\Delta f_{kn}}{f_{kn}}\Leftrightarrow(\Delta d_{i1}, \cdots, \Delta d_{ik-1}, \Delta d_{ik+1}, \cdots, \Delta d_{in})=0,$$

$k=1,2, \cdots, n$;

(v) $\Delta h_r=0\Leftrightarrow\left(h_i=0\vee\sum_j f_{jr}\Delta d_{ij}=0\right), r=1,2,\cdots,n$;

(vi) $h_i\neq 0\Leftrightarrow\dfrac{\Delta h_i}{h_i}=\dfrac{1}{1-\sum_j f_{ji}\Delta d_{ij}}-1$;

(vii)若 $h_j\neq 0$，$j=1, 2, \cdots, n$，则：

$$\frac{\Delta h_1}{h_1}=\frac{\Delta h_2}{h_2}=\cdots=\frac{\Delta h_n}{h_n}=\varepsilon\Leftrightarrow\Delta d_{i1}=\Delta d_{i2}=\cdots=\Delta d_{in}=\frac{\varepsilon}{(1+\varepsilon)h_i};$$

(viii) $\Delta b_k=0\Leftrightarrow\left(f_{ki}=0\vee\sum_j b_j\Delta d_{ij}=0\right), k=1,2,\cdots,n$;

(ix) $\sum_j b_j\Delta d_{ij}\neq 0\Leftrightarrow\neg\left(\dfrac{\Delta b_1}{b_1}=\dfrac{\Delta b_2}{b_2}=\cdots=\dfrac{\Delta b_n}{b_n}\right)$。

证明 由公式(3.3)显然可得结论(i)和结论(ii)。下面证结论(iii)。先设：

$$\sum_j f_{jr}\Delta d_{ij}\neq 0\qquad(r=1,\cdots,i-1,i+1,\cdots,n)\tag{3.12}$$

要证明 F 的第 r 列的各个元素的增长率不完全相等。若 F 的第 r 列的所有元素的增量都等于零，则由结论(i)和公式(3.12)可知 F 的第 i 列的所有元素都等于零，这与 F 的可逆性矛盾，因此在 F 的第 r 列中，至少有一个元素的增量不等于零。所以，若 F 的第 r 列的各个元素的增长率完全相等，则有：

$$\frac{\Delta f_{1r}}{f_{1r}}=\frac{\Delta f_{2r}}{f_{2r}}=\cdots=\frac{\Delta f_{nr}}{f_{nr}}\neq 0\neq f_{kr}\qquad(k=1, 2, \cdots, n)$$

于是，由公式(3.3)和公式(3.12)可得：

$$\frac{f_{1i}}{f_{1r}}=\frac{f_{2i}}{f_{2r}}=\cdots=\frac{f_{ni}}{f_{nr}}\neq 0\tag{3.13}$$

即 F 的第 i 列元素与第 r 列元素对应成比例，这仍与 F 的可逆性矛盾。因此，F 的第 r 列的各个元素的增长率不完全相等。反之，若：

$$\sum_j f_{jr}\Delta d_{ij}=0$$

则由结论(i)可知 F 的第 r 列的所有元素的增量都等于零，因此 F 的第 r

列的各个元素的增长率完全相等，且都等于零。结论(iii)证完。下面证结论(iv)。设 F 的第 k 行的元素都不等于零，则由公式(3.3)可知：

$$\frac{\Delta f_{k1}}{f_{k1}}=\frac{\Delta f_{k2}}{f_{k2}}=\cdots=\frac{\Delta f_{kn}}{f_{kn}}\Leftrightarrow\delta=\frac{\sum_{j=1}^{n}f_{j1}\Delta d_{ij}}{f_{k1}}=\frac{\sum_{j=1}^{n}f_{j2}\Delta d_{ij}}{f_{k2}}=\cdots$$

$$=\frac{\sum_{j=1}^{n}f_{jn}\Delta d_{ij}}{f_{kn}}\Leftrightarrow(\Delta d_{i1},\Delta d_{i2},\cdots,\Delta d_{in})F=\delta(f_{k1},f_{k2},\cdots,f_{kn})\Leftrightarrow$$

$$(\Delta d_{i1},\Delta d_{i2},\cdots,\Delta d_{in})=\delta(f_{k1},f_{k2},\cdots,f_{kn})F^{-1}=\delta(0\cdots\underset{k-1}{0}\ \underset{k}{1}\ \underset{k+1}{0}\cdots0)$$

因此，结论(iv)成立。由公式(3.4)显然可得结论(v)和结论(vi)。下面证结论(vii)。设 F 的每列元素之和都不等于零，令：

$$\varepsilon=\frac{\Delta h_i}{h_i}$$

则由结论(vi)可得：

$$\varepsilon=\frac{1}{1-\sum_j f_{ji}\Delta d_{ij}}-1$$

因此可得：

$$\sum_j f_{ji}\Delta d_{ij}=\frac{\varepsilon}{1+\varepsilon}$$

所以由公式(3.4)可知：

$$\frac{\Delta h_1}{h_1}=\cdots=\frac{\Delta h_i}{h_i}=\cdots=\frac{\Delta h_n}{h_n}=\varepsilon\Leftrightarrow\frac{\sum_{j=1}^{n}f_{j1}\Delta d_{ij}}{h_1}=\cdots=\frac{\sum_{j=1}^{n}f_{ji}\Delta d_{ij}}{h_i}=\cdots$$

$$=\frac{\sum_{j=1}^{n}f_{jn}\Delta d_{ij}}{h_n}=\frac{\varepsilon}{(1+\varepsilon)h_i}\Leftrightarrow(\Delta d_{i1},\Delta d_{i2},\cdots,\Delta d_{in})F=\frac{\varepsilon H}{(1+\varepsilon)h_i}$$

$$=\frac{\varepsilon EF}{(1+\varepsilon)h_i}\Leftrightarrow(\Delta d_{i1},\Delta d_{i2},\cdots,\Delta d_{in})=\frac{\varepsilon E}{(1+\varepsilon)h_i},$$

因此，结论(vii)成立。由公式(3.5)显然可得结论(viii)。下面证结论(ix)。由公式(3.5)显然可得：

$$\sum_j b_j\Delta d_{ij}\neq0\Leftrightarrow\left(\frac{\Delta b_1}{b_1}=\frac{\Delta b_2}{b_2}=\cdots=\frac{\Delta b_n}{b_n}\Leftrightarrow\frac{f_{1i}}{b_1}=\frac{f_{2i}}{b_2}=\cdots=\frac{f_{ni}}{b_n}\right)$$

所以，只需证：

$$\frac{f_{1i}}{b_1}=\frac{f_{2i}}{b_2}=\cdots=\frac{f_{ni}}{b_n} \tag{3.14}$$

不成立。如果公式（3.14）成立，则必须有$f_{ii}\neq0$，否则，由公式（3.14）可知F的第i列元素全都等于零，这与F的可逆性矛盾。由公式（3.14）可知，对$\forall k\in\{1, \cdots, i-1, i+1, \cdots, n\}$，有$f_{ii}b_k=f_{ki}b_i$，即：

$$\sum_{\substack{j=1\\j\neq i}}^{n}\begin{vmatrix}f_{ii} & f_{ij}\\ f_{ki} & f_{kj}\end{vmatrix}=0 \qquad (k=1,\cdots,i-1,i+1,\cdots,n)$$

令：

$$F_{kj}^{i}=\begin{vmatrix}f_{ii} & f_{ij}\\ f_{ki} & f_{kj}\end{vmatrix} \qquad (k,\ j=1,\ \cdots,\ i-1,\ i+1,\ \cdots,\ n)$$

$$B_i=\begin{bmatrix}F_{11}^{i} & \cdots & F_{1i-1}^{i} & F_{1i+1}^{i} & \cdots & F_{1n}^{i}\\ \vdots & & \vdots & \vdots & & \vdots\\ F_{i-11}^{i} & \cdots & F_{i-1i-1}^{i} & F_{i-1i+1}^{i} & \cdots & F_{i-1n}^{i}\\ F_{i+11}^{i} & \cdots & F_{i+1i-1}^{i} & F_{i+1i+1}^{i} & \cdots & F_{i+1n}^{i}\\ \vdots & & \vdots & \vdots & & \vdots\\ F_{n1}^{i} & \cdots & F_{ni-1}^{i} & F_{ni+1}^{i} & \cdots & F_{nn}^{i}\end{bmatrix}$$

则有$B_iE^t=0$。由定理3.1可知$|B_i|=f_{ii}^{n-2}|F|\neq0$，因此$E^t=0$，这与$E$的定义不符。结论（ix）证完。证毕。

评论3.4 在D中只有第i行的元素变化的条件下，推论3.1中的结论（ii）表明，F的第i列的各个非零元素的增长率都相等；结论（iii）表明，若公式（3.12）成立，则F的第$r(\neq i)$列的各个元素的增长率不可能完全相等，反之亦然；结论（iv）表明，F的第k行的各个元素的增长率都相等的充分必要条件是，D中除了第i行中的第k个元素之外，其他元素都不变；结论（vii）表明，F的各个列和的增长率都相等的充分必要条件是D中第i行的各个元素的增量都相等；结论（ix）表明，若有：

$$\sum_{j}b_j\Delta d_{ij}\neq0$$

则F的各个行和的增长率不可能完全相等；反之亦然。

推论3.2 设M和$D=(d_{pq})_{n\times n}$是两个$n\geqslant2$阶矩阵，并且$(M-D)^{-1}=F=(f_{pq})_{n\times n}$存在，$H=EF=(h_q)_{1\times n}$，$B=FE^t=(b_p)_{n\times1}$。如果$M$不变，而$D$中只有第$j$列的元素变化，则有：

（i）$\Delta f_{kr}=0\Leftrightarrow\left(f_{jr}=0\vee\sum_i f_{ki}\Delta d_{ij}=0\right)$，$k$，$r=1$，2，…，$n$；

（ii）$f_{jr}\neq 0\Leftrightarrow\dfrac{\Delta f_{jr}}{f_{jr}}=\dfrac{1}{1-\sum_i f_{ji}\Delta d_{ij}}-1$，$r=1$，2，…，$n$；

（iii）$\sum_i f_{ki}\Delta d_{ij}\neq 0\Leftrightarrow\neg\left(\dfrac{\Delta f_{k1}}{f_{k1}}=\dfrac{\Delta f_{k2}}{f_{k2}}=\cdots=\dfrac{\Delta f_{kn}}{f_{kn}}\right)$，$k=1$，…，$j-1$，$j+1$，…，$n$；

（iv）若 $f_{ir}\neq 0$，$i=1$，2，…，n，则：

$$\frac{\Delta f_{1r}}{f_{1r}}=\frac{\Delta f_{2r}}{f_{2r}}=\cdots=\frac{\Delta f_{nr}}{f_{nr}}\Leftrightarrow\begin{bmatrix}\Delta d_{1j}\\ \vdots\\ \Delta d_{r-1j}\\ \Delta d_{r+1j}\\ \vdots\\ \Delta d_{nj}\end{bmatrix}=0,\ r=1,\ 2,\ \cdots,\ n;$$

（v）$\Delta h_r=0\Leftrightarrow\left(f_{jr}=0\vee\sum_i h_i\Delta d_{ij}=0\right)$，$r=1$，2，…，$n$；

（vi）$\sum_i h_i\Delta d_{ij}\neq 0\Leftrightarrow\neg\left(\dfrac{\Delta h_1}{h_1}=\dfrac{\Delta h_2}{h_2}=\cdots=\dfrac{\Delta h_n}{h_n}\right)$；

（vii）$\Delta b_k=0\Leftrightarrow\left(b_j=0\vee\sum_i f_{ki}\Delta d_{ij}=0\right)$，$k=1$，2，…，$n$；

（viii）$b_j\neq 0\Leftrightarrow\dfrac{\Delta b_j}{b_j}=\dfrac{1}{1-\sum_i f_{ji}\Delta d_{ij}}-1$；

（ix）若 $b_i\neq 0$，$i=1$，2，…，n，则：

$$\frac{\Delta b_1}{b_1}=\frac{\Delta b_2}{b_2}=\cdots=\frac{\Delta b_n}{b_n}=\mu\Leftrightarrow\Delta d_{1j}=\Delta d_{2j}=\cdots=\Delta d_{nj}=\frac{\mu}{(1+\mu)b_j}。$$

证明　由公式（3.6）显然可得结论（i）和结论（ii）。下面证结论（iii）。先设：

$$\sum_i f_{ki}\Delta d_{ij}\neq 0\qquad(k=1,\cdots,j-1,j+1,\cdots,n)\tag{3.15}$$

要证明 F 的第 k 行的各个元素的增长率不完全相等。若 F 的第 k 行的所有元素的增量都等于零，则由结论（i）和公式（3.15）可知 F 的第 j 行的所有元素都等于零，这与 F 的可逆性矛盾，因此在 F 的第 k 行中，至少有一个元素的增量不等于零。所以，若 F 的第 k 行的各个元素的增长率完全相等，则有：

$$\frac{\Delta f_{k1}}{f_{k1}}=\frac{\Delta f_{k2}}{f_{k2}}=\cdots=\frac{\Delta f_{kn}}{f_{kn}}\neq 0\neq f_{kr}\qquad (r=1,\ 2,\ \cdots,\ n)$$

于是，由公式（3.6）和公式（3.15）可得：

$$\frac{f_{j1}}{f_{k1}}=\frac{f_{j2}}{f_{k2}}=\cdots=\frac{f_{jn}}{f_{kn}}\neq 0 \tag{3.16}$$

即 F 的第 j 行元素与第 k 行元素对应成比例，这仍与 F 的可逆性矛盾。因此，F 的第 k 行的各个元素的增长率不完全相等。反之，若有：

$$\sum_i f_{ki}\Delta d_{ij}=0$$

则由结论（i）可知 F 的第 k 行的所有元素的增量都等于零，因此 F 的第 k 行的各个元素的增长率完全相等，且都等于零。结论（iii）证完。下面证结论（iv）。设 F 的第 r 列的元素都不等于零，则由公式（3.6）可知：

$$\frac{\Delta f_{1r}}{f_{1r}}=\frac{\Delta f_{2r}}{f_{2r}}=\cdots=\frac{\Delta f_{nr}}{f_{nr}}\Leftrightarrow\lambda=\frac{\sum_{i=1}^{n}f_{1i}\Delta d_{ij}}{f_{1r}}=\frac{\sum_{i=1}^{n}f_{2i}\Delta d_{ij}}{f_{2r}}=\cdots=\frac{\sum_{i=1}^{n}f_{ni}\Delta d_{ij}}{f_{nr}}$$

$$\Leftrightarrow F\begin{bmatrix}\Delta d_{1j}\\ \Delta d_{2j}\\ \vdots\\ \Delta d_{nj}\end{bmatrix}=\lambda\begin{bmatrix}f_{1r}\\ f_{2r}\\ \vdots\\ f_{nr}\end{bmatrix}\Leftrightarrow\begin{bmatrix}\Delta d_{1j}\\ \Delta d_{2j}\\ \vdots\\ \Delta d_{nj}\end{bmatrix}=\lambda F^{-1}\begin{bmatrix}f_{1r}\\ f_{2r}\\ \vdots\\ f_{nr}\end{bmatrix}=\lambda\begin{bmatrix}0\\ \vdots\\ 0\\ 1\\ 0\\ \vdots\\ 0\end{bmatrix}\begin{matrix}\\ \\ r-1\\ r\\ r+1\\ \\ \\ \end{matrix}$$

因此，结论（iv）成立。由公式（3.7）显然可得结论（v）。下面证结论（vi）。由公式（3.7）显然可得：

$$\sum_i h_i\Delta d_{ij}\neq 0\Leftrightarrow\left(\frac{\Delta h_1}{h_1}=\frac{\Delta h_2}{h_2}=\cdots=\frac{\Delta h_n}{h_n}\Leftrightarrow\frac{f_{j1}}{h_1}=\frac{f_{j2}}{h_2}=\cdots=\frac{f_{jn}}{h_n}\right)$$

所以，只需证：

$$\frac{f_{j1}}{h_1}=\frac{f_{j2}}{h_2}=\cdots=\frac{f_{jn}}{h_n} \tag{3.17}$$

不成立。如果公式（3.17）成立，则必须有 $f_{jj}\neq 0$，否则，由公式（3.17）可知 F 的第 j 行元素全都等于零，这与 F 的可逆性矛盾。由公式（3.17）可知，对 $\forall k\in\{1,\ \cdots,\ j-1,\ j+1,\ \cdots,\ n\}$，有 $f_{jj}h_k=f_{jk}h_j$，即：

$$\sum_{\substack{i=1\\i\neq j}}^{n}\begin{vmatrix}f_{jj} & f_{jk}\\ f_{ij} & f_{ik}\end{vmatrix}=0\qquad(k=1,\cdots,j-1,j+1,\cdots,n)$$

令：

$$F_{ik}^{j}=\begin{vmatrix}f_{jj} & f_{jk}\\ f_{ij} & f_{ik}\end{vmatrix}\qquad(i,\ k=1,\ \cdots,\ j-1,\ j+1,\ \cdots,\ n)$$

$$A_j=\begin{bmatrix}F_{11}^{j} & \cdots & F_{1j-1}^{j} & F_{1j+1}^{j} & \cdots & F_{1n}^{j}\\ \vdots & & \vdots & \vdots & & \vdots\\ F_{j-11}^{j} & \cdots & F_{j-1j-1}^{j} & F_{j-1j+1}^{j} & \cdots & F_{j-1n}^{j}\\ F_{j+11}^{j} & \cdots & F_{j+1j-1}^{j} & F_{j+1j+1}^{j} & \cdots & F_{j+1n}^{j}\\ \vdots & & \vdots & \vdots & & \vdots\\ F_{n1}^{j} & \cdots & F_{nj-1}^{j} & F_{nj+1}^{j} & \cdots & F_{nn}^{j}\end{bmatrix}$$

则有 $EA_j=0$。由定理 3.1 可知 $|A_j|=f_{jj}^{n-2}|F|\neq0$，因此 $E=0$，这与 E 的定义不符。结论（vi）证完。由公式（3.8）显然可得结论（vii）和结论（viii）。下面证结论（ix）。设 F 的每行元素之和都不等于零，令：

$$\mu=\frac{\Delta b_j}{b_j}$$

则由结论（viii）可得：

$$\mu=\frac{1}{1-\sum_{i}f_{ji}\Delta d_{ij}}-1$$

因此可得：

$$\sum_{i}f_{ji}\Delta d_{ij}=\frac{\mu}{1+\mu}$$

所以，再由公式（3.8）可知：

$$\frac{\Delta b_1}{b_1}=\cdots=\frac{\Delta b_j}{b_j}=\cdots=\frac{\Delta b_n}{b_n}=\mu\Leftrightarrow$$

$$\frac{\sum_{i=1}^{n}f_{1i}\Delta d_{ij}}{b_1}=\cdots=\frac{\sum_{i=1}^{n}f_{ji}\Delta d_{ij}}{b_j}=\cdots=\frac{\sum_{i=1}^{n}f_{ni}\Delta d_{ij}}{b_n}=\frac{\mu}{(1+\mu)b_j}$$

$$\Leftrightarrow F\begin{bmatrix}\Delta d_{1j}\\ \Delta d_{2j}\\ \vdots\\ \Delta d_{nj}\end{bmatrix}=\frac{\mu B}{(1+\mu)b_j}=\frac{\mu FE^{t}}{(1+\mu)b_j}\Leftrightarrow\begin{bmatrix}\Delta d_{1j}\\ \Delta d_{2j}\\ \vdots\\ \Delta d_{nj}\end{bmatrix}=\frac{\mu E^{t}}{(1+\mu)b_j}$$

因此，结论（ix）成立。证毕。

评论 3.5 在 D 中只有第 j 列的元素变化的条件下，推论 3.2 中的结论（ii）表明，F 的第 j 行的各个非零元素的增长率都相等；结论（iii）表明，若公式（3.15）成立，则 F 的第 $k(\neq j)$ 行的各个元素的增长率不可能完全相等，反之亦然；结论（iv）表明，F 的第 r 列的各个元素的增长率都相等的充分必要条件是，D 中除了第 j 列中的第 r 个元素之外，其他元素都不变；结论（vi）表明，若有：

$$\sum_i h_i \Delta d_{ij} \neq 0$$

则 F 的各个列和的增长率不可能完全相等，反之亦然；结论（ix）表明，F 的各个行和的增长率都相等的充分必要条件是 D 中第 j 列的各个元素的增量都相等。

推论 3.3 设 M 和 $D=(d_{pq})_{n\times n}$ 是两个 $n\geq 2$ 阶矩阵，并且 $(M-D)^{-1}=F=(f_{pq})_{n\times n}$ 存在，$H=EF=(h_q)_{1\times n}$，$B=FE^t=(b_p)_{n\times 1}$。我们有：

（i）若 M 不变，且 D 中只有 d_{ij} 这一个元素变化，则 f_{kr}、h_r 和 b_k 的增量分别为：

$$\Delta f_{kr}=\frac{f_{ki}f_{jr}\Delta d_{ij}}{1-f_{ji}\Delta d_{ij}} \qquad (i,\ j,\ k,\ r=1,\ 2,\ \cdots,\ n)$$

$$\Delta h_r=\frac{h_i f_{jr}\Delta d_{ij}}{1-f_{ji}\Delta d_{ij}} \qquad (i,\ j,\ r=1,\ 2,\ \cdots,\ n)$$

$$\Delta b_k=\frac{f_{ki}b_j\Delta d_{ij}}{1-f_{ji}\Delta d_{ij}} \qquad (i,\ j,\ k=1,\ 2,\ \cdots,\ n)$$

（ii）有关偏导数分别为：

$$\frac{\partial f_{kr}}{\partial d_{ij}}=f_{ki}f_{jr} \qquad (i,\ j,\ k,\ r=1,\ 2,\ \cdots,\ n) \tag{3.18}$$

$$\frac{\partial h_r}{\partial d_{ij}}=h_i f_{jr} \qquad (i,\ j,\ r=1,\ 2,\ \cdots,\ n)$$

$$\frac{\partial b_k}{\partial d_{ij}}=f_{ki}b_j \qquad (i,\ j,\ k=1,\ 2,\ \cdots,\ n)$$

（iii）若 $f_{kr}\neq 0$，$h_r\neq 0$，$b_k\neq 0$，则它们关于 d_{ij} 的偏弹性分别为：

$$e(d_{ij},\ f_{kr})=\frac{f_{ki}f_{jr}d_{ij}}{f_{kr}} \qquad (i,\ j,\ k,\ r=1,\ 2,\ \cdots,\ n) \tag{3.19}$$

$$e(d_{ij},\ h_r)=\frac{h_i f_{jr}d_{ij}}{h_r} \qquad (i,\ j,\ r=1,\ 2,\ \cdots,\ n) \tag{3.20}$$

$$e(d_{ij},\ b_k)=\frac{f_{ki}b_jd_{ij}}{b_k}\qquad (i,\ j,\ k=1,\ 2,\ \cdots,\ n)\tag{3.21}$$

证明　由公式（3.3）或公式（3.6）、公式（3.4）或公式（3.7）、公式（3.5）或公式（3.8）显然可得结论（i）。由结论（i）显然可得结论（ii）。由结论（ii）显然可得结论（iii）。证毕。

推论 3.4　设 M 和 $D=(d_{pq})_{n\times n}$ 是两个 $n\geq 2$ 阶矩阵，并且 $(M-D)^{-1}=F=(f_{pq})_{n\times n}$ 存在，$H=EF=(h_q)_{1\times n}$，$B=FE^t=(b_p)_{n\times 1}$。我们有：

（i）$\dfrac{\partial f_{kr}}{\partial d_{ij}}=\dfrac{\partial f_{ji}}{\partial d_{rk}}=f_{ki}f_{jr}$，$i,\ j,\ k,\ r=1,\ 2,\ \cdots,\ n$；

（ii）若 $f_{ki}\neq 0\neq f_{jr}$，$h_i\neq 0\neq b_j$，则：

$e(d_{ij},\ f_{ki})=e(d_{ij},\ f_{jr})=e(d_{ij},\ h_i)=e(d_{ij},\ b_j)=f_{ji}d_{ij}$，$i,\ j,\ k,\ r=1,\ 2,\ \cdots,\ n$；

（iii）若 $f_{kr}\neq 0\neq d_{ij}$，$r\neq i$，$k=1,\ 2,\ \cdots,\ n$，则 $e(d_{ij},\ f_{1r})=e(d_{ij},\ f_{2r})=\cdots=e(d_{ij},\ f_{nr})$ 不成立；

（iv）若 $f_{kr}\neq 0\neq d_{ij}$，$k\neq j$，$r=1,\ 2,\ \cdots,\ n$，则 $e(d_{ij},\ f_{k1})=e(d_{ij},\ f_{k2})=\cdots=e(d_{ij},\ f_{kn})$ 不成立；

（v）若 $h_r\neq 0\neq d_{ij}$，$r=1,\ 2,\ \cdots,\ n$，则 $e(d_{ij},\ h_1)=e(d_{ij},\ h_2)=\cdots=e(d_{ij},\ h_n)$ 不成立；

（vi）若 $b_k\neq 0\neq d_{ij}$，$k=1,\ 2,\ \cdots,\ n$，则 $e(d_{ij},\ b_1)=e(d_{ij},\ b_2)=\cdots=e(d_{ij},\ b_n)$ 不成立。

证明　由公式（3.18）显然可得结论（i）。由公式（3.19）至公式（3.21）显然可得结论（ii）。下面证结论（iii）。若 $e(d_{ij},\ f_{1r})=e(d_{ij},\ f_{2r})=\cdots=e(d_{ij},\ f_{nr})$ 成立，则由公式（3.19）可得公式（3.13），这与 F 的可逆性矛盾。下面证结论（iv）。若 $e(d_{ij},\ f_{k1})=e(d_{ij},\ f_{k2})=\cdots=e(d_{ij},\ f_{kn})$ 成立，则由公式（3.19）可得公式（3.16），这与 F 的可逆性矛盾。下面证结论（v）。若 $e(d_{ij},\ h_1)=e(d_{ij},\ h_2)=\cdots=e(d_{ij},\ h_n)$ 成立，则由公式（3.20）可得公式（3.17），而我们已经证明公式（3.17）是不成立的。下面证结论（vi）。若 $e(d_{ij},\ b_1)=e(d_{ij},\ b_2)=\cdots=e(d_{ij},\ b_n)$ 成立，则由公式（3.21）可得公式（3.14），而我们已经证明公式（3.14）是不成立的。证毕。

评论 3.6　在推论 3.4 中，结论（i）表明，f_{kr} 关于 d_{ij} 的偏导数等于 f_{ji} 关于 d_{rk} 的偏导数。结论（ii）表明，F 的第 i 列的所有非零元素关于 d_{ij} 的

偏弹性与 F 的第 j 行的所有非零元素关于 d_{ij} 的偏弹性全都相等，而且也等于 F 的第 i 列元素之和关于 d_{ij} 的偏弹性，还等于 F 的第 j 行元素之和关于 d_{ij} 的偏弹性。结论（iii）表明，如果 F 的第 r 列的所有元素都是非零的，$r\neq i$，则第 r 列的各个元素关于 $d_{ij}\neq 0$ 的偏弹性不可能完全相等。结论（iv）表明，如果 F 的第 k 行的所有元素都是非零的，$k\neq j$，则第 k 行的各个元素关于 $d_{ij}\neq 0$ 的偏弹性不可能完全相等。结论（v）表明，若 F 的每列元素之和都不等于零，则 F 的各个列元素之和关于 $d_{ij}\neq 0$ 的偏弹性不可能完全相等。结论（vi）表明，若 F 的每行元素之和都不等于零，则 F 的各个行元素之和关于 $d_{ij}\neq 0$ 的偏弹性不可能完全相等。

第三节　矩阵的逆与余子矩阵的逆之间的关系

定理 3.3　设 F 是一个 $n\geqslant 2$ 阶可逆矩阵，$G=(g_{pq})_{n\times n}=F^{-1}$。若 $g_{ii}\neq 0$，则 G 的二阶行列式满足：

$$\begin{vmatrix} g_{ii} & g_{ij} \\ g_{ki} & g_{kj} \end{vmatrix} = \begin{vmatrix} g_{kj} & g_{ki} \\ g_{ij} & g_{ii} \end{vmatrix} = g_{ii}g_{kj}^{(i)},\ k,\ j=1,\ \cdots,\ i-1,\ i+1,\ \cdots,\ n,\ i=1,\ 2,\ \cdots,\ n$$

其中，$g_{kj}^{(i)}$ 为 F 去掉第 i 行和第 i 列而余下的 $n-1$ 阶矩阵 F_i 的逆矩阵 F_i^{-1} 中的与 g_{kj} 相对应的元素。

证明　显然只需证 $g_{ii}g_{kj}-g_{ki}g_{ij}=g_{ii}g_{kj}^{(i)}$。设 $\widetilde{F}_{pq}$ 和 F_{pq} 分别为 F 中的元素 f_{pq} 的余子式和代数余子式。先考虑 $n=2$ 的情形。此时 $g_{11}g_{22}-g_{21}g_{12}=|F|^{-1}$，$F_1=f_{22}=F_{11}$，$F_2=f_{11}=F_{22}$。因此，若 $g_{11}=F_{11}|F|^{-1}=f_{22}|F|^{-1}\neq 0$，即 $F_1^{-1}=f_{22}^{-1}=g_{22}^{(1)}$ 存在，则 $g_{11}g_{22}-g_{21}g_{12}=|F|^{-1}=g_{11}g_{22}^{(1)}$；若 $g_{22}=F_{22}|F|^{-1}=f_{11}|F|^{-1}\neq 0$，即 $F_2^{-1}=f_{11}^{-1}=g_{11}^{(2)}$ 存在，则 $g_{11}g_{22}-g_{21}g_{12}=|F|^{-1}=g_{22}g_{11}^{(2)}$。下面考虑 $n\geqslant 3$ 的情形。令 $\widetilde{F}_{jk}^{ir}$ 和 F_{jk}^{ir} 分别为 F 的二阶子矩阵

$$\begin{bmatrix} f_{ir} & f_{ik} \\ f_{jr} & f_{jk} \end{bmatrix}$$

的余子式和代数余子式，则由引理 3.1 可得：

$$g_{ii}g_{kj}-g_{ki}g_{ij}=\begin{vmatrix}F_{ii}&F_{ik}\\F_{ji}&F_{jk}\end{vmatrix}|F|^{-2}$$

$$=\begin{cases}F_{ii}^{jk}|F|^{-1}, & j<i\text{ 且 }k<i\\-F_{ik}^{ji}|F|^{-1}, & j<i<k\\-F_{ji}^{ik}|F|^{-1}, & j>i>k\\F_{jk}^{ii}|F|^{-1}, & j>i\text{ 且 }k>i\end{cases}\tag{3.22}$$

当$j<i$时，$\widetilde{F}_{ii}$的每行元素分别与第j行相应元素的代数余子式的乘积之和为：

$$\sum_{q=1}^{i-1}f_{pq}(-1)^{j+q}\widetilde{F}_{ii}^{jq}+\sum_{q=i+1}^{n}f_{pq}(-1)^{j+q-1}\widetilde{F}_{iq}^{ji}=\sum_{q=1}^{i-1}f_{pq}F_{ii}^{jq}+\sum_{q=i+1}^{n}f_{pq}(-F_{iq}^{ji})$$

$$=\begin{cases}\widetilde{F}_{ii}, & p=j\\0, & p\neq j\end{cases}$$

因此，由$F_{ii}=(-1)^{i+i}\widetilde{F}_{ii}=\widetilde{F}_{ii}$可得：

$$F_i\begin{bmatrix}F_{ii}^{j1}\\\vdots\\F_{ii}^{jj}\\\vdots\\F_{ii}^{ji-1}\\-F_{ii+1}^{ji}\\\vdots\\-F_{in}^{ji}\end{bmatrix}=\begin{bmatrix}0\\\vdots\\0\\F_{ii}\\0\\\vdots\\0\end{bmatrix}\begin{matrix}1\\\\j-1\\j\\j+1\\\\n-1\end{matrix}$$

所以，若$g_{ii}=F_{ii}|F|^{-1}\neq0$，即$F_i$可逆，则：

$$\begin{bmatrix}F_{ii}^{j1}\\\vdots\\F_{ii}^{ji-1}\\-F_{ii+1}^{ji}\\\vdots\\-F_{in}^{ji}\end{bmatrix}=\begin{bmatrix}g_{11}^{(i)}&\cdots&g_{1j}^{(i)}&\cdots&g_{1i-1}^{(i)}&g_{1i+1}^{(i)}&\cdots&g_{1n}^{(i)}\\\vdots&&\vdots&&\vdots&\vdots&&\vdots\\g_{i-11}^{(i)}&\cdots&g_{i-1j}^{(i)}&\cdots&g_{i-1i-1}^{(i)}&g_{i-1i+1}^{(i)}&\cdots&g_{i-1n}^{(i)}\\g_{i+11}^{(i)}&\cdots&g_{i+1j}^{(i)}&\cdots&g_{i+1i-1}^{(i)}&g_{i+1i+1}^{(i)}&\cdots&g_{i+1n}^{(i)}\\\vdots&&\vdots&&\vdots&\vdots&&\vdots\\g_{n1}^{(i)}&\cdots&g_{nj}^{(i)}&\cdots&g_{ni-1}^{(i)}&g_{ni+1}^{(i)}&\cdots&g_{nn}^{(i)}\end{bmatrix}\begin{bmatrix}0\\\vdots\\0\\F_{ii}\\0\\\vdots\\0\end{bmatrix}$$

$$= F_{ii}\begin{bmatrix} g_{1j}^{(i)} \\ \vdots \\ g_{i-1j}^{(i)} \\ g_{i+1j}^{(i)} \\ \vdots \\ g_{nj}^{(i)} \end{bmatrix}$$

当$j>i$时，$\widetilde{F}_{ii}$的每行元素分别与第$j-1$行相应元素的代数余子式的乘积之和为：

$$\sum_{q=1}^{i-1} f_{pq}(-1)^{j-1+q}\widetilde{F}_{ji}^{iq} + \sum_{q=i+1}^{n} f_{pq}(-1)^{j-1+q-1}\widetilde{F}_{jq}^{ii} = \sum_{q=1}^{i-1} f_{pq}(-F_{ji}^{iq}) + \sum_{q=i+1}^{n} f_{pq}F_{jq}^{ii}$$

$$= \begin{cases} \widetilde{F}_{ii}, & p=j \\ 0, & p\neq j \end{cases}$$

因此，由$\widetilde{F}_{ii}=F_{ii}$可得：

$$F_i\begin{bmatrix} -F_{ji}^{i1} \\ \vdots \\ -F_{ji}^{ii-1} \\ F_{ji+1}^{ii} \\ \vdots \\ F_{jj}^{ii} \\ \vdots \\ F_{jn}^{ii} \end{bmatrix} = \begin{bmatrix} 0 \\ \vdots \\ 0 \\ F_{ii} \\ 0 \\ \vdots \\ 0 \end{bmatrix}\begin{matrix} 1 \\ \\ j-2 \\ j-1 \\ j \\ \\ n-1 \end{matrix}$$

所以，若$g_{ii}=F_{ii}|F|^{-1}\neq 0$，即$F_i$可逆，则：

$$\begin{bmatrix} -F_{ji}^{i1} \\ \vdots \\ -F_{ji}^{ii-1} \\ F_{ji+1}^{ii} \\ \vdots \\ F_{jn}^{ii} \end{bmatrix} = \begin{bmatrix} g_{11}^{(i)} & \cdots & g_{1i-1}^{(i)} & g_{1i+1}^{(i)} & \cdots & g_{1j}^{(i)} & \cdots & g_{1n}^{(i)} \\ \vdots & & \vdots & \vdots & & \vdots & & \vdots \\ g_{i-11}^{(i)} & \cdots & g_{i-1i-1}^{(i)} & g_{i-1i+1}^{(i)} & \cdots & g_{i-1j}^{(i)} & \cdots & g_{i-1n}^{(i)} \\ g_{i+11}^{(i)} & \cdots & g_{i+1i-1}^{(i)} & g_{i+1i+1}^{(i)} & \cdots & g_{i+1j}^{(i)} & \cdots & g_{i+1n}^{(i)} \\ \vdots & & \vdots & \vdots & & \vdots & & \vdots \\ g_{n1}^{(i)} & \cdots & g_{ni-1}^{(i)} & g_{ni+1}^{(i)} & \cdots & g_{nj}^{(i)} & \cdots & g_{nn}^{(i)} \end{bmatrix}\begin{bmatrix} 0 \\ \vdots \\ 0 \\ F_{ii} \\ 0 \\ \vdots \\ 0 \end{bmatrix}$$

$$=F_{ii}\begin{bmatrix} g_{1j}^{(i)} \\ \vdots \\ g_{i-1j}^{(i)} \\ g_{i+1j}^{(i)} \\ \vdots \\ g_{nj}^{(i)} \end{bmatrix}$$

于是再由公式（3.22）可得 $g_{ii}g_{kj}-g_{ki}g_{ij}=|F|^{-1}F_{ii}g_{kj}^{(i)}=g_{ii}g_{kj}^{(i)}$。证毕。

推论 3.5　设可逆矩阵 $F=(f_{pq})_{n\times n}$，$G=(g_{pq})_{n\times n}=F^{-1}$，而

$$\widetilde{F}=\begin{bmatrix} F & F_{12} \\ F_{21} & f_{n+1n+1} \end{bmatrix}$$

其中，$F_{21}=(f_{n+11},f_{n+12},\cdots,f_{n+1n})$

$$F_{12}=\begin{bmatrix} f_{1n+1} \\ f_{2n+1} \\ \vdots \\ f_{nn+1} \end{bmatrix}$$

若 $\widetilde{F}^{-1}=\widetilde{G}=(\widetilde{g}_{pq})_{(n+1)\times(n+1)}$ 存在，则：

$$\begin{vmatrix} \widetilde{g}_{ij} & \widetilde{g}_{in+1} \\ \widetilde{g}_{n+1j} & \widetilde{g}_{n+1n+1} \end{vmatrix}=g_{ij}\widetilde{g}_{n+1n+1}\qquad(i,\ j=1,\ 2,\ \cdots,\ n)$$

证明　由 $\widetilde{g}_{n+1n+1}=|F||\widetilde{F}|^{-1}\neq 0$ 和定理 3.3 即得。证毕。

推论 3.6　设 $n\geqslant 2$ 阶可逆矩阵 $G=(g_{pq})_{n\times n}=F^{-1}$。若 $g_{ii}\neq 0$，则 $|G|=g_{ii}|G^{(i)}|$。其中，$G^{(i)}=F_i^{-1}$，F_i 为 F 去掉第 i 行和第 i 列而余下的 $n-1$ 阶矩阵。

证明　令 $G_{kj}^{i}=g_{ii}g_{kj}-g_{ki}g_{ij}$，$g_{ii}\neq 0$。由定理 3.1 和定理 3.3 可得：

$$g_{ii}^{n-2}|G|=(-1)^{i+i}g_{ii}^{n-2}|G|$$

$$=\begin{vmatrix} G_{11}^{i} & \cdots & G_{1i-1}^{i} & G_{1i+1}^{i} & \cdots & G_{1n}^{i} \\ \vdots & & \vdots & \vdots & & \vdots \\ G_{i-11}^{i} & \cdots & G_{i-1i-1}^{i} & G_{i-1i+1}^{i} & \cdots & G_{i-1n}^{i} \\ G_{i+11}^{i} & \cdots & G_{i+1i-1}^{i} & G_{i+1i+1}^{i} & \cdots & G_{i+1n}^{i} \\ \vdots & & \vdots & \vdots & & \vdots \\ G_{n1}^{i} & \cdots & G_{ni-1}^{i} & G_{ni+1}^{i} & \cdots & G_{nn}^{i} \end{vmatrix}$$

$$
= g_{ii}^{n-1} \begin{vmatrix} g_{11}^{(i)} & \cdots & g_{1i-1}^{(i)} & g_{1i+1}^{(i)} & \cdots & g_{1n}^{(i)} \\ \vdots & & \vdots & \vdots & & \vdots \\ g_{i-11}^{(i)} & \cdots & g_{i-1i-1}^{(i)} & g_{i-1i+1}^{(i)} & \cdots & g_{i-1n}^{(i)} \\ g_{i+11}^{(i)} & \cdots & g_{i+1i-1}^{(i)} & g_{i+1i+1}^{(i)} & \cdots & g_{i+1n}^{(i)} \\ \vdots & & \vdots & \vdots & & \vdots \\ g_{n1}^{(i)} & \cdots & g_{ni-1}^{(i)} & g_{ni+1}^{(i)} & \cdots & g_{nn}^{(i)} \end{vmatrix}
$$

$$
= g_{ii}^{n-1} \left| G^{(i)} \right|
$$

所以，$|G| = g_{ii} |G^{(i)}|$。证毕。

第四章　关于投入产出模型的比较静态分析

第一节　中间投入系数矩阵变动对里昂惕夫逆矩阵的影响

由公式（3.3）和公式（3.6）以及推论3.3显然可得下面的定理4.1。

定理4.1　（i）当价值型中间投入系数矩阵A中只有第i行的元素变化时，价值型里昂惕夫逆矩阵$L=(I-A)^{-1}$的元素l_{kr}的增量为：

$$\Delta l_{kr} = \frac{l_{ki}\sum_j l_{jr}\Delta a_{ij}}{1-\sum_j l_{ji}\Delta a_{ij}} \quad (k,r=1,2,\cdots,n) \tag{4.1}$$

（ii）当价值型中间投入系数矩阵A中只有第j列的元素变化时，价值型里昂惕夫逆矩阵$L=(I-A)^{-1}$的元素l_{kr}的增量为：

$$\Delta l_{kr} = \frac{l_{jr}\sum_i l_{ki}\Delta a_{ij}}{1-\sum_i l_{ji}\Delta a_{ij}} \quad (k,r=1,2,\cdots,n) \tag{4.2}$$

（iii）当价值型中间投入系数矩阵A中只有a_{ij}这一个元素变化时，价值型里昂惕夫逆矩阵$L=(I-A)^{-1}$的元素l_{kr}的增量为：

$$\Delta l_{kr} = \frac{l_{ki}l_{jr}\Delta a_{ij}}{1-l_{ji}\Delta a_{ij}} \quad (k,r=1,2,\cdots,n)$$

（iv）l_{kr}关于a_{ij}的偏导数为：

$$\frac{\partial l_{kr}}{\partial a_{ij}} = l_{ki}l_{jr} \quad (k,r=1,2,\cdots,n)$$

（v）$l_{kr}>0$关于a_{ij}的偏弹性为：

$$e(a_{ij},\ l_{kr})=\frac{l_{ki}l_{jr}a_{ij}}{l_{kr}}\qquad (k,\ r=1,\ 2,\ \cdots,\ n) \tag{4.3}$$

推论 4.1 设价值型中间投入系数矩阵 A 中只有第 i 行的元素变化，则有：

(i) $\Delta l_{ir}=0\Leftrightarrow\sum_j l_{jr}\Delta a_{ij}=0,\ r=1,\ 2,\ \cdots,\ n$;

(ii) $\exists m\in\{1,\ 2,\ \cdots,\ n\}$，使得 $\Delta l_{im}\neq 0$;

(iii) $\Delta l_{kr}=0\Leftrightarrow(l_{ki}=0\vee\Delta l_{ir}=0),\ k,\ r=1,\ 2,\ \cdots,\ n$;

(iv) $l_{ki}>0\Leftrightarrow\dfrac{\Delta l_{ki}}{l_{ki}}=\dfrac{1}{1-\sum_j l_{ji}\Delta a_{ij}}-1,\ k=1,\ 2,\ \cdots,\ n$;

(v) $\Delta l_{ir}\neq 0\Leftrightarrow\neg\left(\dfrac{\Delta l_{1r}}{l_{1r}}=\dfrac{\Delta l_{2r}}{l_{2r}}=\cdots=\dfrac{\Delta l_{nr}}{l_{nr}}\right),\ r=1,\ \cdots,\ i-1,\ i+1,\ \cdots,\ n$;

(vi) 若 $l_{kj}>0,\ j=1,\ 2,\ \cdots,\ n$，则：

$\dfrac{\Delta l_{k1}}{l_{k1}}=\dfrac{\Delta l_{k2}}{l_{k2}}=\cdots=\dfrac{\Delta l_{kn}}{l_{kn}}\Leftrightarrow(\Delta a_{i1},\ \cdots,\ \Delta a_{ik-1},\ \Delta a_{ik+1},\ \cdots,\ \Delta a_{in})=0,\ k=1,\ 2,\ \cdots,\ n$。

证明 由推论 3.1 中的结论（i）可知：

$$\Delta l_{kr}=0\Leftrightarrow\left(l_{ki}=0\vee\sum_j l_{jr}\Delta a_{ij}=0\right) \tag{4.4}$$

因此再由 $l_{ii}\geqslant 1>0$ 可得本推论的结论（i）。如果结论（ii）不成立，则由结论（i）可得 $(\Delta a_{i1},\ \Delta a_{i2},\ \cdots,\ \Delta a_{in})L=0$，即$(\Delta a_{i1},\ \Delta a_{i2},\ \cdots,\ \Delta a_{in})=0$，这与假设矛盾。所以结论（ii）成立。由结论（i）和公式（4.4）显然可得结论（iii）。因为 $l_{ki}\neq 0\Leftrightarrow l_{ki}>0$，所以由推论 3.1 中的结论（ii）可得本推论的结论（iv）。由推论 3.1 中的结论（iii）和本推论的结论（i）可得本推论的结论（v）。因为 $l_{kj}\neq 0\Leftrightarrow l_{kj}>0$，所以由推论 3.1 中的结论（iv）可得本推论的结论（vi）。证毕。

评论 4.1 在价值型中间投入系数矩阵 A 中只有第 i 行的元素变化的条件下，推论 4.1 中的结论（ii）表明，在价值型里昂惕夫逆矩阵 L 的第 i 行中，至少有一个元素变化；结论（iii）表明，部门 r 对部门 k 的完全需要系数不变的充分必要条件是部门 i 既不直接又不间接消耗部门 $k(\neq i)$ 的中间产品或部门 r 对部门 i 的完全需要系数不变；结论（iv）表明，L 的第 i 列的各个非零元素的增长率都相等；结论（v）表明，若部门 r 对部门 i 的完全需要系数变化，则 L 的第 r（$\neq i$）列的各个元素的增长率不可能完全相等，反之亦然；结论（vi）表明，L 的第 k 行的各个元素的增长率都相等的充分必要条件是，A 中除了第 i 行中的第 k 个元素之外，其他元素都不变。

推论 4.2　设价值型中间投入系数矩阵 A 中只有第 j 列的元素变化，则有：

（i）$\Delta l_{kj}=0\Leftrightarrow\sum_i l_{ki}\Delta a_{ij}=0$，$k=1,2,\cdots,n$；

（ii）$\exists m\in\{1,2,\cdots,n\}$，使得 $\Delta l_{mj}\neq 0$；

（iii）$\Delta l_{kr}=0\Leftrightarrow(l_{jr}=0\vee\Delta l_{kj}=0)$，$k,r=1,2,\cdots,n$；

（iv）$l_{jr}>0\Leftrightarrow\dfrac{\Delta l_{jr}}{l_{jr}}=\dfrac{1}{1-\sum_i l_{ji}\Delta a_{ij}}-1$，$r=1,2,\cdots,n$；

（v）$\Delta l_{kj}\neq 0\Leftrightarrow\neg\left(\dfrac{\Delta l_{k1}}{l_{k1}}=\dfrac{\Delta l_{k2}}{l_{k2}}=\cdots=\dfrac{\Delta l_{kn}}{l_{kn}}\right)$，$k=1,\cdots,j-1,j+1,\cdots,n$；

（vi）若 $l_{ir}>0$，$i=1,2,\cdots,n$，则：

$$\frac{\Delta l_{1r}}{l_{1r}}=\frac{\Delta l_{2r}}{l_{2r}}=\cdots=\frac{\Delta l_{nr}}{l_{nr}}\Leftrightarrow\begin{bmatrix}\Delta a_{1j}\\ \vdots\\ \Delta a_{r-1j}\\ \Delta a_{r+1j}\\ \vdots\\ \Delta a_{nj}\end{bmatrix}=0,\ r=1,2,\cdots,n$$

证明　由推论 3.2 中的结论（i）可知：

$$\Delta l_{kr}=0\Leftrightarrow\left(l_{jr}=0\vee\sum_i l_{ki}\Delta a_{ij}=0\right)\tag{4.5}$$

因此再由 $l_{jj}\geqslant 1>0$ 可得本推论的结论（i）。如果结论（ii）不成立，则由结论（i）可得：

$$L\begin{bmatrix}\Delta a_{1j}\\ \Delta a_{2j}\\ \vdots\\ \Delta a_{nj}\end{bmatrix}=0$$

即：

$$\begin{bmatrix}\Delta a_{1j}\\ \Delta a_{2j}\\ \vdots\\ \Delta a_{nj}\end{bmatrix}=0$$

这与假设矛盾。所以结论（ii）成立。由结论（i）和公式（4.5）显然可得结论（iii）。因为 $l_{jr}\neq 0\Leftrightarrow l_{jr}>0$，所以由推论 3.2 中的结论（ii）可得本推论的结论（iv）。由推论 3.2 中的结论（iii）和本推论的结论（i）可得本推论的结论（v）。因为 $l_{ir}\neq 0\Leftrightarrow l_{ir}>0$，所以由推论 3.2 中的结论（iv）可得本推论的结论（vi）。证毕。

评论 4.2　在价值型中间投入系数矩阵 A 中只有第 j 列的元素变化的条件下，推论 4.2 中的结论（ii）表明，在价值型里昂惕夫逆矩阵 L 的第 j 列中，至少有一个元素变化；结论（iii）表明，部门 r 对部门 k 的完全需要系数不变的充分必要条件是部门 $r(\neq j)$ 既不直接又不间接消耗部门 j 的中间产品或部门 j 对部门 k 的完全需要系数不变；结论(iv)表明，L 的第 j 行的各个非零元素的增长率都相等；结论（v）表明，若部门 j 对部门 k 的完全需要系数变化，则 L 的第 $k(\neq j)$ 行的各个元素的增长率不可能完全相等，反之亦然；结论（vi）表明，L 的第 r 列的各个元素的增长率都相等的充分必要条件是，A 中除了第 j 列中的第 r 个元素之外，其他元素都不变。

由 $A>0$ 和 $L>0$ 以及推论 3.4 显然可得下面的推论 4.3。

推论 4.3　关于偏导数和偏弹性，我们有：

（i）$\dfrac{\partial l_{kr}}{\partial a_{ij}}=\dfrac{\partial l_{ji}}{\partial a_{rk}}=l_{ki}l_{jr}$，$i, j, k, r=1, 2, \cdots, n$；

（ii）若 $l_{ki}>0$，$l_{jr}>0$，则 $e(a_{ij}, l_{ki})=e(a_{ij}, l_{jr})=l_{ji}a_{ij}$，$i, j, k, r=1, 2, \cdots, n$；

（iii）若 $l_{kr}>0$，$a_{ij}>0$，$r\neq i$，$k=1, 2, \cdots, n$，则 $e(a_{ij}, l_{1r})=e(a_{ij}, l_{2r})=\cdots=e(a_{ij}, l_{nr})$不成立；

（iv）若 $l_{kr}>0$，$a_{ij}>0$，$k\neq j$，$r=1, 2, \cdots, n$，则 $e(a_{ij}, l_{k1})=e(a_{ij}, l_{k2})=\cdots=e(a_{ij}, l_{kn})$不成立。

评论 4.3　在推论 4.3 中，结论（i）表明，l_{kr}关于 a_{ij}的偏导数等于 l_{ji}关于 a_{rk}的偏导数。结论（ii）表明，L 的第 i 列的所有正元素关于 a_{ij}的偏弹性与 L 的第 j 行的所有正元素关于 a_{ij}的偏弹性全都相等。结论（iii）表明，如果 L 的第 r 列的所有元素都是正的，$r\neq i$，则第 r 列的各个元素关于 $a_{ij}>0$ 的偏弹性不可能完全相等。结论（iv）表明，如果 L 的第 k 行的所有元素都是正的，$k\neq j$，则第 k 行的各个元素关于 $a_{ij}>0$ 的偏弹性不可能完全相等。

在第一节中，论证了价值型中间投入系数矩阵 A 变动对价值型里昂惕夫逆矩阵 $L=(I-A)^{-1}$ 的影响的有关结果。与此相类似，我们也可以得到实物型中间投入系数矩阵 $\overline{A}$ 变动对实物型里昂惕夫逆矩阵 $\overline{L}=(I-\overline{A})^{-1}$ 的影响的有关结果，以及中间产出系数矩阵 $\vec{A}$ 变动对高士逆矩阵 $\vec{L}=(I-\vec{A})^{-1}$ 的影响的有关结果，在此不再赘述。

第二节　中间投入系数矩阵变动对产出乘数的影响

由公式（3.4）和公式（3.7）以及推论 3.3 显然可得下面的定理4.2。

定理4.2　（i）当价值型中间投入系数矩阵 A 中只有第 i 行的元素变化时，产出乘数行向量 $D=EL$ 的分量 d_r 的增量为：

$$\Delta d_r = \sum_{k=1}^{n} \Delta l_{kr} = \frac{d_i \sum\limits_j l_{jr} \Delta a_{ij}}{1 - \sum\limits_j l_{ji} \Delta a_{ij}} \qquad (r = 1, 2, \cdots, n)$$

（ii）当价值型中间投入系数矩阵 A 中只有第 j 列的元素变化时，产出乘数行向量 $D=EL$ 的分量 d_r 的增量为：

$$\Delta d_r = \sum_{k=1}^{n} \Delta l_{kr} = \frac{l_{jr} \sum\limits_i d_i \Delta a_{ij}}{1 - \sum\limits_i l_{ji} \Delta a_{ij}} \qquad (r = 1, 2, \cdots, n) \tag{4.6}$$

（iii）当价值型中间投入系数矩阵 A 中只有 a_{ij} 这一个元素变化时，产出乘数行向量 $D=EL$ 的分量 d_r 的增量为：

$$\Delta d_r = \frac{d_i l_{jr} \Delta a_{ij}}{1 - l_{ji} \Delta a_{ij}} \qquad (r=1,\ 2,\ \cdots,\ n)$$

（iv）产出乘数行向量 $D=EL$ 的分量 d_r 关于 a_{ij} 的偏导数为：

$$\frac{\partial d_r}{\partial a_{ij}} = d_i l_{jr} \qquad (r=1,\ 2,\ \cdots,\ n)$$

（v）产出乘数行向量 $D=EL$ 的分量 d_r 关于 a_{ij} 的偏弹性为：

$$e(a_{ij},\ d_r) = \frac{d_i l_{jr} a_{ij}}{d_r} \qquad (r=1,\ 2,\ \cdots,\ n) \tag{4.7}$$

推论 4.4 关于价值型中间投入系数矩阵 A 变动的影响，还有如下结论：

（i）当价值型中间投入系数矩阵 A 中只有第 i 行的元素变化时，我们有：

（a）$\Delta d_r = 0 \Leftrightarrow \Delta l_{ir} = 0$，$r = 1, 2, \cdots, n$；

（b）$\exists m \in \{1, 2, \cdots, n\}$，使得 $\Delta d_m \neq 0$；

（c）$\dfrac{\Delta d_i}{d_i} = \dfrac{\Delta l_{ii}}{l_{ii}} = \dfrac{1}{1 - \sum\limits_j l_{ji}\Delta a_{ij}} - 1$；

（d）$\dfrac{\Delta d_1}{d_1} = \dfrac{\Delta d_2}{d_2} = \cdots = \dfrac{\Delta d_n}{d_n} = \varepsilon \Leftrightarrow \Delta a_{i1} = \Delta a_{i2} = \cdots = \Delta a_{in} = \dfrac{\varepsilon}{(1+\varepsilon)d_i}$。

（ii）当价值型中间投入系数矩阵 A 中只有第 j 列的元素变化时，我们有：

（e）$\Delta d_j = 0 \Leftrightarrow \sum\limits_i d_i \Delta a_{ij} = 0$；

（f）$\Delta d_r = 0 \Leftrightarrow (l_{jr} = 0 \vee \Delta d_j = 0)$，$r = 1, 2, \cdots, n$；

（g）$\Delta d_j \neq 0 \Leftrightarrow \neg \left(\dfrac{\Delta d_1}{d_1} = \dfrac{\Delta d_2}{d_2} = \cdots = \dfrac{\Delta d_n}{d_n}\right)$。

（iii）$e(a_{ij}, d_i) = l_{ji}a_{ij}$。

（iv）若 $a_{ij} > 0$，则 $e(a_{ij}, d_1) = e(a_{ij}, d_2) = \cdots = e(a_{ij}, d_n)$不成立。

证明 由推论 3.1 中的结论（v）可得：

$$\Delta d_r = 0 \Leftrightarrow \left(d_i = 0 \vee \sum_j l_{jr}\Delta a_{ij} = 0\right), r = 1,2,\cdots,n$$

因此再由 $d_i \geqslant 1 > 0$ 和推论 4.1 中的结论（i）即可得本推论的结论（a）。由推论 4.1 中的结论（ii）和本推论的结论（a）可得本推论的结论（b）。因为有 $d_i \geqslant l_{ii} \geqslant 1 > 0$，$i = 1, 2, \cdots, n$，所以由推论 3.1 中的结论（vi）和结论（ii）可得本推论中的结论（c）。同理，由推论 3.1 中的结论（vii）可得本推论中的结论（d）。由推论 3.2 中的结论（v）可得：

$$\Delta d_r = 0 \Leftrightarrow \left(l_{jr} = 0 \vee \sum_i d_i \Delta a_{ij} = 0\right), r = 1, 2, \cdots, n$$

因此再由 $l_{jj} \geqslant 1 > 0$ 即可得本推论的结论（e）。由公式（4.6）和结论（e）可得结论（f）。由推论 3.2 中的结论（vi）和本推论中的结论（e）可得本推论中的结论（g）。由推论 3.4 中的结论（ii）可得本推论中的结论（iii）。因为有 $d_i \geqslant 1 > 0$，$i = 1, 2, \cdots, n$，所以由推论 3.4 中的结论

(v) 可得本推论中的结论 (iv)。证毕。

评论 4.4　在推论 4.4 中，结论 (a) 表明，当价值型中间投入系数矩阵 A 中只有第 i 行的元素变化时，一个部门的产出乘数不变的充分必要条件是该部门对部门 i 的完全需要系数不变。结论 (b) 表明，当 A 中只有第 i 行的元素变化时，至少有一个部门的产出乘数变化。结论 (c) 表明，当 A 中只有第 i 行的元素变化时，部门 i 的产出乘数的增长率等于部门 i 对本部门的完全需要系数的增长率。结论 (d) 表明，当 A 中只有第 i 行的元素变化时，各个部门的产出乘数的增长率都相等的充分必要条件是 A 中第 i 行的各个元素的增量都相等。结论 (f) 表明，当 A 中只有第 j 列的元素变化时，一个部门的产出乘数不变的充分必要条件是，该部门既不直接又不间接消耗部门 j 的中间产品或部门 j 的产出乘数不变。结论 (g) 表明，当 A 中只有第 j 列的元素变化时，部门 j 的产出乘数有变化，当且仅当各个部门的产出乘数的增长率不完全相等。结论 (iv) 表明，各个部门的产出乘数关于正的价值型中间投入系数的偏弹性不可能完全相等。

第三节　中间产出系数矩阵变动对投入乘数的影响

由公式 (3.5) 和公式 (3.8) 以及推论 3.3 显然可得下面的定理 4.3。

定理 4.3　(i) 当中间产出系数矩阵 $\vec{A}$ 中只有第 i 行的元素变化时，投入乘数列向量 $G=\vec{L}E^t$ 的分量 g_k 的增量为：

$$\Delta g_k = \sum_{r=1}^{n} \Delta \vec{l}_{kr} = \frac{\vec{l}_{ki} \sum_j g_j \Delta \vec{a}_{ij}}{1 - \sum_j \vec{l}_{ji} \Delta \vec{a}_{ij}} \qquad (k = 1,2,\cdots,n) \tag{4.8}$$

(ii) 当中间产出系数矩阵 $\vec{A}$ 中只有第 j 列的元素变化时，投入乘数列向量 $G=\vec{L}E^t$ 的分量 g_k 的增量为：

$$\Delta g_k = \sum_{r=1}^{n} \Delta l_{kr} = \frac{g_j \sum_i \vec{l}_{ki} \Delta \vec{a}_{ij}}{1 - \sum_i \vec{l}_{ji} \Delta \vec{a}_{ij}} \qquad (k = 1,2,\cdots,n)$$

（iii）当中间产出系数矩阵$\vec{A}$中只有$\vec{a}_{ij}$这一个元素变化时，投入乘数列向量 $G=\vec{L}E^t$ 的分量 g_k 的增量为：

$$\Delta g_k=\frac{\vec{l}_{ki}g_j\Delta\vec{a}_{ij}}{1-\vec{l}_{ji}\Delta\vec{a}_{ij}}\qquad(i,\ j,\ k=1,\ 2,\ \cdots,\ n)$$

（iv）投入乘数列向量 $G=\vec{L}E^t$ 的分量 g_k 关于$\vec{a}_{ij}$的偏导数为：

$$\frac{\partial g_k}{\partial\vec{a}_{ij}}=\vec{l}_{ki}g_j\qquad(i,\ j,\ k=1,\ 2,\ \cdots,\ n)$$

（v）投入乘数列向量 $G=\vec{L}E^t$ 的分量 g_k 关于$\vec{a}_{ij}$的偏弹性为：

$$e(\vec{a}_{ij},\ g_k)=\frac{\vec{l}_{ki}g_j\ \vec{a}_{ij}}{g_k}\qquad(i,\ j,\ k=1,\ 2,\ \cdots,\ n)\tag{4.9}$$

推论 4.5 关于中间产出系数矩阵$\vec{A}$变动的影响，有如下结论：

（i）当中间产出系数矩阵$\vec{A}$中只有第 i 行的元素变化时，我们有：

（a）$\Delta g_i=0\Leftrightarrow\sum_j g_j\Delta\vec{a}_{ij}=0$；

（b）$\Delta g_k=0\Leftrightarrow(\vec{l}_{ki}=0\vee\Delta g_i=0)$，$k=1,\ 2,\ \cdots,\ n$；

（c）$\Delta g_i\neq0\Leftrightarrow\neg\left(\frac{\Delta g_1}{g_1}=\frac{\Delta g_2}{g_2}=\cdots=\frac{\Delta g_n}{g_n}\right)$。

（ii）当中间产出系数矩阵$\vec{A}$中只有第 j 列的元素变化时，我们有：

（d）$\Delta g_k=0\Leftrightarrow\Delta\vec{l}_{kj}=0$，$k=1,\ 2,\ \cdots,\ n$；

（e）$\exists m\in\{1,\ 2,\ \cdots,\ n\}$，使得 $\Delta g_m\neq0$；

（f）$\frac{\Delta g_j}{g_j}=\frac{\Delta\vec{l}_{jj}}{\vec{l}_{jj}}=\frac{1}{1-\sum_i\vec{l}_{ji}\Delta\vec{a}_{ij}}-1$；

（g）$\frac{\Delta g_1}{g_1}=\frac{\Delta g_2}{g_2}=\cdots=\frac{\Delta g_n}{g_n}=\mu\Leftrightarrow\Delta\vec{a}_{1j}=\Delta\vec{a}_{2j}=\cdots=\Delta\vec{a}_{nj}=\frac{\mu}{(1+\mu)g_j}$。

（iii）$e(\vec{a}_{ij},\ g_j)=\vec{l}_{ji}\vec{a}_{ij}$。

（iv）若$\vec{a}_{ij}>0$，则 $e(\vec{a}_{ij},\ g_1)=e(\vec{a}_{ij},\ g_2)=\cdots=e(\vec{a}_{ij},\ g_n)$不成立。

证明 由推论 3.1 中的结论（viii）可得：

$$\Delta g_k=0\Leftrightarrow\left(\vec{l}_{ki}=0\vee\sum_j g_j\Delta\vec{a}_{ij}=0\right),k=1,2,\cdots,n$$

因此，再由$\vec{l}_{ii}\geqslant1>0$ 即可得本推论的结论（a）。由公式（4.8）和结论

(a) 可得结论 (b)。由推论 3.1 中的结论 (ix) 和本推论中的结论 (a) 可得本推论中的结论 (c)。由推论 3.2 中的结论 (vii) 可得:

$$\Delta g_k = 0 \Leftrightarrow \left(g_j = 0 \lor \sum_i \vec{l}_{ki} \Delta \vec{a}_{ij} = 0 \right), k = 1, 2, \cdots, n$$

而且，类似于推论 4.2 中的结论 (i) 可知:

$$\Delta \vec{l}_{kj} = 0 \Leftrightarrow \sum_i \vec{l}_{ki} \Delta \vec{a}_{ij} = 0$$

因此再由 $g_j \geqslant 1 > 0$ 即可得本推论的结论 (d)。类似于推论 4.2 中的结论 (ii), $\exists m \in \{1, 2, \cdots, n\}$，使得 $\Delta \vec{l}_{mj} \neq 0$，因此再由本推论的结论 (d) 可得结论 (e)。因为有 $g_j \geqslant \vec{l}_{jj} \geqslant 1 > 0$, $j = 1, 2, \cdots, n$，所以由推论 3.2 中的结论 (viii) 和结论 (ii) 可得本推论中的结论 (f)。同理，由推论 3.2 中的结论 (ix) 可得本推论中的结论 (g)。由推论 3.4 中的结论 (ii) 可得本推论中的结论 (iii)。因为有 $g_j \geqslant 1 > 0$, $j = 1, 2, \cdots, n$，所以由推论 3.4 中的结论 (vi) 可得本推论中的结论 (iv)。证毕。

评论 4.5 在推论 4.5 中，结论 (b) 表明，当 $\vec{A}$ 中只有第 i 行的元素变化时，一个部门的投入乘数不变的充分必要条件是，该部门既不直接又不间接向部门 i 提供中间产品或部门 i 的投入乘数不变。结论 (c) 表明，当 $\vec{A}$ 中只有第 i 行的元素变化时，部门 i 的投入乘数有变化，当且仅当各个部门的投入乘数的增长率不完全相等。结论 (d) 表明，当中间产出系数矩阵 $\vec{A}$ 中只有第 j 列的元素变化时，一个部门的投入乘数不变的充分必要条件是该部门对部门 j 的完全供给系数不变。结论 (e) 表明，当中间产出系数矩阵 $\vec{A}$ 中只有第 j 列的元素变化时，至少有一个部门的投入乘数变化。结论 (f) 表明，当中间产出系数矩阵 $\vec{A}$ 中只有第 j 列的元素变化时，部门 j 的投入乘数的增长率等于部门 j 对本部门的完全供给系数的增长率。结论 (g) 表明，当中间产出系数矩阵 $\vec{A}$ 中只有第 j 列的元素变化时，各个部门的投入乘数的增长率都相等的充分必要条件是 $\vec{A}$ 中第 j 列的各个元素的增量都相等。结论 (iv) 表明，各个部门的投入乘数关于正的中间产出系数的偏弹性不可能完全相等。

第四节 里昂惕夫逆矩阵和高士逆矩阵的重要性质

众所周知，在霍金斯—西蒙条件被满足的情况下，或在中间投入系数矩阵的谱半径小于1的情况下，在里昂惕夫逆矩阵中任取一个一阶子矩阵，如果该子矩阵位于主对角线上，则它的行列式大于或等于1，如果该子矩阵位于非主对角线上，则它的行列式大于或等于0。下面，我们要把这个性质推广到里昂惕夫逆矩阵中的二阶子矩阵上。

定理4.4 $n\geqslant 2$ 阶里昂惕夫逆矩阵 $L=(I-A)^{-1}$ 中的元素一定满足：

$$l_{ii}l_{kj}\geqslant\begin{vmatrix} l_{ii} & l_{ij} \\ l_{ki} & l_{kj}\end{vmatrix}=\begin{vmatrix} l_{kj} & l_{ki} \\ l_{ij} & l_{ii}\end{vmatrix}=l_{ii}l_{kj}^{(i)}\geqslant\begin{cases}0, & i\neq j\neq k\neq i \\ 1, & j=k\neq i\end{cases}\quad (i,j,k=1,2,\cdots,n)$$

其中，$l_{kj}^{(i)}$ 是里昂惕夫矩阵 $I-A$ 去掉第 i 行和第 i 列而余下的 $n-1$ 阶矩阵的逆矩阵中与 l_{kj} 相对应的元素。

证明 因为 $l_{ii}\geqslant 1>0$，所以由定理3.3可知 $l_{ii}l_{kj}\geqslant l_{ii}l_{kj}-l_{ki}l_{ij}=l_{ii}l_{kj}^{(i)}$，其中，$k\neq i\neq j$。由 $l_{kj}\geqslant 0$ 和 $l_{kk}\geqslant 1$ 同理可得 $l_{kj}^{(i)}\geqslant 0$ 和 $l_{kk}^{(i)}\geqslant 1$。因此定理4.4成立。证毕。

评论4.6 定理4.4表明，在里昂惕夫逆矩阵中任取一个二阶子矩阵，如果该二阶子矩阵的一个主对角元素也是里昂惕夫逆矩阵中的一个主对角元素，那么该二阶子矩阵的行列式是非负的；特别是当该二阶子矩阵的两个主对角元素都是里昂惕夫逆矩阵中的主对角元素时，该二阶子矩阵的行列式不小于1。如果该二阶子矩阵的一个非主对角元素是里昂惕夫逆矩阵中的一个主对角元素，那么该二阶子矩阵的行列式是非正的。

由定理4.4和推论4.3中的结论（i）可得：

$$\frac{\partial l_{ij}}{\partial a_{ik}}-\frac{\partial l_{ii}}{\partial a_{jk}}=\frac{\partial l_{ki}}{\partial a_{ji}}-\frac{\partial l_{kj}}{\partial a_{ii}}\geqslant\begin{cases}0, & i\neq j\neq k\neq i \\ 1, & j=k\neq i\end{cases}\quad (i,j,k=1,2,\cdots,n)$$

所以，定理4.4的解释之一是，l_{ij} 关于 a_{ik} 的偏导数大于或等于 l_{ii} 关于 a_{jk} 的偏导数，其中，$k\neq i\neq j$，并且，l_{ij} 关于 a_{ij} 的偏导数大于 l_{ii} 关于 a_{jj} 的偏导数，其中，$i\neq j$。

由定理4.4显然可得：

$$l_{kj} \geqslant l_{kj} - \frac{l_{ki}l_{ij}}{l_{ii}} = l_{kj}^{(i)} \geqslant \begin{cases} 0, & i \neq j \neq k \neq i \\ 1, & j = k \neq i \end{cases} \qquad (i,j,k=1,2,\cdots,n) \tag{4.10}$$

因此再由推论 4. 3 中的结论（i）可得：

$$l_{kj}^{(i)} = l_{kj} - \frac{\partial \ln l_{ii}}{\partial a_{jk}}, \qquad k \neq i \neq j \tag{4.11}$$

公式（4. 10）和公式（4. 11）表明了在去掉部门 i 的产品后的完全需要系数与不去掉部门 i 的产品时的完全需要系数之间的经济数量关系。公式（4. 11）表明，在去掉部门 i 的产品后，部门 $j(\neq i)$ 对部门 $k(\neq i)$ 的完全需要系数 $l_{kj}^{(i)}$ 等于不去掉部门 i 的产品时的该系数 l_{kj} 减去由部门 k 对部门 j 的中间投入系数 a_{jk} 增加一个单位所引起的部门 i 对部门 i 的完全需要系数 l_{ii} 的增长率。所以，去掉一个部门的产品后，完全需要系数的值不会增大。由公式(4. 10)还可得 $l_{kj}^{(i)} = l_{kj} \Leftrightarrow (l_{ki} = 0 \vee l_{ij} = 0)$。即在去掉部门 i 的产品后，部门 $j(\neq i)$ 对部门 $k(\neq i)$ 的完全需要系数等于不去掉部门 i 的产品时的该系数的充分必要条件是部门 i 既不直接又不间接消耗部门 k 的中间产品，或部门 j 既不直接又不间接消耗部门 i 的中间产品。

设：

$$\tilde{A} = \begin{bmatrix} A & A_{12} \\ A_{21} & a_{n+1n+1} \end{bmatrix} > 0, \ \tilde{L} = (I - \tilde{A})^{-1} > 0$$

其中，$A_{21} = (a_{n+11}, \ a_{n+12}, \ \cdots, \ a_{n+1n})$

$$A_{12} = \begin{bmatrix} a_{1n+1} \\ a_{2n+1} \\ \vdots \\ a_{nn+1} \end{bmatrix}$$

则由推论 3. 5 可知，$\tilde{L}$ 中的元素满足：

$$\tilde{l}_{ij} = l_{ij} + \frac{\tilde{l}_{in+1}\tilde{l}_{n+1j}}{\tilde{l}_{n+1n+1}} = l_{ij} + \frac{\partial \ln \tilde{l}_{n+1n+1}}{\partial a_{ji}} \geqslant l_{ij} \qquad (i, j = 1,2,\cdots,n)$$

此公式表明了增加部门 $n+1$ 的产品后的完全需要系数与不增加部门 $n+1$ 的产品时的完全需要系数之间的经济数量关系。由该公式可知，增加一个部门的产品后，完全需要系数的值不会减小。

事实上，与上述里昂惕夫逆矩阵的重要性质类似，同理可得高士逆矩阵的重要性质如下。

定理 4.5 $n \geqslant 2$ 阶高士逆矩阵$\vec{L}=(I-\vec{A})^{-1}$中的元素一定满足：

$$\vec{l}_{ii}\vec{l}_{kj} \geqslant \begin{vmatrix} \vec{l}_{ii} & \vec{l}_{ij} \\ \vec{l}_{ki} & \vec{l}_{kj} \end{vmatrix} = \begin{vmatrix} \vec{l}_{kj} & \vec{l}_{ki} \\ \vec{l}_{ij} & \vec{l}_{ii} \end{vmatrix} = \vec{l}_{ii}\vec{l}_{kj}^{(i)} \geqslant \begin{cases} 0, & i \neq j \neq k \neq i \\ 1, & j = k \neq i \end{cases} \quad (i,\ j,\ k=1,\ 2,\ \cdots,\ n)$$

其中，$\vec{l}_{kj}^{(i)}$是高士矩阵$I-\vec{A}$去掉第i行和第i列而余下的$n-1$阶矩阵的逆矩阵中与$\vec{l}_{kj}$相对应的元素。

利用上述里昂惕夫逆矩阵和高士逆矩阵的重要性质，我们可以得到如下的推论 4.6，它改进了前面的有关结果。

推论 4.6 （i）当价值型中间投入系数矩阵A中只有第i行的元素变化时，我们有：

$$\Delta l_{ir} \neq 0 \Leftrightarrow \left|\frac{\Delta l_{ir}}{l_{ir}}\right| > \left|\frac{\Delta l_{rr}}{l_{rr}}\right|,\ r=1,\ \cdots,\ i-1,\ i+1,\ \cdots,\ n$$

（ii）当中间产出系数矩阵$\vec{A}$中只有第i行的元素变化时，我们有：

$$\Delta g_i \neq 0 \Leftrightarrow \left|\frac{\Delta g_i}{g_i}\right| > \left|\frac{\Delta g_k}{g_k}\right|,\ k=1,\ \cdots,\ i-1,\ i+1,\ \cdots,\ n$$

（iii）当价值型中间投入系数矩阵A中只有第j列的元素变化时，我们有：

（a）$\Delta l_{kj} \neq 0 \Leftrightarrow \left|\frac{\Delta l_{kj}}{l_{kj}}\right| > \left|\frac{\Delta l_{kk}}{l_{kk}}\right|$，$k=1,\ \cdots,\ j-1,\ j+1,\ \cdots,\ n$；

（b）$\Delta d_j \neq 0 \Leftrightarrow \left|\frac{\Delta d_j}{d_j}\right| > \left|\frac{\Delta d_k}{d_k}\right|$，$k=1,\ \cdots,\ j-1,\ j+1,\ \cdots,\ n$。

（iv）若$a_{ij}>0$，$L \gg 0$，则：

$e(a_{ij},\ l_{kr}) \leqslant e(a_{ij},\ l_{ir}) \leqslant e(a_{ij},\ l_{ij})$，$e(a_{ij},\ l_{kr}) \leqslant e(a_{ij},\ l_{kj}) \leqslant e(a_{ij},\ l_{ij})$，$k,\ r=1,\ 2,\ \cdots,\ n$。

（v）若$a_{ij}>0$，$l_{ir}>0$，$l_{jr}>0$，则$e(a_{ij},\ l_{ir})>e(a_{ij},\ l_{rr})$，$r=1,\ \cdots,\ i-1,\ i+1,\ \cdots,\ n$。

（vi）若$a_{ij}>0$，$l_{kj}>0$，$l_{ki}>0$，则$e(a_{ij},\ l_{kj})>e(a_{ij},\ l_{kk})$，$k=1,\ \cdots,\ j-1,\ j+1,\ \cdots,\ n$。

（vii）若$a_{ij}>0$，则$e(a_{ij},\ d_j)>e(a_{ij},\ d_k)$，$k=1,\ \cdots,\ j-1,\ j+1,\ \cdots,\ n$。

（viii）若$\vec{a}_{ij}>0$，则$e(\vec{a}_{ij},\ g_i)>e(\vec{a}_{ij},\ g_k)$，$k=1,\ \cdots,\ i-1,\ i+

1，…，n。

证明　设价值型中间投入系数矩阵 A 中只有第 i 行的元素变化。若 $\Delta l_{ir}\neq 0$，则由公式（4.1）、定理4.4和推论4.1中的结论（i）可知：

$$\left|\frac{\Delta l_{ir}}{l_{ir}}\right| = \frac{l_{ii}}{l_{ir}}\left|\frac{\sum_j l_{jr}\Delta a_{ij}}{1-\sum_j l_{ji}\Delta a_{ij}}\right| > \frac{l_{ri}}{l_{rr}}\left|\frac{\sum_j l_{jr}\Delta a_{ij}}{1-\sum_j l_{ji}\Delta a_{ij}}\right| = \left|\frac{\Delta l_{rr}}{l_{rr}}\right| \tag{4.12}$$

反之，当 $\Delta l_{ir}=0$ 时，由推论4.1中的结论（v）知 L 的第 r 列的元素的增量都等于0，因此公式（4.12）不成立。结论（i）证完。与上同理，再由公式（4.3）、$a_{ij}>0$ 和 $l_{jr}>0$ 可知：

$$e(a_{ij},\ l_{ir}) = \frac{l_{ii}l_{jr}a_{ij}}{l_{ir}} > \frac{l_{ri}l_{jr}a_{ij}}{l_{rr}} = e(a_{ij},\ l_{rr})$$

即结论（v）成立。下设中间产出系数矩阵 $\vec{A}$ 中只有第 i 行的元素变化。对 $\forall k\in\{1,\ \cdots,\ i-1,\ i+1,\ \cdots,\ n\}$，由定理4.5可知：

$$\sum_{r=1}^{n}(\vec{l}_{ii}\vec{l}_{kr}-\vec{l}_{ki}\vec{l}_{ir})\geqslant 1>0$$

因此有 $\vec{l}_{ii}g_k>\vec{l}_{ki}g_i$。所以，当 $\Delta g_i\neq 0$ 时，由公式（4.8）和推论4.5中的结论（a）可知：

$$\left|\frac{\Delta g_i}{g_i}\right| = \frac{\vec{l}_{ii}}{g_i}\left|\frac{\sum_j g_j\Delta\vec{a}_{ij}}{1-\sum_j \vec{l}_{ji}\Delta\vec{a}_{ij}}\right| > \frac{\vec{l}_{ki}}{g_k}\left|\frac{\sum_j g_j\Delta\vec{a}_{ij}}{1-\sum_j \vec{l}_{ji}\Delta\vec{a}_{ij}}\right| = \left|\frac{\Delta g_k}{g_k}\right| \tag{4.13}$$

反之，当 $\Delta g_i=0$ 时，由推论4.5中的结论（c）可知，每个部门的投入乘数的增量都等于0，因此公式（4.13）不成立。结论（ii）证完。与上同理，再由公式（4.9）和 $a_{ij}>0$ 可知：

$$e(\vec{a}_{ij},\ g_i) = \frac{\vec{l}_{ii}g_j\vec{a}_{ij}}{g_i} > \frac{\vec{l}_{ki}g_j\vec{a}_{ij}}{g_k} = e(\vec{a}_{ij},\ g_k)$$

即结论（viii）成立。下面设价值型中间投入系数矩阵 A 中只有第 j 列的元素变化。若 $\Delta l_{kj}\neq 0$，则由公式（4.2）、定理4.4和推论4.2中的结论（i）可知：

$$\left|\frac{\Delta l_{kj}}{l_{kj}}\right| = \frac{l_{jj}}{l_{kj}}\left|\frac{\sum_i l_{ki}\Delta a_{ij}}{1-\sum_i l_{ji}\Delta a_{ij}}\right| > \frac{l_{jk}}{l_{kk}}\left|\frac{\sum_i l_{ki}\Delta a_{ij}}{1-\sum_i l_{ji}\Delta a_{ij}}\right| = \left|\frac{\Delta l_{kk}}{l_{kk}}\right| \tag{4.14}$$

反之，当 $\Delta l_{kj}=0$ 时，由推论4.2中的结论（v）知 L 的第 k 行的元素的增量都等于0，因此公式（4.14）不成立。结论（a）证完。与上同理，再由公式（4.3）、$a_{ij}>0$ 和 $l_{ki}>0$ 可知：

$$e(a_{ij},\ l_{kj})=\frac{l_{ki}l_{jj}a_{ij}}{l_{kj}}>\frac{l_{ki}l_{jk}a_{ij}}{l_{kk}}=e(a_{ij},\ l_{kk})$$

即结论（vi）成立。对 $\forall k\in\{1,\ \cdots,\ j-1,\ j+1,\ \cdots,\ n\}$，由定理4.4可知：

$$\sum_{r=1}^{n}(l_{jj}l_{rk}-l_{jk}l_{rj})\geqslant 1>0$$

因此有 $l_{jj}d_k>l_{jk}d_j$。所以，当 $\Delta d_j\neq 0$ 时，由公式（4.6）和推论4.4中的结论（e）可知：

$$\left|\frac{\Delta d_j}{d_j}\right|=\frac{l_{jj}}{d_j}\left|\frac{\sum_i d_i\Delta a_{ij}}{1-\sum_i l_{ji}\Delta a_{ij}}\right|>\frac{l_{jk}}{d_k}\left|\frac{\sum_i d_i\Delta a_{ij}}{1-\sum_i l_{ji}\Delta a_{ij}}\right|=\left|\frac{\Delta d_k}{d_k}\right| \tag{4.15}$$

反之，当 $\Delta d_j=0$ 时，由推论4.4中的结论（g）可知，每个部门的产出乘数的增量都等于0，因此公式（4.15）不成立。结论（b）证完。与上同理，再由公式（4.7）和 $a_{ij}>0$ 可知：

$$e(a_{ij},\ d_j)=\frac{d_il_{jj}a_{ij}}{d_j}>\frac{d_il_{jk}a_{ij}}{d_k}=e(a_{ij},\ d_k)$$

即结论（vii）成立。下面证结论（iv）。由定理4.4可得 $l_{ki}l_{ir}\leqslant l_{ii}l_{kr}$，$l_{ij}l_{jr}\leqslant l_{jj}l_{ir}$，$l_{kj}l_{jr}\leqslant l_{jj}l_{kr}$，$l_{ki}l_{ij}\leqslant l_{ii}l_{kj}$。因此有：

$$\frac{a_{ij}l_{ki}l_{jr}}{l_{kr}}\leqslant\frac{a_{ij}l_{ii}l_{jr}}{l_{ir}}\leqslant\frac{a_{ij}l_{ii}l_{jj}}{l_{ij}},\quad \frac{a_{ij}l_{ki}l_{jr}}{l_{kr}}\leqslant\frac{a_{ij}l_{ki}l_{jj}}{l_{kj}}\leqslant\frac{a_{ij}l_{ii}l_{jj}}{l_{ij}}$$

所以，结论（iv）成立。证毕。

评论4.7 在推论4.6中，结论（i）表明，当价值型中间投入系数矩阵 A 中只有第 i 行的元素变化时，部门 $r(\neq i)$ 对部门 i 的完全需要系数变动的充分必要条件是该系数的增长率的绝对值大于部门 r 对部门 r 的完全需要系数的增长率的绝对值，这改进了推论4.1中的结论（v）。结论（ii）表明，当中间产出系数矩阵 $\vec{A}$ 中只有第 i 行的元素变化时，部门 i 的投入乘数变化的充分必要条件是该部门的投入乘数的增长率的绝对值大于其他部门投入乘数的增长率的绝对值，这改进了推论4.5中的结论（c）。结论（iii）表明，当价值型中间投入系数矩阵 A 中只有第 j 列的元素变化时，部门 j 对部门 $k(\neq j)$ 的完全需要系数变动的充分必要条件是该系数的增长率的绝对值大于部门 k 对部门 k 的完全需要系数的增长率的绝对值，这改进了推论 4.2 中的结论（v）；部门 j 的产出乘数变化的充分必要条件是该部门的产出乘数的增长率的绝对值大于其他部门产出乘数的增长率的绝对值，这改进了推论 4.4 中的结论（g）。结论（iv）表明，若部门 j 直接消耗部门 i 的中间产品，且每个部门都直接或间接消耗其他部门的中间产品，则价值型里昂惕夫逆矩阵中第 i 行的元素关于部门 j 对部门 i 的价值型中间投入系数的偏弹性不小于其他行相应元素关于部门 j 对部门 i 的价值型中间投入系数的偏弹性，且不大于部门 j 对部门 i 的完全需要系数关于部门 j 对部门 i 的价值型中间投入系数的偏弹性；价值型里昂惕夫逆矩阵中第 j 列的元素关于部门 j 对部门 i 的价值型中间投入系数的偏弹性不小于其他列相应元素关于部门 j 对部门 i 的价值型中间投入系数的偏弹性，且不大于部门 j 对部门 i 的完全需要系数关于部门 j 对部门 i 的价值型中间投入系数的偏弹性。结论（v）表明，若部门 j 直接消耗部门 i 的中间产品，且部门 $r(\neq i)$ 直接或间接消耗部门 i 和部门 j 的中间产品，则部门 r 对部门 i 的完全需要系数关于部门 j 对部门 i 的价值型中间投入系数的偏弹性大于部门 r 对部门 r 的完全需要系数关于部门 j 对部门 i 的价值型中间投入系数的偏弹性，这改进了推论 4.3 中的结论（iii）。结论（vi）表明，若部门 j 直接消耗部门 i 的中间产品，且部门 j 和部门 i 直接或间接消耗部门 $k(\neq j)$ 的中间产品，则部门 j 对部门 k 的完全需要系数关于部门 j 对部门 i 的价值型中间投入系数的偏弹性大于部门 k 对部门 k 的完全需要系数关于部门 j 对部门 i 的价值型中间投入系数的偏弹性，这改进了推论 4.3 中的结论（iv）。结论（vii）表明，若部门 j 直接消耗部门 i 的中间产品，则部门 j 的产出乘数关于部门 j 对部门 i 的价值型中间投入系数的偏弹性大于其他部门的产出乘数关于部门 j 对部门 i 的价值型中间投入系数的偏弹性，这改进了推论 4.4 中的结论（iv）。结论（viii）表明，若部门 i 直接向部门 j 提供中间产品，则部门 i 的投入乘数关于部门 i 对部门 j 的中间产出系数的偏弹性大于其他部门的投入乘数关于部门 i 对部门 j 的中间产出系数的偏弹性，这改进了推论 4.5 中的结论（iv）。

霍里在文献［8］中证明了不等式 $0<|I-A|\leqslant 1$。下面我们给出一个更简洁的证明。

定理 4.6 里昂惕夫矩阵 $I-A$ 和其逆矩阵 $L=(I-A)^{-1}$ 的行列式满足不等式 $0<|I-A|\leqslant 1\leqslant |L|$。

证明 设 $L=(l_{ij})_{n\times n}$，$L^{(1,2,\cdots,r)}$ 为 $I-A$ 去掉前 r 行和前 r 列而余下的 $n-r$

阶矩阵的逆矩阵，$l_{r+1r+1}^{(1,2,\cdots,r)}$ 为 $L^{(1,2,\cdots,r)}$ 中的与 l_{r+1r+1} 相对应的对角元素，$r=1$，2，…，$n-1$。因为 $l_{11}\geqslant 1$，同理可知 $l_{r+1r+1}^{(1,2,\cdots,r)}\geqslant 1$，$r=1$，2，…，$n-1$，所以由推论 3.6 可知：

$|L|=l_{11}|L^{(1)}|=l_{11}l_{22}^{(1)}|L^{(1,2)}|=\cdots=l_{11}l_{22}^{(1)}l_{33}^{(1,2)}\cdots l_{n-1n-1}^{(1,2,\cdots,n-2)}|L^{(1,2,\cdots,n-1)}|=l_{11}l_{22}^{(1)}l_{33}^{(1,2)}\cdots l_{nn}^{(1,2,\cdots,n-1)}\geqslant 1$，于是，$0<|I-A|=|L|^{-1}\leqslant 1\leqslant |L|$。证毕。

第五节　最终需求和中间投入系数变动对总产出及其结构的影响

由公式（2.12）中 $X=LF$ 可知，在对产量模型做比较静态分析时，有两种基本方法。第一种方法是以最终产值列向量 F 为外生变量，以总产值列向量 X 为内生变量，分析最终产值的变动对总产值的影响；由于价值型里昂惕夫逆矩阵 $L=(I-A)^{-1}$ 的元素是价值型中间投入系数矩阵 A 的元素的函数，所以第二种方法是以价值型中间投入系数矩阵 A 为外生变量，以价值型里昂惕夫逆矩阵 L 和总产值列向量 X 为内生变量，分析价值型中间投入系数的变动对价值型里昂惕夫逆矩阵和总产值的影响。

若以最终产值列向量 F 为外生变量，并假定价值型中间投入系数矩阵 A 不变，则有 $\Delta X=L\Delta F$，即：

$$\Delta x_i = \sum_{j=1}^{n} l_{ij}\Delta f_j \qquad (i=1,2,\cdots,n) \tag{4.16}$$

因此，社会总产值 x 的增量为：

$$\Delta x = \sum_{i=1}^{n}\Delta x_i = \sum_{j=1}^{n}\sum_{i=1}^{n} l_{ij}\Delta f_j = \sum_{j=1}^{n} d_j\Delta f_j \tag{4.17}$$

并且有：

$$\frac{\partial x_i}{\partial f_j}=l_{ij}\geqslant 0,\ \frac{\partial x_i}{\partial f_i}=l_{ii}\geqslant 1 \qquad (i,\ j=1,\ 2,\ \cdots,\ n)$$

$$e(f_j,\ x_i)=\frac{\partial x_i}{\partial f_j}\frac{f_j}{x_i}=\frac{l_{ij}f_j}{x_i}\geqslant 0 \qquad (i,\ j=1,\ 2,\ \cdots,\ n)$$

$$\frac{\partial x}{\partial f_j}=d_j\geqslant l_{jj}\geqslant 1 \qquad (j=1,\ 2,\ \cdots,\ n)$$

$$e(f_j,\ x)=\frac{\partial x}{\partial f_j}\frac{f_j}{x}=\frac{d_jf_j}{x}\geqslant 0 \qquad (j=1,\ 2,\ \cdots,\ n)$$

若以价值型中间投入系数矩阵 A 为外生变量，并假定 A 中只有第 i 行的元素变化且最终产值列向量 F 不变，则由公式（4.1）可得：

$$\Delta x_k = \sum_{r=1}^{n} f_r \Delta l_{kr} = \frac{l_{ki} \sum_j x_j \Delta a_{ij}}{1 - \sum_j l_{ji} \Delta a_{ij}} \quad (k = 1,2,\cdots,n) \tag{4.18}$$

由公式（4.18）显然可得：

$$\Delta x = \sum_{k=1}^{n} \Delta x_k = \frac{d_i \sum_j x_j \Delta a_{ij}}{1 - \sum_j l_{ji} \Delta a_{ij}} \tag{4.19}$$

若以价值型中间投入系数矩阵 A 为外生变量，并假定 A 中只有第 j 列的元素变化且最终产值列向量 F 不变，则由公式（4.2）可得：

$$\Delta x_k = \sum_{r=1}^{n} f_r \Delta l_{kr} = \frac{x_j \sum_i l_{ki} \Delta a_{ij}}{1 - \sum_i l_{ji} \Delta a_{ij}} \quad (k = 1,2,\cdots,n) \tag{4.20}$$

由公式（4.20）显然可得：

$$\frac{\Delta x_j}{x_j} = \frac{1}{1 - \sum_i l_{ji} \Delta a_{ij}} - 1 \tag{4.21}$$

$$\Delta x = \sum_{k=1}^{n} \Delta x_k = \frac{x_j \sum_i d_i \Delta a_{ij}}{1 - \sum_i l_{ji} \Delta a_{ij}} \tag{4.22}$$

由公式（4.18）或公式（4.20）显然可得：

$$\frac{\partial x_k}{\partial a_{ij}} = l_{ki} x_j \geqslant 0 \qquad (i,\ j,\ k = 1,\ 2,\ \cdots,\ n)$$

因此有：

$$\frac{\partial x_i}{\partial a_{ij}} = l_{ii} x_j \geqslant x_j > 0 \qquad (i,\ j = 1,\ 2,\ \cdots,\ n)$$

$$\frac{\partial \ln x_j}{\partial a_{ij}} = l_{ji} \geqslant 0 \qquad (i,\ j = 1,\ 2,\ \cdots,\ n)$$

$$\frac{\partial \ln x_i}{\partial a_{ii}} = l_{ii} \geqslant 1 \qquad (i = 1,\ 2,\ \cdots,\ n)$$

部门 k 的总产值 x_k 关于 $a_{ij} > 0$ 的偏弹性为：

$$e(a_{ij},\ x_k) = \frac{\partial x_k}{\partial a_{ij}} \frac{a_{ij}}{x_k} = \frac{a_{ij} l_{ki} x_j}{x_k} \geqslant 0 \qquad (i,\ j,\ k = 1,\ 2,\ \cdots,\ n)$$

因此有：

$$l_{ii} \geqslant e(a_{ij}, x_i) = \frac{a_{ij} l_{ii} x_j}{x_i} \geqslant \frac{a_{ij} x_j}{x_i} > 0 \qquad (i, j = 1, 2, \cdots, n)$$

$$e(a_{ij}, x_j) = a_{ij} l_{ji} \geqslant 0 \qquad (i, j = 1, 2, \cdots, n)$$

由公式（4.19）或公式（4.22）显然可得：

$$\frac{\partial x}{\partial a_{ij}} = d_i x_j \geqslant x_j > 0 \qquad (i, j = 1, 2, \cdots, n)$$

社会总产值 x 关于 $a_{ij} > 0$ 的偏弹性为：

$$e(a_{ij}, x) = \frac{\partial x}{\partial a_{ij}} \frac{a_{ij}}{x} = \frac{a_{ij} x_j d_i}{x} > 0 \qquad (i, j = 1, 2, \cdots, n)$$

对于总产值结构系数列向量 $\widetilde{W} = x^{-1} X = (w_i)_{n \times 1}$，显然有 $E\widetilde{W} = x^{-1} EX = x^{-1} x = 1$。

命题 4.1 每个部门的总产值结构系数都不变的充分必要条件是每个部门的总产值变化率都相等。

证明 若每个部门的总产值变化率都相等，比如都等于 θ，则部门 i 的总产值变为 $(1+\theta) x_i$，$i = 1, 2, \cdots, n$，因此，社会总产值变为 $(1+\theta) x$，所以，每个部门的总产值结构系数都不变；反之，若每个部门的总产值结构系数都不变，设部门 i 的总产值变化率为 θ_i，社会总产值变化率为 θ，则：

$$\frac{(1+\theta_i) x_i}{(1+\theta) x} = \frac{x_i}{x} \qquad (i = 1, 2, \cdots, n)$$

因此，$\theta_i = \theta$，$i = 1, 2, \cdots, n$，即每个部门的总产值变化率都相等。证毕。

定理 4.7 假设最终产值列向量 F 不变，则有：

(i) 当 A 中只有第 i 行的元素变化时，w_k 的增量为：

$$\Delta w_k = \frac{(l_{ki} - w_k d_i) \sum_j w_j \Delta a_{ij}}{1 - \sum_j (l_{ji} - w_j d_i) \Delta a_{ij}} \qquad (i, k = 1, 2, \cdots, n)$$

(ii) 当 A 中只有第 j 列的元素变化时，w_k 的增量为：

$$\Delta w_k = \frac{w_j \sum_i (l_{ki} - w_k d_i) \Delta a_{ij}}{1 - \sum_i (l_{ji} - w_j d_i) \Delta a_{ij}} \qquad (j, k = 1, 2, \cdots, n)$$

(iii) 当 A 中只有 a_{ij} 这一个元素变化时，w_k 的增量为：

$$\Delta w_k = \frac{(l_{ki} - w_k d_i) w_j \Delta a_{ij}}{1 - (l_{ji} - w_j d_i) \Delta a_{ij}} \qquad (i,\ j,\ k = 1,\ 2,\ \cdots,\ n)$$

（iv）w_k 关于 a_{ij}的（局部）变化率为：

$$\frac{\partial w_k}{\partial a_{ij}} = (l_{ki} - w_k d_i) w_j \qquad (i,\ j,\ k = 1,\ 2,\ \cdots,\ n)$$

因此，

$$\frac{\partial w_k}{\partial a_{ij}} > 0 \Leftrightarrow w_k < \frac{l_{ki}}{d_i},\ \frac{\partial w_k}{\partial a_{ij}} = 0 \Leftrightarrow w_k = \frac{l_{ki}}{d_i} \qquad (i,\ j,\ k = 1,\ 2,\ \cdots,\ n)$$

（v）w_k 关于 $a_{ij} > 0$ 的局部弹性为：

$$e(a_{ij},\ w_k) = \frac{\partial w_k}{\partial a_{ij}} \frac{a_{ij}}{w_k} = \frac{a_{ij} x_j (l_{ki} - w_k d_i)}{x_k} \qquad (i,\ j,\ k = 1,\ 2,\ \cdots,\ n)$$

因此，

$$e(a_{ij},\ w_j) = a_{ij}(l_{ji} - w_j d_i) \qquad (i,\ j = 1,\ 2,\ \cdots,\ n)$$

证明　先证结论（i）和结论（ii）。因为：

$$\Delta w_k = \frac{x_k + \Delta x_k}{x + \Delta x} - \frac{x_k}{x} = \frac{x \Delta x_k - x_k \Delta x}{(x + \Delta x)\ x}$$

所以，当 A 中只有第 i 行的元素变化时，由公式（4.18）和公式（4.19）可得：

$$\Delta w_k = \frac{(x l_{ki} - x_k d_i) \sum_j x_j \Delta a_{ij}}{1 - \sum_j l_{ji} \Delta a_{ij}} \div \left(x + \frac{d_i \sum_j x_j \Delta a_{ij}}{1 - \sum_j l_{ji} \Delta a_{ij}} \right) x$$

$$= \frac{(l_{ki} - w_k d_i) \sum_j w_j \Delta a_{ij}}{1 - \sum_j (l_{ji} - w_j d_i) \Delta a_{ij}}$$

当 A 中只有第 j 列的元素变化时，由公式（4.20）和公式（4.22）可得：

$$\Delta w_k = \frac{x_j \left(x \sum_i l_{ki} \Delta a_{ij} - x_k \sum_i d_i \Delta a_{ij} \right)}{1 - \sum_i l_{ji} \Delta a_{ij}} \div \left(x + \frac{x_j \sum_i d_i \Delta a_{ij}}{1 - \sum_i l_{ji} \Delta a_{ij}} \right) x$$

$$= \frac{w_j \sum_i (l_{ki} - w_k d_i) \Delta a_{ij}}{1 - \sum_i (l_{ji} - w_j d_i) \Delta a_{ij}}$$

由结论（i）或结论（ii）显然可得结论（iii）。由结论（iii）显然可得结论（iv）。由结论（iv）显然可得结论（v）。证毕。

下面令：

$$F^i=\begin{bmatrix} f_1 \\ \vdots \\ f_{i-1} \\ f_{i+1} \\ \vdots \\ f_n \end{bmatrix}$$

即 F^i 是去掉部门 i 之后的 $n-1$ 维最终产值列向量。

定理 4.8　对 $\forall i,\ j\in\{1,\ 2,\ \cdots,\ n\}$，我们有：

$$\frac{\partial w_i}{\partial a_{ij}}=0\Leftrightarrow w_i=\frac{l_{ii}}{d_i}\Leftrightarrow F^i=0$$

$$\frac{\partial w_i}{\partial a_{ij}}>0\Leftrightarrow w_i<\frac{l_{ii}}{d_i}\Leftrightarrow F^i>0$$

证明　由定理 4.4 可知：

$$\sum_{k=1}^{n}(l_{ii}l_{kj}-l_{ij}l_{ki})\geqslant 1>0 \qquad (j=1,\cdots,i-1,i+1,\cdots,n)$$

因此，由 $X=LF$ 和 $D=EL$ 可知：

$$xl_{ii}-x_id_i=\sum_{\substack{j=1\\ j\neq i}}^{n}\sum_{k=1}^{n}(l_{ii}l_{kj}-l_{ij}l_{ki})f_j\begin{cases}=0, & F^i=0\\ >0, & F^i>0\end{cases}$$

即当 $F^i=0$ 时，$l_{ii}=w_id_i$；当 $F^i>0$ 时，$l_{ii}>w_id_i$。所以，由定理 4.7 中的结论（iv）可得本定理。证毕。

评论 4.8　定理 4.8 表明，若只有部门 j 对部门 i 的中间投入系数变化且最终产值列向量不变，则部门 i 的总产值结构系数不变的充分必要条件是：（i）该结构系数等于部门 i 对本部门的完全需要系数占部门 i 的产出乘数的比重；或（ii）除了部门 i 之外，每个部门的最终产值都等于零。部门 i 的总产值结构系数随部门 j 对部门 i 的中间投入系数的增大（减小）而增大（减小）的充分必要条件是：（i）该结构系数小于部门 i 对本部门的完全需要系数占部门 i 的产出乘数的比重；或（ii）至少存在一个部门 $k\neq i$，其最终产值大于零。

引理 4.1　在由 $n\geqslant 2$ 个部门组成的经济系统中，若（i）只有部门 i 的最终产值变化，价值型中间投入系数矩阵 A 不变；或（ii）A 中只有第 i 行的元素变化而最终产值列向量 F 不变，并导致部门 i 的总产值变化；则各个部门的总产值的变化率都相等的充分必要条件是，除了部门 i 之外，每个部门的最终产值都等于零，即：

$$\frac{\Delta x_1}{x_1}=\frac{\Delta x_2}{x_2}=\cdots=\frac{\Delta x_n}{x_n}\neq 0\Leftrightarrow F^i=0$$

证明　当条件（i）成立时，由公式（4.16）可得 $\Delta x_k=l_{ki}\Delta f_i$，$k=1$，2，…，$n$，其中，$\Delta f_i\neq 0$，因此由 $l_{ii}\geqslant 1>0$ 可知 $\Delta x_i\neq 0$，所以：

$$\frac{\Delta x_1}{x_1}=\frac{\Delta x_2}{x_2}=\cdots=\frac{\Delta x_n}{x_n}\neq 0\Leftrightarrow \frac{l_{1i}}{x_1}=\frac{l_{2i}}{x_2}=\cdots=\frac{l_{ni}}{x_n}$$

当条件（ii）成立时，由公式（4.18）和 $l_{ii}\geqslant 1>0$ 可得：

$$\Delta x_i\neq 0\Leftrightarrow \sum_j x_j\Delta a_{ij}\neq 0\Leftrightarrow\left(\frac{\Delta x_1}{x_1}=\frac{\Delta x_2}{x_2}=\cdots=\frac{\Delta x_n}{x_n}\neq 0\Leftrightarrow\frac{l_{1i}}{x_1}=\frac{l_{2i}}{x_2}=\cdots\frac{l_{ni}}{x_n}\right)$$

所以，我们只需证明：

$$\frac{l_{1i}}{x_1}=\frac{l_{2i}}{x_2}=\cdots=\frac{l_{ni}}{x_n}\Leftrightarrow F^i=0$$

由 $X=LF$ 可知：

$$\frac{l_{1i}}{x_1}=\frac{l_{2i}}{x_2}=\cdots=\frac{l_{ni}}{x_n}\Leftrightarrow\sum_{\substack{j=1\\ j\neq i}}^{n}\begin{vmatrix} l_{ii} & l_{ij}\\ l_{ki} & l_{kj}\end{vmatrix}f_j=0\quad(k=1,\cdots,i-1,i+1,\cdots,n) \tag{4.23}$$

令：

$$L_{kj}^i=\begin{vmatrix} l_{ii} & l_{ij}\\ l_{ki} & l_{kj}\end{vmatrix},\ k,\ j=1,\ \cdots,\ i-1,\ i+1,\ \cdots,\ n$$

$$C_i=\begin{bmatrix} L_{11}^i & \cdots & L_{1i-1}^i & L_{1i+1}^i & \cdots & L_{1n}^i\\ \vdots & & \vdots & \vdots & & \vdots\\ L_{i-11}^i & \cdots & L_{i-1i-1}^i & L_{i-1i+1}^i & \cdots & L_{i-1n}^i\\ L_{i+11}^i & \cdots & L_{i+1i-1}^i & L_{i+1i+1}^i & \cdots & L_{i+1n}^i\\ \vdots & & \vdots & \vdots & & \vdots\\ L_{n1}^i & \cdots & L_{ni-1}^i & L_{ni+1}^i & \cdots & L_{nn}^i\end{bmatrix}$$

则由定理 3.1 和定理 4.6 可知 $|C_i|=l_{ii}^{n-2}|L|\geqslant l_{ii}^{n-2}\geqslant 1>0$，所以由公式（4.23）可知：

$$\frac{l_{1i}}{x_1}=\frac{l_{2i}}{x_2}=\cdots=\frac{l_{ni}}{x_n}\Leftrightarrow C_iF^i=0\Leftrightarrow F^i=0$$

证毕。

定理 4.9　在由 $n \geqslant 2$ 个部门组成的经济系统中，若（i）只有部门 i 的最终产值变化，价值型中间投入系数矩阵 A 不变；或（ii）A 中只有第 i 行的元素变化而最终产值列向量 F 不变，并导致部门 i 的总产值变化，则有：

（a）下列条件等价：

（a_1）至少存在一个部门 $k \neq i$，其最终产值大于零；

（a_2）部门 i 的总产值的变化率的绝对值不小于其他部门的总产值的变化率的绝对值，且至少大于一个部门的总产值的变化率的绝对值；

（a_3）部门 i 的总产值的变化率的绝对值大于社会总产值的变化率的绝对值；

（b）若除了部门 i 之外，每个部门的最终产值都大于零，则部门 i 的总产值的变化率的绝对值大于其他部门的总产值的变化率的绝对值。

证明　先证结论（a）。由定理 4.4 可知：

$$\sum_{j=1}^{n}(l_{ii}l_{kj} - l_{ij}l_{ki})f_j \geqslant 0 \qquad (k = 1,\cdots,i-1,i+1,\cdots,n) \tag{4.24}$$

即：

$$l_{ii}x_k \geqslant l_{ki}x_i \qquad (k=1,\ \cdots,\ i-1,\ i+1,\ \cdots,\ n)$$

因此，当条件（i）成立时，

$$\left|\frac{\Delta x_i}{x_i}\right| = \frac{l_{ii}}{x_i}|\Delta f_i| \geqslant \frac{l_{ki}}{x_k}|\Delta f_i| = \left|\frac{\Delta x_k}{x_k}\right|$$
$$(k=1,\ \cdots,\ i-1,\ i+1,\ \cdots,\ n) \tag{4.25}$$

当条件（ii）成立时，

$$\left|\frac{\Delta x_i}{x_i}\right| = \frac{l_{ii}}{x_i}\left|\frac{\sum_j x_j\Delta a_{ij}}{1-\sum_j l_{ji}\Delta a_{ij}}\right| \geqslant \frac{l_{ki}}{x_k}\left|\frac{\sum_j x_j\Delta a_{ij}}{1-\sum_j l_{ji}\Delta a_{ij}}\right| = \left|\frac{\Delta x_k}{x_k}\right|$$
$$(k = 1,\cdots,i-1,i+1,\cdots,n) \tag{4.26}$$

由于 Δx_1，Δx_2，$\cdots$，Δx_n 不会有相反的正负号，因此由引理 4.1 可知，当 $F^i > 0$ 时，公式(4.25)中至少有一个严格不等式，公式(4.26)也是如此，所以有$(a_1) \Rightarrow (a_2)$。由引理 4.1 显然可知，$(a_2) \Rightarrow (a_1)$。当条件(i)成立时，由定理 4.8 以及公式(4.16)和公式(4.17)可知：

$$F^i > 0 \Leftrightarrow l_{ii} > w_i d_i \Leftrightarrow \left|\frac{\Delta x_i}{x_i}\right| = \frac{l_{ii}}{x_i}|\Delta f_i| > \frac{d_i}{x}|\Delta f_i| = \left|\frac{\Delta x}{x}\right|$$

当条件（ii）成立时，由定理 4.8 以及公式（4.18）和公式（4.19）可知：

$$F^i > 0 \Leftrightarrow l_{ii} > w_i d_i \Leftrightarrow \left|\frac{\Delta x_i}{x_i}\right| = \frac{l_{ii}}{x_i}\left|\frac{\sum_j x_j \Delta a_{ij}}{1 - \sum_j l_{ji}\Delta a_{ij}}\right| > \frac{d_i}{x}\left|\frac{\sum_j x_j \Delta a_{ij}}{1 - \sum_j l_{ji}\Delta a_{ij}}\right| = \left|\frac{\Delta x}{x}\right|$$

所以（a_1）⇔（a_3）。结论（a）证完。下面证结论（b）。根据定理 4.4，当 $F^i \gg 0$ 时，公式（4.24）至公式（4.26）中都是严格不等式，因此结论（b）成立。证毕。

评论 4.9　很明显，在定理 4.9 的证明中，定理 4.4 起到了关键作用。然而，英国学者伍兹在文献［25］第 55—56 页中论证相关问题时出现了错误。他考察了只有一个部门的最终产值变动对每个部门总产值的影响。根据直觉，他提出了他的定理 79，其主要结果是：如果只有部门 k 的最终产值增加，则部门 k 的总产值的增长率最大。与上述定理 4.9 相比较，伍兹的定理 79 是不准确的。首先，根据上述引理 4.1，当除了部门 k 之外，每个部门的最终产值都是零时，定理 79 的主要结果并不成立。第二，根据定理 4.9 和公式（4.24）以及公式（4.25），即使至少存在一个部门 $d \neq k$，使得部门 d 的最终产值大于零，也可能至少存在两个部门，例如部门 k 和部门 r，使得当部门 r 的最终产值是零时，这两个部门的总产值有相同的最大增长率。因此，在伍兹的文献［25］第 56 页的方程（1）中，当 $a_{rj} = 0 < a_{rk}$（$j = 1, \cdots, k-1, k+1, \cdots, r-1, r+1, \cdots, n$）时，不等式

$$(1 - a_{rr})x_r = \sum_{\substack{j=1 \\ j \neq r}}^{n} a_{rj}\frac{(\beta_j - 1)x_j}{(\beta_r - 1)} < \sum_{\substack{j=1 \\ j \neq r}}^{n} a_{rj}x_j$$

不成立。例如，假设只有部门 1 的最终产值 f_1 增加，并设 $n = 3$，$f_3 = 0 < f_2$，$a_{32} = 0 < a_{31}$，则由定理 4.4 和 $a_{32} = 0$ 可得：

$$\sum_{j=1}^{3}(l_{11}l_{3j} - l_{1j}l_{31})f_j = (l_{11}l_{32} - l_{12}l_{31})f_2 = l_{11}l_{32}^{(1)}f_2 = 0$$

因此有 $l_{11}x_3 = l_{31}x_1$。所以，由公式（4.25）可知部门 1 和部门 3 的总产值有相同的最大增长率。即当使用伍兹的符号时，有 $\beta_1 - 1 = \beta_3 - 1 > \beta_2 - 1 > 0$。于是有：

$$(1 - a_{33})x_3 = \sum_{j=1}^{2} a_{3j}\frac{(\beta_j - 1)x_j}{(\beta_3 - 1)} = \sum_{j=1}^{2} a_{3j}x_j$$

因此，伍兹在文献［25］第 56 页的方程（1）中的不等式不成立。这意味着伍兹的主要结果的证明是不正确的。实际上，为了正确地推导出有关结果，我们必须像上述定理 4.9 的证明那样使用定理 4.4。伍兹出错的根本原因就是他没有掌握定理 4.4。此外，定理 4.4 的应用范围并不限于本书中论述的投入产出模型的比较静态分析。例如，特莫乔夫在文献［23］中利用定理 4.4 论证了关于识别投入产出模型中的关键部门群组的问题。

定理 4.10　在由 $n\geqslant 2$ 个部门组成的经济系统中，若 A 中只有第 j 列的元素变化而最终产值列向量 F 不变，则至少有一个部门的总产值变化，且：

$$\frac{\Delta x_1}{x_1}=\frac{\Delta x_2}{x_2}=\cdots=\frac{\Delta x_n}{x_n}=\lambda\neq 0\Leftrightarrow\begin{bmatrix}\Delta a_{1j}\\ \Delta a_{2j}\\ \vdots\\ \Delta a_{nj}\end{bmatrix}=\frac{\lambda F}{(1+\lambda)x_j}$$

即各个部门总产值的增长率都相等的充分必要条件是 A 中第 j 列元素的变化量与最终产值列向量 F 对应成比例。

证明　若每个部门的总产值都不变，则由公式（4.20）可得：

$$L\begin{bmatrix}\Delta a_{1j}\\ \Delta a_{2j}\\ \vdots\\ \Delta a_{nj}\end{bmatrix}=0$$

即：

$$\begin{bmatrix}\Delta a_{1j}\\ \Delta a_{2j}\\ \vdots\\ \Delta a_{nj}\end{bmatrix}=0$$

这与假设矛盾，所以，至少有一个部门的总产值变化。令：

$$\lambda=\frac{\Delta x_j}{x_j}$$

则由公式（4.21）可得：

$$\lambda=\frac{1}{1-\sum_i l_{ji}\Delta a_{ij}}-1$$

即：

$$\sum_i l_{ji}\Delta a_{ij} = \frac{\lambda}{1+\lambda}$$

因此由公式（4.20）可得：

$$\frac{\Delta x_1}{x_1} = \cdots = \frac{\Delta x_j}{x_j} = \cdots = \frac{\Delta x_n}{x_n} = \lambda \neq 0 \Leftrightarrow \frac{\sum_i l_{1i}\Delta a_{ij}}{x_1} = \cdots = \frac{\sum_i l_{ji}\Delta a_{ij}}{x_j} = \cdots$$

$$= \frac{\sum_i l_{ni}\Delta a_{ij}}{x_n} = \frac{\lambda}{(1+\lambda)x_j} \neq 0 \Leftrightarrow$$

$$L\begin{bmatrix}\Delta a_{1j}\\ \Delta a_{2j}\\ \vdots\\ \Delta a_{nj}\end{bmatrix} = \frac{\lambda X}{(1+\lambda)x_j} = \frac{\lambda LF}{(1+\lambda)x_j} \Leftrightarrow \begin{bmatrix}\Delta a_{1j}\\ \Delta a_{2j}\\ \vdots\\ \Delta a_{nj}\end{bmatrix} = \frac{\lambda F}{(1+\lambda)x_j}$$

证毕。

评论4.10　由定理4.10可知，在A中只有第j列的元素变化而最终产值列向量F不变的情况下，若部门k的最终产值等于零，则各个部门总产值的增长率都相等的一个必要条件是部门j对部门k的中间投入系数的增量也等于零。反之，若部门j对部门k的中间投入系数的增量等于零，则各个部门总产值的增长率都相等的一个必要条件是部门k的最终产值也等于零。

第六节　增加价值系数和中间投入系数变动对价格的影响

根据公式（2.14），$p = \bar{R}\bar{L} = \bar{R}(I-\bar{A})^{-1}$。因此，在对价格模型做比较静态分析时，也有两种基本方法。第一种方法是以增加价值系数行向量$\bar{R}$为外生变量，以价格行向量p为内生变量，分析增加价值系数的变动对价格的影响；第二种方法是以实物型中间投入系数矩阵$\bar{A}$为外生变量，以实物型里昂惕夫逆矩阵$\bar{L}$和价格行向量p为内生变量，分析实物型中间投入系数的变动对实物型里昂惕夫逆矩阵和价格的影响。

若以增加价值系数行向量 $\bar{R}$ 为外生变量，并假定实物型中间投入系数矩阵 $\bar{A}$ 不变，则有 $\Delta p = (\Delta\bar{R})\bar{L}$，即：

$$\Delta p_j = \sum_{i=1}^{n} \bar{l}_{ij}\Delta\bar{r}_i \qquad (j = 1,2,\cdots,n) \tag{4.27}$$

并且有：

$$\frac{\partial p_j}{\partial \bar{r}_i} = \bar{l}_{ij} \geqslant 0,\ \frac{\partial p_i}{\partial \bar{r}_i} = \bar{l}_{ii} \geqslant 1 > 0 \qquad (i,\ j = 1,\ 2,\ \cdots,\ n)$$

若以实物型中间投入系数矩阵 $\bar{A}$ 为外生变量，并假定 $\bar{A}$ 中只有第 i 行的元素变化且增加价值系数行向量 $\bar{R}$ 不变，则类似于公式（4.1）可得：

$$\Delta p_k = \sum_{m=1}^{n} \bar{r}_m \Delta\bar{l}_{mk} = \frac{p_i \sum_j \bar{l}_{jk}\Delta\bar{a}_{ij}}{1 - \sum_j \bar{l}_{ji}\Delta\bar{a}_{ij}} \qquad (k = 1,2,\cdots,n) \tag{4.28}$$

因此有：

$$\frac{\Delta p_i}{p_i} = \frac{1}{1 - \sum_j \bar{l}_{ji}\Delta\bar{a}_{ij}} - 1 \tag{4.29}$$

若以实物型中间投入系数矩阵 $\bar{A}$ 为外生变量，并假定 $\bar{A}$ 中只有第 j 列的元素变化且增加价值系数行向量 $\bar{R}$ 不变，则类似于公式（4.2）可得：

$$\Delta p_k = \sum_{m=1}^{n} \bar{r}_m\Delta\bar{l}_{mk} = \frac{\bar{l}_{jk}\sum_i p_i\Delta\bar{a}_{ij}}{1 - \sum_i \bar{l}_{ji}\Delta\bar{a}_{ij}} \qquad (k = 1,2,\cdots,n) \tag{4.30}$$

由公式（4.28）或公式（4.30）可得：

$$\frac{\partial p_k}{\partial \bar{a}_{ij}} = p_i\bar{l}_{jk} \geqslant 0 \qquad (i,\ j,\ k = 1,\ 2,\ \cdots,\ n)$$

因此有：

$$\frac{\partial p_j}{\partial \bar{a}_{ij}} = p_i\bar{l}_{jj} \geqslant p_i > 0 \qquad (i,\ j = 1,\ 2,\ \cdots,\ n)$$

$$\frac{\partial \ln p_i}{\partial \bar{a}_{ij}} = \bar{l}_{ji} \geqslant 0 \qquad (i,\ j = 1,\ 2,\ \cdots,\ n)$$

$$\frac{\partial \ln p_i}{\partial \bar{a}_{ii}} = \bar{l}_{ii} \geqslant 1 \qquad (i = 1,\ 2,\ \cdots,\ n)$$

部门 k 的价格 p_k 关于 $\bar{a}_{ij} > 0$ 的偏弹性为：

$$e(\overline{a}_{ij}, p_k) = \frac{\partial p_k}{\partial \overline{a}_{ij}} \frac{\overline{a}_{ij}}{p_k} = \frac{\overline{a}_{ij}\overline{l}_{jk}p_i}{p_k} = a_{ij}l_{jk} \geqslant 0 \qquad (i, j, k = 1, 2, \cdots, n)$$

因此有：

$$l_{jj} \geqslant e(\overline{a}_{ij}, p_j) = a_{ij}l_{jj} \geqslant a_{ij} > 0 \qquad (i, j = 1, 2, \cdots, n)$$

定理 4.11　在由 $n \geqslant 2$ 个部门组成的经济系统中，若 $\overline{A}$ 中只有第 i 行的元素变化而增加价值系数行向量 $\overline{R}$ 不变，则至少有一个部门的价格变化，且：

$$\frac{\Delta p_1}{p_1} = \frac{\Delta p_2}{p_2} = \cdots = \frac{\Delta p_n}{p_n} = \varepsilon \neq 0 \Leftrightarrow (\Delta\overline{a}_{i1}, \Delta\overline{a}_2, \cdots, \Delta\overline{a}_{in}) = \frac{\varepsilon\overline{R}}{(1+\varepsilon)p_i}$$

即各个部门价格的增长率都相等的充分必要条件是 $\overline{A}$ 中第 i 行元素的变化量与增加价值系数行向量 $\overline{R}$ 对应成比例。

证明　若每个部门的价格都不变，则由公式（4.28）可得（$\Delta\overline{a}_{i1}$, $\Delta\overline{a}_{i2}$, $\cdots$, $\Delta\overline{a}_{in}$）$\overline{L}=0$，即（$\Delta\overline{a}_{i1}$, $\Delta\overline{a}_{i2}$, $\cdots$, $\Delta\overline{a}_{in}$）$=0$，这与假设矛盾，所以，至少有一个部门的价格变化。令：

$$\varepsilon = \frac{\Delta p_i}{p_i}$$

则由公式（4.29）可得：

$$\varepsilon = \frac{1}{1 - \sum_j \overline{l}_{ji}\Delta\overline{a}_{ij}} - 1$$

即：

$$\sum_j \overline{l}_{ji}\Delta\overline{a}_{ij} = \frac{\varepsilon}{1+\varepsilon}$$

因此由公式（4.28）可得：

$$\frac{\Delta p_1}{p_1} = \cdots = \frac{\Delta p_i}{p_i} = \cdots = \frac{\Delta p_n}{p_n} = \varepsilon \neq 0 \Leftrightarrow$$

$$\frac{\sum_j \overline{l}_{j1}\Delta\overline{a}_{ij}}{p_1} = \cdots = \frac{\sum_j \overline{l}_{ji}\Delta\overline{a}_{ij}}{p_i} = \cdots = \frac{\sum_j \overline{l}_{jn}\Delta\overline{a}_{ij}}{p_n} = \frac{\varepsilon}{(1+\varepsilon)p_i} \neq 0 \Leftrightarrow$$

$$(\Delta\overline{a}_{i1}, \Delta\overline{a}_{i2}, \cdots, \Delta\overline{a}_{in})\overline{L} = \frac{\varepsilon p}{(1+\varepsilon)p_i} = \frac{\varepsilon\overline{R}\,\overline{L}}{(1+\varepsilon)p_i} \Leftrightarrow (\Delta\overline{a}_{i1}, \Delta\overline{a}_{i2}, \cdots,$$

$$\Delta\overline{a}_{in}) = \frac{\varepsilon\overline{R}}{(1+\varepsilon)p_i}$$

证毕。

评论 4.11 由定理 4.10 可知，在 $\bar{A}$ 中只有第 i 行的元素变化而增加价值系数行向量 $\bar{R}$ 不变的情况下，若部门 k 的增加价值（系数）等于零，则各个部门价格的增长率都相等的一个必要条件是部门 k 对部门 i 的中间投入系数的增量也等于零。反之，若部门 k 对部门 i 的中间投入系数的增量等于零，则各个部门价格的增长率都相等的一个必要条件是部门 k 的增加价值（系数）也等于零。

引理 4.2 在由 $n\geqslant2$ 个部门组成的经济系统中，若（i）只有部门 j 的增加价值系数变化，实物型中间投入系数矩阵 $\bar{A}$ 不变；或（ii）$\bar{A}$ 中只有第 j 列的元素变化而增加价值系数行向量 $\bar{R}$ 不变，并导致部门 j 的价格变化；则各个部门价格的变化率都相等的充分必要条件是，除了部门 j 之外，每个部门的增加价值（系数）都等于零，即：

$$\frac{\Delta p_1}{p_1}=\frac{\Delta p_2}{p_2}=\cdots=\frac{\Delta p_n}{p_n}\neq0\Leftrightarrow(\bar{r}_1,\ \cdots,\ \bar{r}_{j-1},\ \bar{r}_{j+1},\ \cdots,\ \bar{r}_n)=0$$

证明 当条件（i）成立时，由公式（4.27）可得 $\Delta p_k=\bar{l}_{jk}\Delta\bar{r}_j$，$k=1$，2，…，$n$，其中，$\Delta\bar{r}_j\neq0$，因此由 $\bar{l}_{jj}\geqslant1>0$ 可知 $\Delta p_j\neq0$，所以：

$$\frac{\Delta p_1}{p_1}=\frac{\Delta p_2}{p_2}=\cdots=\frac{\Delta p_n}{p_n}\neq0\Leftrightarrow\frac{\bar{l}_{j1}}{p_1}=\frac{\bar{l}_{j2}}{p_2}=\cdots=\frac{\bar{l}_{jn}}{p_n}$$

当条件（ii）成立时，由公式（4.30）和 $\bar{l}_{jj}\geqslant1>0$ 可得：

$$\Delta p_j\neq0\Leftrightarrow\sum_i p_i\,\Delta\bar{a}_{ij}\neq0$$

$$\Leftrightarrow\left(\frac{\Delta p_1}{p_1}=\frac{\Delta p_2}{p_2}=\cdots=\frac{\Delta p_n}{p_n}\neq0\Leftrightarrow\frac{\bar{l}_{j1}}{p_1}=\frac{\bar{l}_{j2}}{p_2}=\cdots=\frac{\bar{l}_{jn}}{p_n}\right)$$

所以，我们只需证明：

$$\frac{\bar{l}_{j1}}{p_1}=\frac{\bar{l}_{j2}}{p_2}=\cdots=\frac{\bar{l}_{jn}}{p_n}\Leftrightarrow(\bar{r}_1,\ \cdots,\ \bar{r}_{j-1},\ \bar{r}_{j+1},\ \cdots,\ \bar{r}_n)=0$$

由 $p=\bar{R}\,\bar{L}$ 可知：

$$\frac{\bar{l}_{j1}}{p_1}=\frac{\bar{l}_{j2}}{p_2}=\cdots=\frac{\bar{l}_{jn}}{p_n}\Leftrightarrow\sum_{\substack{i=1\\i\neq j}}^{n}\bar{r}_i\begin{vmatrix}\bar{l}_{jj}&\bar{l}_{jk}\\\bar{l}_{ij}&\bar{l}_{ik}\end{vmatrix}=0\quad(k=1,\cdots,j-1,j+1,\cdots,$$

$n)$ (4.31)

令：

$$\bar{L}_{ik}^{j}=\begin{vmatrix}\bar{l}_{jj} & \bar{l}_{jk}\\ \bar{l}_{ij} & \bar{l}_{ik}\end{vmatrix},\ i,\ k=1,\ \cdots,\ j-1,\ j+1,\ \cdots,\ n$$

$$H_j=\begin{bmatrix}\bar{L}_{11}^{j} & \cdots & \bar{L}_{1j-1}^{j} & \bar{L}_{1j+1}^{j} & \cdots & \bar{L}_{1n}^{j}\\ \vdots & & \vdots & \vdots & & \vdots\\ \bar{L}_{j-11}^{j} & \cdots & \bar{L}_{j-1j-1}^{j} & \bar{L}_{j-1j+1}^{j} & \cdots & \bar{L}_{j-1n}^{j}\\ \bar{L}_{j+11}^{j} & \cdots & \bar{L}_{j+1j-1}^{j} & \bar{L}_{j+1j+1}^{j} & \cdots & \bar{L}_{j+1n}^{j}\\ \vdots & & \vdots & \vdots & & \vdots\\ \bar{L}_{n1}^{j} & \cdots & \bar{L}_{nj-1}^{j} & \bar{L}_{nj+1}^{j} & \cdots & \bar{L}_{nn}^{j}\end{bmatrix}$$

则由定理3.1和定理4.6可知 $|H_j|=\bar{l}_{jj}^{\,n-2}|\bar{L}|=l_{jj}^{n-2}|L|\geqslant l_{jj}^{n-2}\geqslant 1>0$，所以由公式（4.31）可知：

$$\frac{\bar{l}_{j1}}{p_1}=\frac{\bar{l}_{j2}}{p_2}=\cdots=\frac{\bar{l}_{jn}}{p_n}\Leftrightarrow(\bar{r}_1,\ \cdots,\ \bar{r}_{j-1},\ \bar{r}_{j+1},\ \cdots,\ \bar{r}_n)H_j=0\Leftrightarrow$$

$$(\bar{r}_1,\ \cdots,\ \bar{r}_{j-1},\ \bar{r}_{j+1},\ \cdots,\ \bar{r}_n)=0$$

证毕。

定理4.12 在由 $n\geqslant 2$ 个部门组成的经济系统中，若（i）只有部门 j 的增加价值系数变化，实物型中间投入系数矩阵 $\bar{A}$ 不变；或（ii）$\bar{A}$ 中只有第 j 列的元素变化而增加价值系数行向量 $\bar{R}$ 不变，并导致部门 j 的价格变化，则：

（a）下列条件等价：

（a_1）至少存在一个部门 $k\neq j$，其增加价值（系数）大于零；

（a_2）部门 j 的价格变化率的绝对值不小于其他部门的价格变化率的绝对值，且至少大于一个部门的价格变化率的绝对值。

（b）若除了部门 j 之外，每个部门的增加价值（系数）都大于零，则部门 j 的价格变化率的绝对值大于其他部门的价格变化率的绝对值。

证明 先证结论（a）。类似于定理4.4可知：

$$\sum_{i=1}^{n}(\bar{l}_{jj}\bar{l}_{ik}-\bar{l}_{ij}\bar{l}_{jk})\bar{r}_i \geqslant 0 \qquad (k=1,\ \cdots,\ j-1,\ j+1,\ \cdots,\ n) \tag{4.32}$$

即：

$$\bar{l}_{jj}p_k \geqslant \bar{l}_{jk}p_j \qquad (k=1,\ \cdots,\ j-1,\ j+1,\ \cdots,\ n)$$

因此，当条件（i）成立时，

$$\left|\frac{\Delta p_j}{p_j}\right| = \frac{\bar{l}_{jj}}{p_j}|\Delta\bar{r}_j| \geqslant \frac{\bar{l}_{jk}}{p_k}|\Delta\bar{r}_j| = \left|\frac{\Delta p_k}{p_k}\right| \qquad (k=1,\ \cdots,\ j-1,\ j+1,\ \cdots,\ n) \tag{4.33}$$

当条件（ii）成立时，

$$\left|\frac{\Delta p_j}{p_j}\right| = \frac{\bar{l}_{jj}}{p_j}\left|\frac{\sum_i p_i\Delta\bar{a}_{ij}}{1-\sum_i \bar{l}_{ji}\Delta\bar{a}_{ij}}\right| \geqslant \frac{\bar{l}_{jk}}{p_k}\left|\frac{\sum_i p_i\Delta\bar{a}_{ij}}{1-\sum_i \bar{l}_{ji}\Delta\bar{a}_{ij}}\right| = \left|\frac{\Delta p_k}{p_k}\right| \qquad (k=1,\ \cdots,\ j-1,\ j+1,\ \cdots,\ n) \tag{4.34}$$

由于 Δp_1，Δp_2，…，Δp_n 不会有相反的正负号，因此由引理 4.2 可知，当（$\bar{r}_1$，…，$\bar{r}_{j-1}$，$\bar{r}_{j+1}$，…，$\bar{r}_n$）>0 时，公式（4.33）中至少有一个严格不等式，公式（4.34）也是如此，所以有（a_1）$\Rightarrow$（a_2）。由引理 4.2 显然可知，（a_2）$\Rightarrow$（a_1）。结论（a）证完。下面证结论（b）。类似于定理 4.4，当（$\bar{r}_1$，…，$\bar{r}_{j-1}$，$\bar{r}_{j+1}$，…，$\bar{r}_n$）$\gg 0$ 时，公式（4.32）至公式（4.34）中都是严格不等式，因此结论（b）成立。证毕。

参考文献

[1] Berman, A., Plemmons, R. J., *Nonnegative Matrices in the Mathematical Sciences.* Society for Industrial and Applied Mathematics, Philadelphia, 1994.

[2] Blair, P. D., Wyckoff, A. W., The changing structure of the U. S. economy: An input - output analysis. In: Miller, R. E., Polenske, K. R., Rose, A. Z. (eds.), *Frontiers of Input - Output Analysis.* Oxford University Press, New York, 1989.

[3] Brown, A. A., Hall, O. P., Licari, J. A., Price adjustment models for socialist economics: Theory and an empirical technique. In: *Studies in East European and Soviet Planning, Development, and Trade* 18. Indiana University International Development Research Center, Bloomington, June 1973.

[4] Brown, A. A., Licari, J. A., Price formation models and economic efficiency. In: Abouchar, A. (ed.), *The Socialist Price Mechanism.* Duke University Press, North Carolina, 1977.

[5] Carlson, D., A note on M - matrix equations. *SIAM J.*, 11 (1963), pp. 1027 - 1033.

[6] Dietzenbacher, E., In vindication of the Ghosh model: A reinterpretation as a price model. *Journal of Regional Science*, 37 (1997), pp. 629 - 651.

[7] Frobenius, G., Über matrizen aus nicht negativen elementen. *Sitzungsberichte der Königlich Preussichen Akademie der Wissenschaften*, 1 (1912), pp. 456 - 477.

[8] Holley, J. L., Note on the inversion of the Leontief matrix. *Econometrica*, 19 (1951), pp. 317 - 320.

[9] Krause, U., Heterogeneous labour and the fundamental Marxian

theorem. *Review of Economic Studies*, 48 (1981), pp. 173 – 178.

[10] Kurz, H. D., Salvadori, N., *Theory of Production: A Long – Period Analysis*. Cambridge University Press, Cambridge, 1995.

[11] Lanzkron, P. J., Rose, D. J., Szyld, D. B., Convergence of nested classical iterative methods for linear systems. *Numerische Mathematik*, 58 (1991), pp. 685 – 702.

[12] Leontief, W. W., Quantitative input – output relations in the economic system of the United States. *Review of Economics and Statistics*, 18 (1936), pp. 105 – 125.

[13] Leontief, W. W., *The Structure of American Economy 1919 – 1939*. Oxford University Press, New York, 1941.

[14] Miller, R. E., Blair, P. D., *Input – Output Analysis: Foundations and Extensions* (Second Edition). Cambridge University Press, Cambridge, 2009.

[15] Minc, H., *Nonnegative Matrices*. Wiley, New York, 1988.

[16] Schneider, H., The elementary divisors, associated with 0, of a singular M – matrix. *Proc. Edinburgh Math. Soc.*, 10 (1956), pp. 108 – 122.

[17] Schneider, H., Theorems on M – splitting of a singular M – matrix which depend on graph structure. *Linear Algebra and Its Applications*, 58 (1984), pp. 407 – 424.

[18] Schneider, H., The influence of the marked reduced graph of a nonnegative matrix on the Jordan form and on related properties: A survey. *Linear Algebra and Its Applications*, 84 (1986), pp. 161 – 189.

[19] Sherman, J., Morrison, W. J., Adjustment of an inverse matrix corresponding to changes in the elements of a given column or a given row of the original matrix. *Annals of Mathematical Statistics*, 20 (1949), p. 621.

[20] Sherman, J., Morrison, W. J., Adjustment of an inverse matrix corresponding to a change in one element of a given matrix. *Annals of Mathematical Statistics*, 21 (1950), pp. 124 – 127.

[21] Szyld, D. B., Conditions for the existence of a balanced growth solution for the Leontief dynamic input – output model. *Econometrica*, 53 (1985), pp. 1411 – 1419.

[22] Szyld, D. B., Moledo, L., Sauber, B., Positive solutions for the Leon-

tief dynamic input – output model. In: Ciaschini, M. (ed.), *Input – Output Analysis: Current Developments*. Chapman and Hall, London, 1988.

[23] Temurshoev, U., Identifying optimal sector groupings with the hypothetical extraction method. *Journal of Regional Science*, 50 (2010), pp. 872 – 890.

[24] Victory, H. D. Jr., On nonnegative solutions of matrix equations. *SIAM J. Algebraic Discrete Methods*, 6 (1985), pp. 406 – 412.

[25] Woods, J. E., *Mathematical Economics*. Longman, London, 1978.

[26] Zeng, L., A property of the Leontief inverse and its applications to comparative static analysis. *Economic Systems Research*, 13 (2001), pp. 299 – 315.

[27] Zeng, L., Some applications of spectral theory of nonnegative matrices to input – output models. *Linear Algebra and Its Applications*, 336 (2001), pp. 205 – 218.

[28] Zeng, L., Effects of changes in outputs and in prices on the economic system: An input – output analysis using the spectral theory of nonnegative matrices. *Economic Theory*, 34 (2008), pp. 441 – 471.

[29] Zeng, L., Conditions for some balances of economic system: An input – output analysis using the spectral theory of nonnegative matrices. *Mathematical Social Sciences*, 59 (2010), pp. 330 – 342.

[30] Zeng, L., Two kinds of Pareto improvements of the economic system: An input – output analysis using the nonnegative matrices theory. *Mathematical Social Sciences*, 71 (2014), pp. 12 – 19.